Fabuleux destins

DU MÊME AUTEUR

Louis XVII retrouvé (1947)
Letizia. Napoléon et sa mère (1949)
La Conspiration du général Malet (1952)
La Médaille militaire (1952)
La Castiglione (1953)
La Belle Histoire de Versailles (1954)
De l'Atlantide à Mayerling (1954)
Cet autre Aiglon : le Prince impérial (1957)
Offenbach, roi du Second Empire (1958)
L'Empire, l'Amour et l'Argent (1958)
L'Enigme Anastasia (1960)
Les Heures brillantes de la Côte d'Azur (1964)
Grands mystères du passé (1964)
Dossiers secrets de l'histoire (1966)
Grands secrets, grandes énigmes (1966)
Nouveaux dossiers secrets (1967)
Les Rosenberg ne doivent pas mourir, pièce (1968)
Grandes aventures de l'Histoire (1968)
Le Livre de la famille impériale, en coll. (1969)
La Belle Histoire des marchands de Paris (1971)
Histoire des Françaises, 2 vol. (1972)
Histoire de la France et des Français, 13 vol. en coll. (1970-1974)
Blanqui l'Insurgé (1976)
Les Face-à-face de l'Histoire (1977)
Alain Decaux raconte, 4 vol. (1978-1981)
Danton et Robespierre, pièce en coll. (1979)
Discours de réception à l'Académie française et réponse de M. André Roussin (1980)
L'Histoire en question, 2 vol. (1982-1983)
Victor Hugo (1984)
Les Assassins (1986)
Le Pape pèlerin (1986)
L'Affaire du courrier de Lyon, pièce (1987)
Destins fabuleux (1987)
L'Histoire de France racontée aux enfants (1987)
La Révolution française racontée aux enfants (1988)
La Liberté ou la mort, pièce en coll. (1988)
Jésus raconté aux enfants (1991)
Le Tapis rouge (1992)
Histoires extraordinaires (1993)
Mil neuf cent quarante-quatre (1993)
Nouvelles histoires extraordinaires (1994)
L'Abdication (1995)
La Bible racontée aux enfants (1996)
Monaco et ses princes (1996)
C'était le XXe siècle
  tome I (1996)
  tome II : *La Course à l'abîme* (1997)
  tome III : *La Guerre absolue* (1998)
  tome IV : *De Staline à Kennedy* (1999)
De Gaulle, celui qui a dit non, pièce en coll. (1999)
Morts pour Vichy (2000)
L'Avorton de Dieu, une vie de saint Paul (2003)
Tous les personnages sont vrais (2005)
La Révolution de la Croix, Néron et les chrétiens (2007)
Coup d'Etat à l'Elysée (2008)
Dictionnaire amoureux d'Alexandre Dumas (2010)

Alain Decaux
de l'Académie française

raconte

Fabuleux destins

PERRIN
www.editions-perrin.fr

12, avenue d'Italie
75013 Paris
Tél. : 01 44 16 09 00
Fax : 01 44 16 09 01
www.editions-perrin.fr

ISBN : 978-2-262-05098-6

A Andrée Bouttemy van Walraven

I

César Borgia, fils de pape

Naples, 26 mai 1504. Dans sa chambre du Castel Nuovo, cependant que la nuit tombe, un homme de haute stature, athlétique et svelte tout à la fois, admirablement proportionné avec, encadré d'une courte barbe, un fin visage où luisent des yeux noirs au regard impérieux, se tourne nonchalamment vers le gentilhomme qui l'escorte. Il lui rappelle qu'il est tard et que l'on doit se lever avant l'aube :

— Seigneur comte, dit-il, vous pouvez vous retirer, c'est l'heure de votre repos.

D'une voix qu'il tâche de son mieux de rendre naturelle, le gentilhomme répond :

— Vous, Monseigneur, pouvez aller vous reposer, mais moi je dois rester ici pour vous tenir compagnie et ne puis donc prendre de repos.

Soudainement, l'horreur et la fureur bouleversent les traits de l'autre. Il hurle :

— Santa Maria, je suis trahi !

Il est trahi, en effet, puisque le voilà prisonnier. A ce moment précis, César Borgia sort de l'histoire. César Borgia, fils d'un pape, grand capitaine, diplomate de haut vol, dont la route a été semée de tant d'exploits mais aussi de tant de crimes. César Borgia, redouté autant qu'admiré, haï autant qu'idolâtré. César Borgia, le seul homme, de la chute de l'Empire romain à l'avènement de Cavour, qui ait rêvé de faire l'unité de l'Italie – et failli y parvenir. César Borgia, enfin, le modèle du *Prince* de Machiavel.

Il existe autour du nom de Borgia tant de légendes, ressassées avec un acharnement malsain, que l'historien éprouve aujourd'hui quelque scrupule à se pencher sur cette famille où l'exception surgit à chaque instant. Les orgies des Borgia, les poisons des Borgia ont fait le bonheur des auteurs romantiques. A une réalité qui se suffisait à elle-même, romanciers, poètes, dramaturges du XIXe siècle ont ajouté les fruits d'une imagination souvent débordante. On a fait du pape débauché Alexandre VI une star du romantisme, on a évoqué plus volontiers encore sa fille : ah ! Lucrèce Borgia ! Curieusement, le personnage le plus attachant de cette tribu est au contraire demeuré au second plan, dissimulé dans une sorte de pénombre. Or ce fauve superbe incarne à lui seul les prestiges et les tares, les raffinements et la sauvagerie de la Renaissance italienne. Sur un fond de pourpre et d'or, on voudrait tenter d'effacer cet oubli et surtout cette erreur de l'histoire. Donc, regardons vivre le plus grand homme d'Etat italien de son temps : César Borgia.

Etre fils de pape, voilà déjà qui n'est pas donné à tout le monde. La destinée des Borgia semble faite, dès l'origine, pour nous étonner. Les Borgia viennent d'Espagne. Au XIIIe siècle, on découvre à Jativa, entre Valence et Alicante, un seigneur Esteban de Borjà qui se bat victorieusement contre les Maures. Des soldats, voilà ce que demeurent, au XVe siècle, les Borjà. Mais, en Espagne comme ailleurs, il est au sein de toutes les familles nobles des jeunes gens qui choisissent d'entrer dans les ordres. C'est ainsi que Alonso de Borjà devient prêtre, qu'il attire l'attention par ses rares dons de prédicateur, qu'il sera évêque, puis cardinal. Enfin, le 8 avril 1455, il est élu pape sous le nom de Calixte III.

La fortune des Borgia – ainsi, à Rome, a-t-on italianisé leur patronyme – est commencée. Cependant, à cette époque, celui qui aurait prédit jusqu'où elle irait eût probablement été considéré comme fou.

Calixte III a deux neveux. Le cadet se prénomme Rodrigo. Calixte le prend en amitié et décide de faire de lui son auxiliaire de prédilection pour les affaires spirituelles de la papauté. Il faut savoir qu'en ce temps-là le népotisme, à tous les stades de la hiérarchie de l'Eglise, n'étonne personne. On le voit quasiment érigé en institution. Pas davantage ne surprendra la pourpre cardinalice décernée du jour au lendemain à un Rodrigo âgé de vingt-cinq ans et qui vient seulement d'achever ses études de droit.

Ce n'est qu'un début. L'année suivante, voici Rodrigo vice-chancelier, autrement dit second personnage de l'Eglise. Dépendent de son autorité l'administration, la diplomatie, les finances et même l'armée du Saint-Siège. Mieux encore, Rodrigo montre à ce poste tant de qualités qu'il le conservera pendant trente-quatre ans, sous quatre papes successifs. Il ne faudra pas moins à Innocent VIII d'une lettre entière pour vanter les qualités du cardinal Borgia, après que son prédécesseur Sixte IV eut juré publiquement que sa compétence était « exceptionnelle et universelle ».

On loue ses qualités d'orateur, son réalisme, son sens de la diplomatie, sa connaissance du droit et celle – aussi – de l'âme humaine. Mais ces qualités d'esprit se doublent à l'occasion d'un réel courage. Ainsi, à la mort de son oncle Calixte III, alors que la populace romaine se met à massacrer allégrement tout ce qui est espagnol, il rejoint le

Vatican à pied, vêtu de pourpre et bénissant les émeutiers. Il sera le seul à réconforter le pape, son oncle, à son lit de mort.

Ce cardinal excelle dans tous les sports. Ce qu'il préfère, c'est la chasse. Dès qu'il en a le loisir, il se dépouille de sa soutane, chausse des bottes et galope sur l'un de ses pur-sang à la poursuite d'un gibier d'autant plus convoité qu'il est plus difficile à rejoindre. A soixante-dix ans, il ne se laisse pas rejoindre par les jeunes gens de sa cour. Avec cela, assurément plus proche de la terre que du ciel. Ce cardinal de l'Eglise romaine s'entend mieux aux intrigues qu'à la prière. Pour lui, la gloire de Dieu est servie dès lors que l'on porte à son zénith celle de la papauté. Or le Saint-Père n'est pas seulement le successeur de saint Pierre. Il ne règne pas seulement sur les âmes. Il dispose en Italie d'un domaine temporel avec lequel on doit compter. A ce royaume il faut des alliés, des soldats, des armes. Tout naturellement, le cardinal Borgia estime que conquérir une ville, annexer aux possessions de la papauté un nouveau territoire, c'est également servir la plus grande gloire de Dieu. Ajoutons que tous, en son siècle, partagent ce point de vue.

Il n'est pas beau, le cardinal Rodrigo. La mâchoire est lourde. Le nez est celui d'un oiseau de proie ; trop épaisses sont les lèvres. Mais la prestance demeure indépendante de la beauté. La sienne, il l'a si bien cultivée qu'elle est devenue majesté. A quoi s'ajoute une passion de vivre toujours communicative. Tous s'y montrent sensibles. Et toutes. Innombrables se révèlent les succès féminins du cardinal Rodrigo. Un contemporain note : « Il provoque au plus haut point en elles l'envie de l'amour, il les attire comme l'aimant le fer. » Concept, encore, que nous avons peine à comprendre, à admettre. Il ne nous faut jamais oublier que nous sommes en un temps où les princes de l'Eglise ont accoutumé – sans que l'on n'y trouve rien à redire – d'« entretenir maîtresses et bâtards* ». Le robuste tempérament de Rodrigo Borgia n'a pu que l'incliner à suivre un si éloquent exemple. Parmi celles qu'il a attirées *comme l'aimant le fer*, la femme qui a compté le plus s'est appelée Vannozza Catanei. S'il faut en croire un manuscrit de la Bibliothèque vaticane, au moment où Rodrigo la rencontra, « Vannozza lavait le linge du cardinal et de son neveu ». Nous savons qu'elle était belle et blonde – et que, dès qu'il la vit, Rodrigo en tomba éperdument amoureux. Il l'emmène à Rome, l'installe dans un palais magnifique, tout près du sien. Elle lui donnera quatre enfants : César, né dans la nuit du 13 au 14 septembre 1475, Juan, né en 1476, puis Lucrèce, en 1479, et le dernier, Jofré.

Donc, César est l'aîné. Il a grandi auprès de sa mère dans son palais de Rome, avec sa sœur et ses frères. Presque chaque jour, son père, le cardinal Rodrigo, vient voir sa famille. Il y a en lui un mélange d'autorité et de douceur qui fait battre le cœur du petit César. Très jeune, on le place sur un cheval. Il s'entraîne au maniement des armes : sort commun des jeunes seigneurs. Vite, il va y exceller. Ou bien il rame sur le Tibre. L'été, on part pour la campagne. César aime sa mère, mais il admire son père. Dans ses robes de soie et d'or, il le trouve magnifique. Le cardinal, lui, aime bien César, mais ses préférences – avouées – vont à Juan et Lucrèce. Les enfants sentent parfaitement ce genre de discrimination. Pour se consoler – mal – César se dit qu'il est le favori de sa mère.

---

* René Guerdan : *César Borgia* (1974). Assurément la meilleure biographie en langue française du fils d'Alexandre VI.

Dans une grande famille – en Italie comme ailleurs – il n'est, pour un fils, qu'une alternative : être d'épée ou d'Eglise. César a rêvé d'être d'épée. Il s'y voyait destiné par son rang d'aîné. En général, c'étaient les cadets qui recevaient la tonsure. Tel n'a pas été le choix de son père. Rodrigo a résolu de faire de Juan un grand capitaine. Juan, le préféré. César, lui, sera prêtre. Peut-être deviendra-t-il cardinal. Dans ce but, Rodrigo fait donner à César les meilleurs professeurs. A l'image traditionnelle du reître dont on affuble César Borgia, il faut substituer celle-ci : l'un des hommes les plus cultivés de son siècle.

A l'âge de six ans, César est déjà chanoine de Valence, archidiacre de Jativa, et protonotaire apostolique. A sept ans, il est prévôt d'Albe. A neuf, trésorier du diocèse de Carthagène.

Il a quatorze ans révolus quand son père l'envoie à l'université de Pérouse afin d'y apprendre le droit canon et le droit profane. Rarement – jamais sans doute – étudiant ne parut à cette université avec autant d'éclat. Sa suite, ses équipages, ses habits, ses joyaux sont ceux d'un roi. De ce fait, il sera plus envié qu'aimé.

Pourtant, César noue à Pérouse des amitiés vraies. Ce qui n'empêche nullement ses condisciples de découvrir dans son regard de la mélancolie. On s'étonne : n'a-t-il pas tout pour être heureux ? Au vrai, ce qu'il regrette toujours, c'est le métier des armes. Il aurait tant voulu être soldat ! Sa peine se prolonge de colère et d'envie quand il voit son frère Juan conduit tout droit dans cette carrière qu'on lui refuse. Cette question lancinante, il se la répète trop souvent : *pourquoi Juan qui est cadet ? Pourquoi pas moi ?*

Tel est son état d'esprit quand il apprend qu'il vient d'être nommé évêque de Pampelune. Il a seize ans ! En même temps, on lui ordonne de partir pour Pise continuer ses études. D'évidence, c'est l'Eglise qui referme sur lui son emprise. Il le sent bien : son père veut rendre la situation irréversible. A son corps défendant, César se voit en même temps un pion sur l'échiquier de la politique italienne. Ainsi son père lui a-t-il ordonné de se lier avec Jean de Médicis. Il a obéi. Mais cependant qu'il a fait assaut de luxe et de faste avec l'héritier des Médicis, il s'est mué en révolté.

Et puis, un jour, c'est l'incroyable, l'extraordinaire nouvelle : les cardinaux réunis à Rome en conclave viennent, le 11 août 1492, de désigner comme pape le cardinal Rodrigo Borgia qui va prendre le nom d'Alexandre VI.

Désormais, César Borgia est le fils du pape de Rome !

Nul ne comprendra les Borgia s'il ne les situe en leur temps. En 1492, il n'y a pas quarante ans que les Turcs se sont emparés de Constantinople, fournissant ainsi aux historiens un repère commode pour marquer la fin du Moyen Age. Est-il vraiment mort, ce Moyen Age ? Mesuré à l'aune des spectacles qui, en Italie, surgissent sous les yeux des voyageurs, on ne saurait en être certain. Nul doute cependant que l'on ne respire partout un air nouveau. Les historiens – encore eux – affirment que l'Occident est entré dans une *Renaissance*. De fait, le pape de 1492, Alexandre VI Borgia, va se camper comme le pontife symbole de cette Renaissance-là. Autre signe : en janvier 1492 est parvenue à Rome la nouvelle de la prise de Grenade, dernière ville maure d'Espagne. Et la même année un certain Christophe Colomb, à la tête de trois caravelles, s'est élancé d'un port de l'Espagne méridionale vers l'ouest où, persuadé que la terre était ronde, il croyait trouver les Indes.

Renaissance encore, l'étrange façon de vivre de ces Italiens qui viennent de se donner un pape espagnol. J. Lucas-

Dubreton – grand historien – a défini admirablement ces temps et ce lieu : « La Renaissance italienne a déterminé la rupture avec l'ascétisme, et le développement sans fin de l'individualisme*. » Cet individualisme débouche d'abord sur un appétit forcené de culture. Chacun tient à se nourrir l'esprit. Curiosité qui s'accompagne de précocité. On veut savoir tout de suite – et très tôt. Parallèlement, les Italiens s'exaltent à la découverte de leur passé. Il faut entendre le chroniqueur Guichardin – qui passionnait Montaigne tout en l'étonnant – énumérer les motifs d'orgueil des Italiens de son époque : on y trouve une terre fertile, en grand nombre des hommes remarquables, et des richesses innombrables. Et puis c'est en Italie que rayonne le centre de l'Eglise. Somptueuse fresque, en vérité. Mais Montaigne, relisant Guichardin, souligne que « de tant d'âmes et d'effets qu'il juge, de tant de mouvements et conseils il n'en rapporte jamais un seul à la vertu, religion et conscience, comme si ces parties-là étaient du tout éteintes au monde ». Rien de plus vrai : l'homme de la Renaissance italienne refuse avant tout d'être dupe, il ne croit qu'exceptionnellement à la vertu. Il se considère comme libéré par la culture et, de là, s'est forgé une morale bien à lui. L'une des règles auxquelles il croit volontiers c'est que la *tristizia* – le crime – peut être non seulement défendable, mais louable. N'oublions jamais que les tribunaux du temps admettent la légitimité de la vengeance. Un homme de la Renaissance italienne a non seulement le droit mais le devoir de se faire justice soi-même. D'où un extraordinaire mépris de la vie humaine, dont se fait parfaitement l'écho l'écrivain Pantano qui vécut à Naples : « En Italie, il n'est rien dont on fasse aussi bon marché que la vie d'homme. » Un

---

* J. Lucas-Dubreton : *Les Borgia* (1952).

conseil aux criminologues : ils devraient lire ou relire les chroniques italiennes des XVe et XVIe siècles, que celles-ci soient romaines, siennoises, florentines. A Venise on se réclame hautement de la nécessité d'assassiner pour raison d'Etat. Pourquoi les particuliers ne suivraient-ils pas d'aussi illustres exemples ? S'il leur déplaît de se salir les mains, ils disposent d'une véritable armée de tueurs à gages. Parmi ceux-ci, des prêtres et des moines, engagés plus volontiers que d'autres, car ils sont couverts par l'immunité de leur état.

On vit donc au sein d'une barbarie si commune que nul ne la considère comme barbare. C'est ainsi, voilà tout. Un certain Altobello Dattiri tue, pille, dévaste les domaines de ses ennemis, les Chiaravallesi. Ces derniers parviennent à le capturer. Ils l'attachent tout nu sur une table et le livrent aux gens qu'il a offensés dans leur personne ou leurs biens. Ravis, ceux-ci « le percent à coups d'épingle, le mordent, se partagent des morceaux de sa chair, en vendent à d'autres qui les mangent pour assouvir leur vengeance ».

La violence à l'état pur. Montaigne juge qu'en Italie elle dépasse celle qui s'exerce dans les autres pays. Chaque Italien de ce temps vit dans la crainte de la trahison ou l'attente d'un probable guet-apens. Benvenuto Cellini, stupéfait, s'écrie : « Je suis saisi à la fois d'épouvante et d'admiration en voyant que j'ai pu arriver à cet âge de cinquante-huit ans avec lequel, grâce à Dieu, je marche si heureusement en avant ! »

Le paradoxe de l'affaire, c'est que, malgré ce péril de mort quotidien, et peut-être à cause de lui, s'épanouit la plus éclatante des civilisations*. En plein chaos, Michel-

* Stendhal : « Le grand inconvénient de la civilisation, c'est l'absence du danger. »

Ange, Raphaël, Léonard de Vinci, l'Arioste, Machiavel affirment leur éternelle gloire. Chacun reconnaît que les meilleurs diplomates d'Europe sont italiens : il n'est que de lire les dépêches des ambassadeurs vénitiens.

Du fait même que la vie ne compte pas, on veut profiter sans limites du court passage que l'on s'attribue sur la terre. Avant tout, on veut jouir. Et l'on jouit. C'est un temps, selon la formule de l'évêque de Belley, « trop chargé de chair et de sang ». Non pas que la foi ait diminué. L'Italien emplit les églises. Il tremble pour sa vie éternelle. Il court aux prêches des moines. On voit, après l'audition d'un sermon, des brigands entrer au couvent pour faire pénitence. Le condottiere que l'on condamne à mort pour assassinat ou trahison réclame à grands cris l'absolution avant de gravir les marches de l'échafaud. La foi réelle d'un Alexandre VI Borgia ne sera mise en doute par personne. Mais de même que l'on défend hautement le droit de « vendetta » – *le sang* – nul ne considère comme péché les plaisirs de l'amour – *la chair*. Les seigneurs élèvent dans leur palais leurs innombrables enfants naturels. Exceptionnels apparaissent les prêtres, les évêques, les cardinaux qui ne vivent point en concubinage. C'est, du haut en bas de l'échelle sociale, une gigantesque licence. Le retour à l'Antiquité favorise ce glissement des mœurs. Sans penser à mal, on mêle de plus en plus inextricablement christianisme et paganisme. Quand on chante les louanges de la Vierge et des saintes du ciel, on y ajoute « les prêtresses de Vénus ». Par admiration de Platon, on s'adonne au vice appelé par Savonarole « innommable » et par Pierre Bayle, avec plus de tolérance, « non conformiste ». L'Arioste affirme que peu d'humanistes y échappent. Des papes comme Sixte IV et Jules II en sont soupçonnés.

L'une des caractéristiques de cette société, c'est aussi la place qu'elle donne aux femmes. Au sein de l'aristocratie ou de la grande bourgeoisie, une fille reçoit, dans tous les domaines de l'esprit, une éducation totalement identique à celle des garçons. Par voie de conséquence, elle brillera plus tard dans la conversation, parlant avec une aisance égale de littérature, d'art et de musique : un ton inimitable.

Une touche encore à cette peinture à peine esquissée : dans les grandes maisons de Rome, le service est confié à des esclaves, des femmes de toutes races, de toutes langues, de toutes couleurs, toutes très belles, en général venues d'Orient et dont Venise et Gênes approvisionnent l'Italie.

C'est plongé au sein de cette société corrompue et superbe que César Borgia va vivre son irrésistible ascension.

Quand la nouvelle de l'élection de son père parvient à César, il est à Sienne où, le 16 août 1492, il fait courir un cheval. Aussitôt, il prépare ses bagages, saute en selle et s'élance vers Rome. Il exulte, comme toute la chrétienté, mais plus que n'importe quel chrétien. Un ordre paternel l'arrête à Spolète. Alexandre VI, qui ne méconnaît pas la mauvaise impression que peut produire sa nombreuse progéniture – les quatre enfants de Vannozza ne sont pas les seuls, il en a au moins six autres –, a adressé au peuple romain des promesses solennelles. Vertueusement, il s'est engagé à laisser ses fils éloignés de Rome. Voilà pourquoi César doit ronger son frein à Spolète. La quarantaine ne va durer que quelques semaines. Le temps, pour Alexandre VI, en affermissant son pouvoir, d'oublier ses promesses. En novembre, grande joie : César est à Rome, paré d'une dignité nouvelle. Le jour de son couronnement, son père l'a nommé archevêque de Valence et primat d'Espagne…

C'est à Rome que le verra, en mars 1493, Andrea Boccaccio, évêque de Modène et ambassadeur du duc de Ferrare auprès du Vatican. Il le rencontrera dans le palais magnifique qu'il a fait sien, situé à mi-chemin entre le Vatican et le château Saint-Ange. Un véritable joyau d'architecture, dont on a pu dire qu'il « était l'une des demeures les plus splendides, dans cette ultime période du *Quattrocento** ». Soulignons bien que César n'a que dix-huit ans. Mais déjà il a une cour, les ambassadeurs assiègent son palais. Quand il est entré, Boccaccio a découvert un jeune homme grand, mince, au corps d'athlète, vêtu d'un habit de soie et portant l'épée au côté. Il lui a fallu regarder de près pour découvrir la minuscule tonsure qui rappelle qu'il est évêque. Ce qui frappe Boccaccio, c'est la fraîcheur qui marque les traits de cet adolescent. Mais il note que tout en lui, les gestes, la voix, comme les mots, reflète « les manières d'un fils de grand seigneur ».

Les deux hommes vont aller se promener de concert. Pour sauter en selle, César s'appuie d'une seule main sur la croupe de l'animal. Une détente rapide et déjà il est à cheval. L'ambassadeur va noter que le fils du pape est « joyeux et aimable ». Et encore : « L'archevêque de Valence n'a jamais été attiré par le sacerdoce. » Quoi de plus évident ? Il n'a pas même songé à se rendre en Espagne visiter ses ouailles. Il ne s'enivre que de longues chevauchées, triomphe de tous ses rivaux lors des compétitions de tir a la cible, excelle mieux que quiconque dans le maniement des armes, fait toucher terre à tous ceux qui osent lutter avec lui.

Comme son père, il raffole de la chasse. Il lui faut les meilleurs chevaux, les meilleurs faucons, les meilleurs chiens. Il en acquiert jusqu'en Allemagne.

---

* Clemente Fusero : *La Vie de César Borgia* (1966). Traduit par Guillemette de Beauvillé.

Ce qui est plus profane encore, c'est son goût pour la parure. Il lui faut, là aussi, les meilleurs tailleurs, les meilleurs bijoutiers, les meilleurs armuriers. Il exige les étoffes les plus somptueuses. On le verra dans les cours vêtu comme nul autre et les populations béeront d'admiration sur son passage. Faut-il ajouter que ces tenues seront presque toujours « civiles » et très exceptionnellement d'Eglise ?

A l'image de son père, il est vorace en amour, mais dédaigne de s'attacher. Les grandes dames qui s'offrent, il les prend. Toutes. Mais pourquoi les estimerait-il davantage que les courtisanes ? C'est à celles-ci qu'il donne la préférence.

A Rome, ce qui lui pèse le plus, c'est l'inaction. Son frère Juan est parti pour l'Espagne où les souverains lui ont offert la main de leur nièce. S'allier à la famille royale ! Quelle revanche pour ces petits seigneurs qui, naguère encore, n'étaient que les obscurs Borjà ! Lucrèce, elle, après avoir été fiancée par son père plusieurs fois – bien sûr sans être consultée –, va épouser Giovanni Sforza. Elle a treize ans, le jeune époux vingt-six. Et pourtant, Sforza ne se décide pas à consommer le mariage. L'empêchement vient-il du fait que, dans son lit, il garde trop conscience de rencontrer la fille d'un pape ? Deux mois plus tard, Lucrèce attend encore. Alexandre VI emploie les grands moyens : il verse 30 000 ducats à son gendre qui retrouve à l'instant sa virilité.

César observe. Ce qui grandit en lui, c'est l'amertume. Désormais, il est sûr de sa force : physique, certes, mais surtout morale. Pourquoi, cette force, la laisse-t-on inemployée ?

Est-ce parce qu'il devine que cette impatience peut devenir dangereuse qu'Alexandre VI, tout à trac, annonce à César son intention de le faire… cardinal ? A tout un chacun, César ne cesse de répéter qu'il n'est pas fait pour la prêtrise. Il n'a jamais reçu les ordres majeurs. De plus, au vu et au su de tous, il vient d'installer avec éclat dans son palais l'une des plus illustres courtisanes de Rome : Fiammetta la Rousse. Cardinal ? Lui ? Tout le conduirait à prendre cette promotion comme une dérision si, au fond de lui-même, il ne sentait fortement qu'une telle dignité, bien employée, pouvait se révéler une marche essentielle de son ambition. Alors il accepte et, même, il remercie humblement.

De fait, son père l'envoie à Naples négocier une alliance avec la famille régnante. Là gouverne Ferrante d'Aragon, un bâtard que l'on dit fils d'un Maure converti. Une brute sadique qui emprisonne ses barons pour s'emparer de leurs domaines, les jette dans des cages exiguës devant lesquelles il vient chaque jour se réjouir de leurs cris désespérés. Quand il en a assez, il les fait étrangler puis embaumer. Il est très fier de sa collection de momies et la montre à tous ses visiteurs. César Borgia, comme les autres, admirera poliment.

Ce sont les souverains espagnols, Ferdinand d'Aragon et Isabelle de Castille, qui ont alerté Alexandre VI. Ils s'inquiétaient d'une alliance signée par le nouveau pape avec Milan, Mantoue, Ferrare et Venise. A Milan, en effet, règne Ludovic dit le More. Type même du despote éclairé, Ludovic se juge en mesure de dominer les affaires d'Italie et proclame partout son ambition. Habilement, il s'est allié avec le roi de France Charles VIII. Les souverains espagnols craignent que le soutien d'Alexandre VI à Ludovic n'encourage Charles VIII à revendiquer la couronne de Naples. Ils ont donc fortement incité Alexandre à se réconcilier avec les Aragon de Naples. D'où la mission confiée à César. En apparence, on peut parler d'une réussite totale.

Pour sceller l'accord entre Rome et Naples, le dernier fils du pape, Jofré, est promis à Sancia, la petite-fille naturelle de Ferrante, fille de son fils Alphonse.

Réussite ? Pas si sûr. Alexandre VI – et César à sa suite – a choisi Naples contre Milan. Il a joué contre la France. Or Ludovic le More appelle à grands cris Charles VIII. Les prétentions du roi de France au trône de Naples sont depuis longtemps connues. Elles lui viennent des princes d'Anjou.

A la fin d'août 1494, à la tête d'une armée considérable pour l'époque, et d'une artillerie telle qu'on n'en a jamais vu, Charles VIII franchit les Alpes. Il annonce que, Naples une fois conquise, il s'embarquera pour l'Orient afin d'y combattre les Turcs et délivrer Constantinople.

Une croisade ? Un homme existe à Rome qui rend le projet possible : le frère cadet du sultan Bajazet. Il s'appelle Djem et il a été livré à la papauté par le grand maître de Rhodes. Bajazet est allé jusqu'à verser au pape 40 000 ducats par an, non pour que lui soit rendu ce frère, mais pour que l'on conserve soigneusement à l'abri ce possible compétiteur ! Le projet de Charles VIII est précisément de jouer de la personne de Djem contre son frère Bajazet. Si Djem devient sultan, il ouvrira aux nouveaux croisés les portes de Constantinople.

L'erreur d'Alexandre VI a été de ne vouloir regarder qu'à sa porte et point au-delà. Son jeu ne s'est exercé qu'entre Naples et Milan, comme s'il se refusait à admettre que Charles VIII pût mettre un jour ses menaces à exécution, et surtout paraître avec tant de soldats, tant de canons. Le Saint-Père avait cru, avec l'aide de ses alliés – ô naïveté ! – pouvoir repousser tout envahisseur. Mais que faire devant le torrent français ? Devant Charles VIII, les villes italiennes s'ouvrent les unes après les autres. Non seulement on accueille le roi français, mais on le fête, on l'acclame. Alexandre VI fulmine. C'est le seul droit qui lui reste.

Voilà les Français aux portes de Rome : fort prévenus contre le Saint-Père. On a saisi la correspondance du pape avec le sultan turc – un infidèle ! – et elle est publiée. Scandale pour les Français qui apprennent en même temps que le pape vit en concubinage avec une jeune femme, Julie Farnèse. Or les Français n'ont pas, vis-à-vis des choses de la chair, le même laxisme que les Italiens, surtout quand il s'agit d'un pape. De plus, un cardinal, Giuliano della Rovere – le futur pape Jules II –, a rejoint le camp de Charles VIII. Il dénonce violemment les turpitudes d'Alexandre VI et réclame la réunion d'un concile pour le déposer.

Voici venu, pour les Borgia, le temps de la honte. Alexandre veut se défendre, jusque dans le château Saint-Ange s'il le faut. Il se croit sûr d'une population qui lui a donné tant de marques d'attachement. Il découvre que cette fidélité apparente est bien fragile. Les Romains refusent de se défendre. Ils ouvrent toutes grandes leurs portes aux Français. Alexandre soupire :

— Les Français sont venus avec des éperons en bois et n'ont eu à se munir que de craie pour marquer leur cantonnement.

Et César ? Lui qui a tant rêvé d'être capitaine et de se battre voit maintenant l'ennemi dans sa propre ville. Les Français vont défiler pendant plusieurs heures. Ce qui va surprendre le plus les Romains et les émerveiller, ce sont les canons de bronze que les artilleurs tirent sur d'énormes chariots. Il y en a trente-six, chacun de huit pieds de long et pesant 6 000 livres. Ils peuvent tirer avec une fréquence de feu qui provoque l'effroi : un boulet toutes les trois heures.

Alexandre VI va devoir négocier avec le roi de France, s'humilier. L'accord qui est conclu stipule que César Borgia sera livré à Charles VIII comme otage. Après la honte, l'humiliation personnelle ! De plus, le roi de France emmène dans ses bagages l'infortuné Djem qu'il compte bien lancer, le jour venu, à l'assaut du trône de son frère Bajazet.

Le cortège royal a quitté la Ville éternelle en direction de Naples. César chevauche, captif, aux côtés de Charles VIII. On doit admettre que c'est de ce moment-là qu'il a commencé à douter de l'infaillibilité politique de son père. Il ne lui faut guère de temps pour prendre sa décision : une nuit, il s'évade. Aux protestations courroucées de Charles VIII, Alexandre VI répondra plaintivement qu'il n'est pour rien dans cette évasion. Ce qui ne représente que la stricte vérité.

César, lui, est résolu à jouer désormais son propre jeu. Il le démontre sans crainte et avec éclat. En passant par Rome, les Français ont saccagé le palais de sa mère. Cependant que Charles VIII s'est installé à Naples, une soixantaine de Suisses appartenant à l'armée française, et dont l'engagement s'achève, passent par Rome pour regagner leur pays. Tout à coup, place Saint-Pierre, 2 000 Espagnols les encerclent, les assaillent, en tuent un grand nombre, blessent le reste et dévalisent le tout. C'est César qui a organisé le guet-apens. Il fallait qu'on le sût : désormais, qui s'en prendrait à lui en paierait tout le prix.

Pauvre Djem ! Le voyage à Naples ne lui a pas porté bonheur. En route, il est tombé malade et il est mort à peine arrivé au but. Inutile de dire que les contemporains ont répété à satiété que le pape Alexandre VI l'avait fait empoisonner. Le fameux poison des Borgia ! Le certain, c'est que, privé de son Turc, Charles VIII ne trouvait plus de justification à une présence prolongée à Naples. Venise, qui s'était déclarée son alliée tant qu'il était question d'une croisade, se dérobait maintenant. Alexandre VI sentait poindre l'heure de la revanche.

Elle vient. A Milan, Ludovic le More reconnaît son erreur. Il n'a rien gagné à la présence des Français en Italie. C'est son propre jeu et rien d'autre que Charles VIII a voulu mener. Au fond, lui, Ludovic, n'a fait que tirer les marrons du feu. Et puis ses rencontres avec ce roi trop puissant l'ont trop souvent humilié.

— Parfois, comme nous étions assis ensemble, il me laissait seul comme une bête et s'en allait déjeuner !

Il répond donc avec empressement aux avances du pape. Pas de doute : il faut écraser le barbare. Le barbare, c'est Charles VIII.

En quelques semaines, une ligue se constitue entre le Saint-Père, Maximilien d'Autriche, le roi de Castille, le duc de Milan et la république de Venise. Tout cela à l'instigation du pape Borgia.

A Naples, Charles VIII se gausse de tant d'efforts. Il se sent le plus fort, et il a raison. La douceur napolitaine, les palais et les jolies femmes l'inclinent à l'optimisme. L'armée française tout entière ne jure que par les Napolitaines. L'ennui, c'est que les soldats ramèneront chez eux une maladie fort cuisante qu'ils appelleront le mal de Naples. Les Italiens, eux, pour ne pas demeurer en reste, parleront désormais du mal français. Hélas, il faudra bien se décider à lui donner son nom : la vérole.

Charles VIII se décide à quitter Naples. Il proclame ses droits éternels sur le royaume, y laisse la moitié de son armée et, avec l'autre, remonte vers le nord. L'armée de la ligue ameutée par Alexandre VI l'attend au débouché des Apennins, près de Parme, à Fornoue. Dans les deux camps on s'attribuera la victoire. En vérité, la bataille n'a duré qu'une heure et les Français sont passés sans grand dommage. La plus grande tristesse de Charles VIII : avoir dû abandonner ses bagages, son épée, les sceaux d'or – et surtout un recueil contenant les portraits des belles dames qui, à Naples, lui avaient accordé leurs faveurs.

Rome est tout à la joie. *Exit* Charles VIII ! L'homme le plus populaire de la Ville éternelle est maintenant César. Sans cesse on rappelle son évasion audacieuse. Le cruel guet-apens contre les Suisses a fait de lui un homme sur qui l'on sent pouvoir compter. Et que déjà l'on craint. César habite au Vatican, juste au-dessus des appartements privés de son père. Très souvent, il se rend chez sa sœur Lucrèce. Plus belle que jamais, elle habite le palais de Santa Maria in Portico. A seize ans, elle y vit presque toujours seule. Pour déserter Rome – et le lit de sa femme – Giovanni Sforza invoque le climat malsain de la ville...

Une autre jeune femme fait beaucoup parler d'elle à Rome : Sancia, l'épouse napolitaine du jeune Jofré Borgia. Lucrèce et Sancia sont également belles, mais la Napolitaine est aussi brune et épanouie que Lucrèce est blonde et diaphane. Sancia aime l'amour. Mais l'infortuné Jofré n'a que quatorze ans et Sancia laisse entendre qu'au lit il est bien peu Borgia. Pour pallier l'insuffisance du cadet, l'aîné va répondre présent. Bientôt la liaison de César et de Sancia défrayera la chronique romaine. Simple péripétie aux yeux de César, mais cet inceste – c'en est un au regard de l'Eglise – va apporter une touche nouvelle et décisive au portrait que l'histoire proposera de lui à la postérité.

L'épisode Charles VIII s'est révélé pour Alexandre VI la pierre de touche des fidélités. Et des infidélités. Dans ses propres domaines, plusieurs de ses vassaux l'avaient trahi. A commencer par les Orsini. Le Saint-Père décide de faire marcher son armée contre les citadelles que ceux-ci occupent au nord. Une bulle les dépouille de leurs fiefs et les bannit à perpétuité. César exulte. Nul doute, son père va le désigner pour commander l'armée pontificale aux côtés d'un célèbre condottiere, le duc d'Urbino, qui vient d'être recruté. Quoique cardinal, César croit avoir fait ses preuves et attend avec confiance.

Rage et désespoir : c'est Juan qu'Alexandre VI, dans sa préférence aveugle, fait revenir d'Espagne. Juan dont les Espagnols ne veulent plus, dont ils écrivent qu'il est « un très mauvais homme, hautain, très infatué de sa grandeur, et plein de mauvaises pensées ; il était très cruel et tout à fait dépourvu de raison ».

Juan ! Pourquoi lui, toujours ? César a dû lui céder ses appartements du Vatican. Il l'a vu partir à la tête de l'armée, sur son cheval caparaçonné d'or et d'argent, et portant sur son habit de velours brun plus de pierreries qu'un empereur n'osa jamais en arborer. Pour comble, avant le départ, César, accablé, a appris que son père venait de nommer l'incapable Juan gonfalonier de l'Eglise. Ce qui voulait dire qu'il allait commander toutes les troupes pontificales !

Las ! L'expédition va se changer en un véritable fiasco. Il faudra rendre aux Orsini les domaines qu'on leur a pris. Alexandre VI va-t-il comprendre qu'il a eu tort d'accorder sa confiance à Juan ? Pas du tout. Il le comble d'argent et d'honneurs.

Pour César, la coupe n'est pas encore pleine. Un jour, la belle Sancia lui signifie qu'elle ne veut plus de lui pour amant. Elle ne lui fournit pas la moindre explication. Il s'inquiète, s'informe. Il découvre qu'elle est la maîtresse de Juan. L'amertume devient de la haine.

Une femme observe avec peine les regrets et la jalousie qui rongent César : Vannozza. Comme toutes les mères, elle voudrait que l'entente et l'affection règnent entre tous ses enfants. Le 14 juin 1497, elle invite à dîner dans sa maison de campagne, aux environs du Colisée, ses fils César et Juan. D'autres intimes assistent à la réception.

Juan se voit alors au zénith des honneurs. Il était déjà duc de Gandia, prince de Tricarino, comte de Chiaramonte, comte de Laurci, lieutenant royal pour la Sicile, seigneur de Sessa, seigneur de Teano. La semaine précédente, à la demande d'Alexandre VI, le Sacré Collège lui a attribué à titre héréditaire – ce que les lois de l'Eglise proscrivent sévèrement – le duché de Bénévent et deux seigneuries de moindre importance.

Au cours du dîner, on a certes beaucoup parlé de Lucrèce. Alexandre VI, qui a besoin d'elle pour une union politique, vient, dans le but d'annuler son mariage, de faire proclamer l'impuissance de Sforza, son époux ! Giovanni Sforza, humilié au-delà de toute expression, et fou de colère, affirme publiquement qu'Alexandre VI est l'amant de sa fille. Ce qui est faux, mais la légende recueillera soigneusement cette « information » inespérée.

La soirée s'avance. A la surprise de tous, un homme masqué est entré. Il s'est approché de Juan et lui a chuchoté quelques mots à l'oreille. Quand la soirée s'est achevée, les convives, sur leurs mules, s'en sont allés. La destination de César, comme celle de Juan, n'est autre que le Vatican. On chemine donc de compagnie.

On est parvenu dans le quartier du *Ponte* lorsque, de l'ombre, surgit le même homme masqué que l'on avait vu chez Vannozza. Juan ne manifeste aucun étonnement. Au contraire, il arrête son cheval et fait monter l'homme masqué en croupe. Après quoi, il renvoie toute son escorte, ne conservant avec lui qu'un estafier. Les autres se récrient, parlent d'imprudence. Juan répond par un éclat de rire.

On le voit s'enfoncer, seul avec l'homme masqué et l'estafier, dans Rome plongée dans la nuit. Le lendemain matin, ses serviteurs le cherchent dans son appartement du Vatican : personne. Le Saint-Père, averti, commence à s'alarmer. A mesure que la journée s'avance, ses inquiétudes deviennent angoisses. Le soir venu, on le voit errer dans ses appartements, bouleversé. Des bandes d'Espagnols parcourent les rues, criant le nom du duc de Gandia. On va retrouver l'estafier, blessé à mort. Il rend le dernier soupir sans prononcer un mot. On découvre la mule qui erre avec sa selle vide et ses brides battantes. Rien d'autre.

Le surlendemain, un batelier vient dire qu'il a vu, durant la nuit du 14 au 15, jeter un cadavre dans le Tibre. Alors, on se met à fouiller le fleuve : trois cents pêcheurs et bateliers. Dans l'après-midi, un cri sinistre : un certain Battistino de Taglia vient de ramener dans ses filets le corps de Juan englué d'immondices. On trouvera sur lui tous ses bijoux. Ses vêtements sont intacts, ainsi que sa dague. Et sa bourse est pleine. Mais on lui a lié les mains et il porte neuf graves blessures. La plus terrible : celle qui lui a ouvert, de part en part, la gorge.

Atroce est la douleur d'Alexandre. Trois jours avant, le vieil homme semblait un roc. On le voit maintenant accablé par le poids des années. Devant le consistoire réuni, il éclate en sanglots et, d'une voix entrecoupée, prononce ce que d'aucuns appelleraient aujourd'hui son autocritique :

— Nul coup plus sévère n'aurait pu nous être porté. Nous aimions le duc de Gandia plus que tout au monde.

Nous donnerions volontiers sept papautés pour le ramener à la vie. Dieu nous a punis de nos péchés, car le malheureux ne méritait pas une mort aussi atroce…

Ce n'est qu'un début. L'assistance abasourdie va entendre de la bouche d'Alexandre qu'il va réformer l'Eglise. En profondeur. Finies les indulgences, la simonie, le népotisme. Interdit le concubinage pour les prélats et les curés. On n'aliénera plus les territoires de l'Eglise, on n'attribuera les cures et les charges qu'aux seuls mérites. Chaque matin, une commission de six cardinaux se réunira pour mettre fin aux abus.

Réfléchissons. Si ce programme avait été appliqué, réellement appliqué, il n'y aurait pas eu de schisme dans l'Eglise. Le monde ignorerait aujourd'hui le nom de Luther.

Mais si le chagrin d'Alexandre VI l'accabla longtemps, ses belles résolutions s'évanouirent très vite. César allait peser de tout son poids afin que les travaux de la commission désignée restent sans lendemain. Pour lui, il importait peu que l'Eglise fût pure, mais il fallait que la papauté demeurât forte.

César, de par la disparition de son frère, allait occuper – enfin – la première place auprès d'Alexandre VI. Tout en sachant pertinemment que beaucoup se posaient à Rome la question de savoir à qui le crime avait profité. Qui donc avait pu s'en prendre à la vie de Juan ? On ne retrouvera jamais l'homme masqué. On accusa successivement plusieurs personnes. On tortura des innocents et jusque l'une des jeunes maîtresses de Juan. L'une après l'autre, toutes les hypothèses furent réduites à néant. Trois semaines après la mort de Juan, on mit fin aux investigations. Cela parut étrange. Mais ce qui sembla plus étonnant encore, ce fut l'exclamation échappée à Alexandre VI, en privé :

— Je sais bien qui l'a tué !

Au cours de l'enquête, le nom de César ne fut jamais prononcé. On remarqua cependant que le pape voulut retirer à César la légation qu'il lui avait confiée à Naples. Il ne la lui garda que pour complaire au nouveau roi Frédéric II. Quand César revint de Naples, Alexandre le fit attendre une demi-heure. Après quoi, le recevant enfin, il ne lui adressa pas une seule fois la parole. Certes, tout cela ne constitue pas des preuves. Nombre d'historiens ont souligné qu'aucun tribunal n'aurait condamné sur ces seules présomptions. Pendant plus de six mois personne ne songea à accuser César. Pourtant, après ce délai, tout à coup la rumeur prit naissance, grandit de jour en jour et connut une telle ampleur qu'elle est telle quelle parvenue jusqu'à nous. L'assassin, *c'était César*.

Pourquoi cette évolution ? A la veille de Noël, César s'est rendu auprès de son père. Il est venu solliciter l'autorisation d'abandonner la pourpre. Il a rappelé que, de tout temps, il avait ambitionné de se consacrer au métier des armes. Il n'avait revêtu l'habit sacré que par amour filial, nullement par vocation. Son âme sera en danger s'il continue à demeurer dans le giron de l'Eglise. Il prie donc que lui soit accordée la dispense nécessaire pour retourner dans le monde et y contracter union. Il jure que son bras restera toujours à la disposition de l'Eglise.

C'est ainsi que César, jetant le cardinalat aux orties, va succéder à Juan dans toutes ses fonctions. C'est ainsi que les Romains commenceront à établir un rapport de cause à effet entre la mort de Juan et les charges nouvelles qu'Alexandre VI allait confier à son fils César.

Cinq siècles après, la polémique dure toujours. Les historiens restent divisés. Pour ma part, je me rallierai au lucide jugement de René Guerdan. C'est à la mort de Juan que se libèrent les ambitions de César. Que la gangue dans laquelle on l'enserrait éclate. Qu'il devient tout-puissant. Il faut se souvenir de sa jalousie à l'égard du frère cadet, de la haine à peine dissimulée qu'il éprouvait à son égard. Rappelons-nous aussi que l'assassin ne fut jamais découvert. De deux choses l'une : César a réellement fait assassiner son frère ; ou bien, assurant la sauvegarde de l'assassin, il a délibérément endossé la responsabilité du crime. On en vient à une conclusion identique : la culpabilité de César dans la mort de son frère semble établie.

A quelque temps de là, Lucrèce, dont le pape avait définitivement annulé le mariage et qui se morfondait dans un couvent en attendant de connaître le nom du nouvel époux qui lui serait désigné, se trouva enceinte des œuvres d'un familier du pape, un Espagnol du nom de Pedro Calderon, surnommé Perroto. La colère de César éclata. Les combinaisons politiques qu'il tissait avec son père – un rapprochement avec les Aragon – ne devaient pas être compromises. En outre, Lucrèce était peut-être la seule femme pour qui il ait ressenti un attachement profond – et authentique. Pour lui, cette grossesse devait rester nulle et non avenue. Il décida donc que Lucrèce accoucherait, mais que l'enfant disparaîtrait. Au vrai, nul ne sut jamais ce qu'il était devenu.

Et le père ? Et Perroto ? Il passera de vie à trépas.

Désormais, aucune vie humaine n'aura plus de prix aux yeux de César, dès lors qu'elle dérangera ses plans ou son ambition.

Lucrèce, déclarée *virgo intacta*, va pouvoir devenir la femme d'Alfonso d'Aragon. César, rendu à l'état laïc, ambitionne – lui – d'épouser Carlotta, fille de Frédéric d'Aragon. Ce dernier la lui refuse, en des termes offensants :

— Le fils du pape n'est pas d'une telle condition que je veuille lui donner ma fille, tout fils du pape qu'il soit !

Tel que nous connaissons César, nous pouvons nous convaincre qu'il a dû fort mal prendre ce dédain. Aussitôt il décide de tourner son ambition vers l'ennemie la plus implacable de Naples : la France. Le nouveau roi, Louis XII, priait instamment le Saint-Père d'annuler son mariage avec son épouse Jeanne – « bossue par-derrière et par-devant » – non point certes à cause de son infirmité, mais parce qu'il venait, consterné, vraiment, de découvrir qu'ils étaient parents à un degré prohibé. En fait, Louis XII, roi politique comme presque tous les Capétiens, souhaitait de toute son âme épouser Anne, veuve de Charles VIII, qui apporterait ainsi définitivement à la France le duché de Bretagne.

Alexandre VI s'est fait longtemps tirer l'oreille. Non point pour des raisons théologiques, mais parce qu'il entendait retirer de considérables avantages de l'annulation qu'il consentirait. Ce qui attriste Alexandre, c'est qu'il va favoriser l'agrandissement du royaume de France. Ce pape italien reste profondément espagnol. Il hésite. Celui qui va le convaincre, c'est César. L'autorité de celui-ci s'affirme de plus en plus. C'est donc César qui ira à la cour de France négocier la grande affaire.

Cette ambassade, l'Europe entière s'en extasiera. César est escorté par trente gentilshommes, une centaine de pages, d'écuyers et de musiciens, une véritable cavalerie, douze chariots à bagages et plus d'une centaine de mules !

A Marseille, des salves d'artillerie l'accueillent. Quatre galères voguent à sa rencontre. On l'honore à Avignon, on le fête à Lyon. C'est à Chinon qu'il va rencontrer Louis XII. Quand il s'avance vers le roi, il porte au cou un collier de 30 000 ducats. A son bonnet rutile un double rang de « cinq à six rubis gros comme une fève ». Le roi l'accueille comme un ami. César fait quelque peu languir Louis XII avant de lui annoncer enfin que le Saint-Père accorde la dispense qui permettra au roi de France d'épouser la duchesse Anne de Bretagne. Le souverain, ravi, annonce aussitôt à César qu'il le fait duc de Valentinois et que son désir est qu'il trouve à sa cour un parti digne de lui.

Comme César se déclare comblé, le roi lui offre sa nièce, la fille du comte de Foix. Ou bien Charlotte d'Albret, sœur du roi de Navarre. C'est Charlotte que César choisit. L'union est célébrée dans les appartements privés de la reine. Et puis ce sont des fêtes, des joutes. César participe à toutes. Ce qui permet à Louis XII de mander au Saint-Père que son fils César a rompu deux lances avant le dîner dans un tournoi, mais que, après le dîner, s'étant retiré avec sa jeune épouse, « il a rompu six lances »...

César Borgia a vingt-quatre ans, Charlotte dix-sept. Peut-être, pour la première fois de sa vie, César est-il amoureux. Charlotte, elle, aime de tout son cœur ce gentilhomme si aimable et si magnifique. Bientôt, elle lui annonce qu'elle est enceinte. De tout l'été, ils ne quittent pas la cour. Au début de juillet 1499 seulement, Charlotte et César gagnent Issoudun dont le duc de Valentinois est seigneur. Mais, dans, les premiers jours de septembre, le fils d'Alexandre VI doit s'éloigner. Louis XII prépare lui aussi *sa* guerre d'Italie. S'il a tant choyé César, c'est pour se ménager l'amitié de son père. Il attend que le duc de Valentinois parte devant lui préparer les voies. La veille du départ de César, Louis XII lui décerne le collier d'argent aux coquilles d'or de l'ordre de Saint-Michel. Il lui accorde, ainsi qu'à ses descendants, le droit de porter le nom et les armes de France. Le fils du pape proclame qu'il sera désormais César Borgia de France !

Quand le roi Louis XII entre dans Milan, César chevauche à ses côtés. Il a de grands projets, César. Des projets en Romagne. Il a grand besoin de l'amitié du roi de France. Louis XII lui redit qu'elle reste entière et le lui prouve. Il remet à sa disposition les troupes que César lui a fournies et y ajoute trois cents lances françaises. Tout bouillonnant d'espoir et d'enthousiasme, César va partir pour Rome. Il ressent l'impression de tenir le monde dans sa main. Tout au moins l'Italie.

Pourquoi la Romagne ? Ici il faut s'en rapporter au témoignage essentiel de Machiavel. C'est Pépin le Bref qui, des siècles auparavant, avait donné la Romagne à l'Eglise. Mais, au long des temps, l'autorité de familles seigneuriales ou princières s'était peu à peu substituée à celle de la papauté. La Romagne, dit Machiavel, « était le repaire des pires crimes, où il suffisait de la moindre occasion pour provoquer une vague de rapines et de meurtres. La cause en était la méchanceté des princes et non, comme ceux-ci le prétendaient, le mauvais naturel de leurs sujets… C'est ainsi que, pour extorquer de l'argent, ils édictaient des lois dont ils étaient les premiers à favoriser l'infraction… Et alors ils sévissaient, non par amour de la légalité, mais par cupidité, pour l'argent qu'ils en retiraient. De là d'innombrables maux, dont le désir chez chacun de se dédommager du tort subi sur plus faible que soi. De là tous les maux évoqués plus haut, dont le vrai responsable est le prince ».

Ainsi se profile l'idée maîtresse de César. S'en prendre à ces familles qui sans droit se sont en Romagne taillé des fiefs qu'elles gouvernent souverainement et despotiquement. Rendre la Romagne à la papauté : voilà le grand acte qu'il veut léguer à l'histoire. Fort de l'aide française, il peut désormais s'y consacrer. Il dénombre autour de lui les trois cents lances françaises et 4 000 fantassins suisses et gascons. Sans omettre les puissants canons prêtés par le roi de France. Les coffres de César sont pleins : 40 000 ducats empruntés par Alexandre VI sur la ville de Milan. La campagne qu'il entreprend alors, il n'est au pouvoir de personne de l'amoindrir. Il pénètre dans Imola, puis dans Forli où il brise la courageuse résistance de Catherine Sforza. Partout, il impose l'autorité papale. Partout, le peuple l'accueille comme un libérateur.

Quand Alexandre VI reçoit César dans Rome, il lui réserve les honneurs du triomphe. Comme naguère pour Juan. Il lui remet la plus haute décoration pontificale : la rose d'or, symbole de l'Eglise militante et triomphante. Il le nomme gonfalonier de l'Eglise. Oui, comme autrefois Juan, son frère.

C'est aussi le temps où Alfonso d'Aragon, le nouveau mari de Lucrèce, ose s'en prendre à César et narguer ses volontés. Alors, César fait mettre à mort Alfonso d'Aragon.

Grâce à l'année sainte – celle de 1500 – les pèlerins affluent à Rome. Avec eux l'or tombe dans les caisses du Vatican. César va pouvoir parachever sa campagne de Romagne. De Rimini, il fait chasser Malatesta. A Giovanni Sforza, il prend Pesaro. Après quoi, il marche sur Faenza. Ce qui ne l'empêche nullement d'administrer en même temps la Romagne, d'accorder des libertés municipales, de faciliter l'échange des marchandises. Il s'en prend au brigandage, rend la paix aux provinces. Partout son nom est encensé, sa personne acclamée.

Au mois d'avril, Faenza tombe entre ses mains. Deux frères règnent sur la ville, tout jeunes l'un et l'autre, Astorre et Gian Manfredi. Ici, il faut citer une pensée de Machiavel selon laquelle, pour conserver un Etat nouvellement acquis, il faut d'abord prendre soin de détruire entièrement la famille de l'ancien souverain. En juillet, les deux jeunes princes sont enfermés dans un cachot du château Saint-Ange. Une année plus tard, parmi beaucoup d'autres cadavres, on repêchera les leurs dans le Tibre, une pierre au cou. Pour César, toujours la fin justifie les moyens. Ce qui compte, c'est vaincre.

Alexandre VI observe son fils d'un tout autre regard. Il le voit tel qu'il n'avait pas su le deviner. Le chef des Borgia, ce n'est plus lui, Alexandre, que les années accablent. C'est César qu'il ne peut plus suivre dans ses initiatives, ses projets immédiats, *a fortiori* ses vues d'avenir.

Il émane de lui une telle force quand il expose à son père ce qu'il entend accomplir ! La Romagne n'est qu'une étape. C'est sur l'Italie entière que la papauté doit régner. Pourquoi l'Italie resterait-elle toujours divisée ? Les Italiens ne sont-ils pas un même peuple ? Ne parlent-ils pas la même langue ? César affirme qu'il n'est plus en Italie centrale d'armée capable de lui résister. Il est convaincu que Mantoue, Ferrare, Bologne, Urbino, Florence sont militairement à sa merci. Certes, elles ne le sont pas encore politiquement, car le roi de France les protège. Mais un jour, proche peut-être, le roi d'Espagne et le roi de France s'affronteront. Ce jour-là, la fortune appartiendra à celui qui aura su tendre ses filets. A celui qui sera prêt. César, justement, se sent prêt. Il le prouve en engageant le combat.

On ne le verra plus, à travers l'Italie, que l'épée à la main. Il arrache des territoires à Bologne. Ce faisant, il s'ouvre le chemin de Florence. Il parvient devant Piombino.

De nouveau, il se range aux côtés de Louis XII, met avec lui le siège devant Capoue, prend la ville, massacre 4 000 hommes, femmes, vieillards, enfants. On raconte même qu'il s'est fait livrer quarante femmes parmi les plus belles de la ville pour son usage personnel. N'oublions jamais qu'on ne prête qu'aux riches.

Il entrera à Naples avec Louis XII. Il recevra du roi de France le duché d'Andria, dans les Pouilles, et 20 000 ducats, cependant que Ferdinand le Catholique lui fait remettre 20 000 autres ducats.

Triomphant, il peut alors regagner Rome et négocier le mariage de Lucrèce avec le fils d'Hercule d'Este, ce qui fera d'elle un jour une duchesse de Ferrare.

Ceux qu'il a réduits, soumis, offensés se soulèvent. Il les met à la raison. Les plus obstinés forment un complot contre lui. Il feint de se réconcilier avec eux, les convoque à un festin dans son château – et les fait mettre à mort. Quand Louis XII reparaît à Milan, ceux qui ont eu à souffrir de César – et qui vivent encore – accourent auprès du roi français pour se plaindre. Il y a là Giovanni Sforza (de Pesaro), François Gonzague (de Mantoue), Montefeltro (d'Urbino), les fils de Bentivoglio (de Bologne). Venise s'indigne et surtout Florence. On dénonce la rapacité, la félonie de César. On souligne qu'il a pris comme devise : *aut Caesar, aut nihil*. Ou César, ou rien. On l'attaque ? Il survient. A la surprise désespérée de ses détracteurs, Louis XII l'accueille ainsi qu'un parent, lui installe un appartement près du sien et, comme ses bagages sont en retard, le roi de France met à sa disposition sa propre garde-robe. Les ennemis de César n'ont plus qu'à se retirer, sous le regard implacable du fils du pape, ce regard qui, à lui seul, est une injure.

Louis XII et César entreront ensemble dans Gênes. C'est le temps où César, en Romagne, fait face victorieusement à une révolte. Le temps où il convoite la Toscane. Le temps où Paolo et Francesco Orsini sont exécutés sur son ordre. Le temps où son ambition ne connaît plus de limites. Le temps où il rêve : l'Italie, toute l'Italie. C'est elle qu'il veut conquérir. L'Italie tout entière. S'il parvient à décider Venise à joindre ses forces aux siennes – Venise dont les possessions s'étendent jusqu'à l'Adda, dont l'armée dispose d'une artillerie comparable à celle des Français – rien ne lui sera plus interdit. César pourra bouter Ferdinand le Catholique hors du royaume de Naples. Et Louis XII – pourquoi pas ? – hors du Milanais.

L'Italie, toute l'Italie !

Le rêve est mort en un instant. César s'est cru à jamais tout-puissant. Tout à coup la mort de son père a anéanti l'édifice de ses illusions. Il n'a pu empêcher l'élection à la papauté de l'ennemi des Borgia, Jules II. On l'a sommé de livrer ses forteresses. Et, sur son refus, on l'a emprisonné. Il s'évade, se réfugie à Naples. Là on l'arrête par traîtrise : souvenons-nous de Castel Nuovo. On l'envoie en Espagne. Il connaît une première prison, une seconde. Le 25 octobre 1506, il attache une corde à sa fenêtre. Son serviteur descend le premier. Trop courte, la corde. Le serviteur se brise les jambes. César a décidé de jouer le tout pour le tout. La mort plutôt que la captivité. Le long de la corde, il se laisse glisser si vite qu'il s'arrache toute la peau des mains. Pas assez vite pourtant. Avant qu'il n'ait atteint le sol, des soldats sont accourus à la fenêtre qu'il a quittée et ont coupé la corde. Le voici projeté dans le vide d'une hauteur prodigieuse. Logiquement il devrait se rompre les os en frappant le sol. Il se relève. Les hommes du comte de Benavente – qui a préparé l'évasion – l'attendent. Ils le hissent sur un cheval. Le plus extraordinaire, c'est que cet homme douloureux, brisé, parvient à traverser au galop presque tout le royaume. Le 3 décembre, le voici à la cour du roi de Navarre, son beau-frère.

Il a trente ans. Il était tout. Il n'est plus rien. Simplement, il offre à son beau-frère – qui accepte – de servir dans la petite armée du dérisoire royaume de Navarre.

C'est l'épée à la main que, cinq mois plus tard, César Borgia, duc de Valentinois, fils d'un pape, se battant au service du roi de Navarre, est surpris par un parti adverse et engage son ultime combat.

Ils sont vingt contre lui. Un premier coup le frappe sous l'aisselle. Désarçonné, il glisse à terre. On le perce de cent blessures. On le dépouille de son armure, parce qu'elle est riche et belle. On lui prend ses armes, son cheval, ses vêtements.

Ce qui demeure abandonné là, au fond d'un ravin, c'est un cadavre nu. La dépouille de celui qui avait failli régner sur l'Italie.

II

Il faut tuer Gandhi

La foule est déjà dense dans le jardin de cette demeure que l'on appelle, à New Delhi, Birla House. Une grande et belle maison où tout respire le luxe et la richesse. Sans cesse, sur la pelouse, de nouveaux arrivants : des hommes aussi bien que des femmes, des enfants, des vieillards. Il semble que, de cette foule nimbée d'une paix immense, émane un bonheur composé de certitude et d'heureuse impatience. Ces gens parlent entre eux, mais sans élever le ton. Ce que l'on entend, c'est moins qu'un bruit léger, plutôt un bruissement.

Si elle se trouve là, cette foule, ce vendredi 30 janvier 1948, c'est parce que chaque jour, à 17 heures, le Mahatma Gandhi sort de chez lui pour prier. Alors, chaque jour, des fidèles, beaucoup de fidèles, rejoignent ce jardin pour prier avec lui.

Qui soupçonnerait, au milieu de ces rangs serrés, la présence d'un assassin ?

Dans la maison, le vieil homme ne l'imagine pas davantage. Comment le pourrait-il ?

Ressuscitant une image que des centaines de photographies ont portée à travers le monde, celui que Winston Churchill avait un jour appelé, avec un mépris souverain, ce « fakir à demi nu » est accroupi auprès de son rouet, le torse dénudé, les reins ceints d'un pagne. Il vient de discuter longuement avec le compagnon de tous ses combats, Vallahabai Patel. Troublé jusqu'au tréfonds de lui-même par le sang répandu au lendemain de l'indépendance de l'Inde, Patel – l'un des pères du parti du Congrès – a envoyé sa démission au gouvernement que préside Nehru. Mais Gandhi ne tolère pas, ou plutôt ne veut pas comprendre, que ses compagnons, unis la veille dans le combat, ne le demeurent point après la victoire. Le vieil homme – il a soixante-dix-huit ans – a appelé Patel auprès de lui. Il l'a adjuré de reprendre sa démission. Il l'a fait sans colère, sans élever la voix, il en eût été bien incapable. Une infinie faiblesse se dégage de ce petit homme accroupi sur le sol. Mais chacun sait en Inde que, jusqu'à l'ultime seconde, cette faiblesse demeurera une force redoutable.

Nul mieux que Romain Rolland n'a dépeint Gandhi avec « ses larges lunettes dont les verres sont à deux demi-cintres emboîtés, pour voir à la fois de près et de loin. Le teint est plutôt très hâlé, bronzé par le soleil, que foncé. Le profil du crâne est allongé, et cette impression est accentuée par l'absence des dents du devant qui menuisent le museau comme d'un rat – la lèvre inférieure, assez grosse, avançant, et la supérieure recouverte d'une moustache grise clairsemée. Le nez est droit, un peu enfoncé, écrasé du bout, aux larges narines. Les oreilles sont très écartées. Le front est large et bien construit ; il se ride fortement, lorsqu'il parle ; mais les joues et le reste du visage, de forte substance, n'ont pas le réseau de rides de nos visages européens. Le premier aspect frêle est trompeur : l'homme est solide. Ses mains, longues et maigres, qui serrent sur ses bras son burnous, sont tout en os et en veines et muscles saillants et gonflés ».

Cette description, Romain Rolland l'a tracée en 1932 après avoir reçu en Suisse la visite de Gandhi. En 1948, pour une part, elle reste vraie. Pour une autre, tout la dément. C'est ce qui a frappé Maurice Schumann, en octobre 1947, quand à son tour il est venu rencontrer le Mahatma : « A peine, selon la coutume indienne, m'étais-je accroupi à ses côtés, j'eus la révélation soudaine que, sur un point, Gandhi avait cessé d'être l'homme décrit, quinze ans plus tôt, par Romain Rolland : il n'était *plus* solide ; son premier aspect frêle n'était *plus* trompeur ; l'image réelle que m'avait, pour un bref moment, dissimulée l'image préconçue était celle d'un mourant. »

C'est vrai. La mâchoire de Gandhi tombe. Quand il parle, on l'entend à peine. A chaque instant, sa poitrine est déchirée par une toux qu'il ne maîtrise pas. Son seul recours, c'est l'absorption d'une ou deux gorgées d'un breuvage placé dans un bol près de lui, sur le sol.

Ce jour-là, Abha, la jeune épouse d'un de ses cousins, lui a apporté son dernier repas de la journée. Il avait beau discuter passionnément avec Patel, la jeune femme n'a tenu compte que d'une chose : il était 16 h 30 et il se nourrissait tous les jours à 16 h 30. Du lait de chèvre, des légumes cuits, des légumes crus, des oranges, une compote mêlée de citron, de beurre battu, de jus d'aloès et de gingembre.

Une fois de plus, la fragilité vainc. Patel promet de reprendre sa démission. C'est alors qu'Abha tient à rappeler à Mahatma l'heure qu'il est : 17 h 10. Gandhi esquisse un mouvement d'humeur. Il sait que beaucoup de gens l'attendent. A Patel et à la jeune femme, il lance :

— Je dois me séparer de vous.

Il se lève, passe un instant dans la salle de bains voisine. Abha et Manou, la petite-fille d'un de ses cousins, s'approchent de lui, il passe ses bras autour de leurs épaules. Geste familier. « Ce sont, explique-t-il, mes bâtons de vieillesse. » Quelque temps plus tôt, reçu par le dernier vice-roi des Indes, Louis Mountbatten, liquidateur de cet empire fondé par son arrière-grand-mère la reine Victoria, le Mahatma s'était également appuyé sur l'épaule de la charmante épouse du noble Lord Edwina. Et Edwina Mountbatten avait montré qu'elle en était honorée.

Pour le moment, il ne songe qu'à l'heure. Il est mécontent contre lui-même.

— Je suis en retard de dix minutes. J'ai horreur d'être en retard. J'aurais dû être là à 5 heures tapantes.

Dans le fond de la pièce, d'autres femmes en saris multicolores attendent. Une cour ? Une escorte ? Une veille, plutôt, de chaque instant. Ces femmes-là aussi s'avancent derrière lui.

Quand il apparaît dans le jardin, il voit devant lui une foule de cinq cents personnes à peu près. Beaucoup plus rapidement que n'aurait pu le donner à penser son apparente faiblesse, il s'avance jusqu'à l'estrade en bois où, chaque jour, il prend place pour prier. Quelques mètres encore à parcourir. Les hommes et les femmes qui étaient assis se sont levés. D'autres s'avancent vers lui. D'autres encore s'écartent pour lui laisser le passage. Les plus proches s'inclinent jusqu'à terre. Alors, Gandhi se détache de l'appui des épaules d'Abha et de Manou pour joindre ses mains en signe de salut.

Ce moment-là, depuis qu'il est entré dans le jardin, l'assassin l'attend.

Bousculant ceux qui se trouvaient devant lui, il s'est avancé au premier rang, face au Mahatma. « Corpulent, vêtu d'un uniforme kaki », dira Manou qui le voit faire un pas en avant. Elle croit que l'homme va, comme il advient souvent, se prosterner pour toucher les pieds de Gandhi. Avec gentillesse, elle tente de l'en dissuader :

— Frère, Bapu a déjà vingt minutes de retard !

« Bapu » – prononcer Bapou –, tel est le nom que, depuis longtemps, ses fidèles donnent à Gandhi.

Pour l'écarter, Manou allonge le bras. Mais l'homme la repousse brutalement. Elle perd l'équilibre, tombe. L'homme est à deux pas de Gandhi. Il brandit un revolver qu'il dissimulait entre ses mains jointes. Il appuie sur la détente. Presque à bout portant, il tire trois balles dans la poitrine nue – comme offerte.

Aux deux premiers coups, Gandhi est resté debout, cependant que le sang commençait à tacher ses vêtements blancs. Au troisième coup, lentement, il s'est affaissé. Ses lunettes sont tombées à terre. Manou le voit toujours les mains jointes. Elle l'entend dire seulement :

— Hey ! Rama ! (Ah ! mon Dieu !)

Machinalement, Manou va prendre dans un pli du pagne de coton de Gandhi – son *dhoti* – sa vieille montre. Elle marque 5 h 17.

L'heure à laquelle le Mahatma Gandhi a achevé son cycle terrestre.

Si un homme, en notre siècle, a pu incarner pleinement l'idée de sainteté, c'est bien Mohandas Karamchand Gandhi. En un temps qui s'est abandonné aux plus exacerbés des antagonismes et des haines, Gandhi a offert l'exemple de l'amour et du pardon. Face à tous les pouvoirs, il n'a opposé que la douceur. Aux fusils, aux canons, aux chars d'assaut, il n'a répondu qu'en levant ses mains nues. Sans relâche, il a prêché la non-violence, doctrine que d'autres, peut-être, avaient préconisée, mais à laquelle il a donné une force et une ampleur jamais obtenues avant lui. Au moment où trois coups de feu l'ont fait entrer dans la mort, il continuait à prêcher inlassablement la réconciliation de tous les habitants de l'Inde, quelles qu'aient été leur confession, leur origine, leurs opinions. Pour y parvenir, à plusieurs reprises, il a mis sa propre vie en danger. Même ses ennemis le vénéraient parce qu'ils savaient que lui les aimait. Alors ? Comment la seule idée de tuer un tel homme a-t-elle pu germer dans l'esprit d'un autre homme ? Pourtant, l'invraisemblable est arrivé. L'impossible a été commis. Les mains jointes, le Mahatma Gandhi gît sans vie dans l'herbe du jardin de Birla House.

Il est toujours important de connaître les motifs qui ont guidé la main d'un assassin politique. Cette fois, il s'agit d'une nécessité plus aiguë encore. Expliquer comment et pourquoi on en vient à tuer un saint, ce n'est pas seulement vouloir satisfaire une curiosité légitime, c'est peut-être proposer à tous une leçon salutaire.

Nous retrouverons l'assassin. Demandons-nous d'abord ce qui a fait l'exceptionnelle grandeur de Gandhi.

Quiconque aurait rencontré à Londres, vers 1890, M. K. Gandhi n'aurait pas un instant imaginé que ce jeune homme effacé ébranlerait un jour le plus puissant empire du monde.

Né en 1869, Gandhi est le fils du Premier ministre d'un minuscule Etat, tel qu'il en existait des centaines au sein de cette Inde où les Anglais pratiquaient si subtilement l'art de diviser pour régner. Il a perdu son père alors qu'il était tout jeune. Comment sa famille n'eût-elle pas pensé à lui pour une éventuelle succession ? Pourquoi lui aussi ne deviendrait-il pas Premier ministre ? Il lui faudra donc étudier le droit. Pas n'importe quel droit. Celui des occupants, dont en définitive tout dépend. Comme les Gandhi sont pauvres, il n'est pas question d'envoyer le jeune homme à

Oxford ou Cambridge où sont reçus pourtant des Indiens distingués : ce sera le cas, vingt ans plus tard, d'un Nehru. Le futur juriste va prendre pension à Londres, dans un quartier modeste, au milieu de familles modestes. Ce seront des gens appartenant à ce milieu-là qui le convertiront à l'alimentation végétarienne. Et, comme il existe une volonté de fer chez ce frêle jeune homme, jamais plus Gandhi ne touchera à de la viande.

Une photographie prise à son arrivée en Grande-Bretagne, en 1888, nous le montre avec des cheveux épais et noirs, peignés avec soin, une raie s'ouvrant sur la droite. De grandes oreilles, un nez long et fort, des lèvres plus épaisses que sensuelles, mais peut-être sont-elles l'une et l'autre. Ce qui frappe, c'est le regard. On dirait qu'il fuit quelque chose ou quelqu'un. Le photographe ou les évidences de la vie ?

Deux ans plus tard, au milieu d'un groupe de végétariens – oui – le voici avec un veston bien coupé, une cravate blanche, une pochette et des manchettes blanches immaculées, une coiffure digne de la gentry. Dans son autobiographie, il reconnaît lui-même que « son souci de l'élégance vestimentaire persista pendant plusieurs années ». Tout ce que nous pouvons en déduire, c'est que ce jeune Indien ne se veut pas contestataire. Au contraire, il fait de son mieux pour s'assimiler à la société britannique. Son teint foncé lui interdit à jamais de passer pour un Anglais, mais nous pouvons être sûrs qu'il en rêve.

Il passe sans difficulté apparente ses examens. Le 10 juin 1891, il s'inscrit au barreau. Le 11, il est immatriculé au registre de la Haute Cour. Le 12, il s'embarque pour l'Inde. Une évidence : son rêve anglais a été déçu. Il a compris qu'il ne serait jamais chez lui dans cette île orgueilleuse. Il a obtenu ce qu'il voulait. Donc il s'en va.

Malgré toute la bonne volonté qu'il y voudrait mettre, l'historien ne trouve chez ce M. K. Gandhi, avocat, « médiocre, insignifiant, embarrassé, maladroit » qui quitte l'Angleterre en 1891, aucun des traits fulgurants qui feront du Mahatma le guide de centaines de millions d'hommes*.

L'étrange est que cet homme qui donnera dans sa vie une telle primauté à l'idée religieuse n'est pas loin de se croire athée en arrivant en Angleterre, et même en quittant celle-ci. C'est la lecture du plus grand texte de l'hindouisme, le *Ghita*, qui non seulement le ramènera à Dieu mais le conduira à tenter sans cesse – sans y parvenir et ce sera son éternelle souffrance – de se fondre en lui. *Ghita* veut dire cantique. Il s'agit de l'abréviation de *Bhagavad-Ghita*, le cantique de Dieu. « Lorsque les doutes m'assaillent, lorsque les déceptions me menacent, je retourne au *Bhagavad-Ghita*, et j'y trouve un verset qui me réconforte ; et je me mets immédiatement à sourire au milieu même des chagrins qui m'accablent. »

Comme presque tous les livres saints, le *Ghita* est susceptible d'explications radicalement différentes. Gandhi a voulu y découvrir l'homme idéal, le *Karma Yoghi* parfait : « Un homme pieux qui ne jalouse personne, qui est une source de miséricorde, qui est sans égoïsme, qui est désintéressé, qui considère de la même façon la chaleur et le froid, le bonheur et la misère, qui pardonne toujours, qui est toujours satisfait, dont les résolutions sont fermes, qui a consacré sa pensée et son âme à Dieu, qui ne suscite pas la crainte, qui n'a pas peur des autres, qui ne triomphe pas, ne s'afflige pas, ne craint pas, qui est pur, qui est habile à

* Louis Fischer : *La Vie du Mahatma Gandhi* (traduit de l'américain par Eugène Bestaux, 1952, puis 1983).

l'action mais reste insensible à cette action, qui renonce à tous les fruits bons ou mauvais de son activité, qui traite de la même façon ses amis et ses adversaires, qui reste indifférent au respect ou à l'irrévérence, qui n'est pas enflé par la louange, qui ne succombe pas lorsque l'on parle mal de lui, qui aime le silence et la solitude, qui possède une raison disciplinée. »

L'homme ainsi dépeint ne ressemble-t-il pas à cet autre homme idéal surgi de l'enseignement du Christ ? Gandhi n'en est jamais disconvenu, lui qui lisait souvent le Nouveau Testament et d'ailleurs aussi le Coran.

Ne croyons pas pourtant qu'il ne pense qu'à cela en retrouvant les Indes. Il songe surtout à se faire une place au soleil, n'oubliant pas qu'il doit subvenir aux besoins de sa femme et de ses enfants. Marié, Gandhi ? Mais oui, et bien avant son départ pour l'Angleterre. En fait, on l'a uni à l'âge de quatorze ans avec une jeune fille de treize ans, fille d'un commerçant et prénommée Kastourbaï. C'était la coutume en Inde. On peut même considérer un tel mariage comme relativement tardif. Des unions entre enfants de cinq ans étaient courantes. Naturellement, c'étaient les parents qui arrangeaient tout. Ce n'est qu'au dernier moment que l'on informait les intéressés. Du propre aveu de Gandhi, Kastourbaï et lui n'en avaient pas moins manifesté un vif empressement à devenir époux dans tous les sens du terme : « La femme de mon frère m'avait complètement mis au courant de ce que j'aurais à faire pendant cette première nuit. J'ignore qui avait renseigné ma femme… Mais on n'a pas besoin de leçons pour ces sortes de choses. Les impressions de la naissance antérieure sont assez puissantes pour rendre tout enseignement superflu. » Sur le plan sexuel, Kastourbaï et lui se sont donc parfaitement entendus. A ce point que, lors d'une grave maladie de son père, Gandhi, interrompant la veille dont il était chargé, avait quitté la chambre du malade pour courir s'ébattre avec sa jeune femme. Quand il était revenu, son père était mort. Il en éprouvera du remords toute sa vie. On peut découvrir là l'une des raisons qui l'amèneront à combattre un tempérament ardent pour parvenir à une totale ascèse.

Il a donc ouvert un cabinet d'avocat à Bombay. Echec. Un conflit avec l'agent britannique qui contrôle le petit Etat dont son père était Premier ministre lui ôte tout espoir de succéder un jour à ce dernier. Le pessimisme le gagne. A ce moment précis, on lui offre un poste de conseiller juridique, avec contrat d'un an, dans une firme indienne en Afrique du Sud. Il accepte sans hésiter. Il s'embarque, adressant un second adieu à sa femme, laquelle venait pourtant de lui donner un nouveau fils. Un peu légèrement, Gandhi a dit seulement à Kastourbaï :

— Nous nous retrouverons dans un an.

Ainsi étaient les maris indiens. Ainsi subissaient les femmes indiennes.

Le procès qui l'attend n'offre rien de grandiose. A l'avance on peut prédire que nul en Afrique du Sud ne remarquera la présence de M. K. Gandhi, avocat. Mais est-il possible de tout prévoir ? Car c'est en Afrique du Sud que va pour la première fois s'écrire le destin de Gandhi. Pour son procès, il lui faut se rendre de Durban à Pretoria, capitale du Transvaal. Ses clients lui ont acheté un billet de première classe et, logiquement, il s'installe, pour un voyage de nuit, dans un compartiment de cette classe. En ce temps-là, il est toujours le très correct M. K. Gandhi, vêtu avec cette élégance discrète qu'un gentleman de la City ne désavouerait pas. Mais il a la peau brune. Et nous sommes en Afrique du Sud. A Maritzbourg, un voyageur pénètre dans son compartiment. Lui, il est blanc. Voyant cet homme à la peau brune assis sur les coussins, il repart furieux et revient avec deux employés du chemin de fer qui, sur un ton sans réplique, commandent à Gandhi de se rendre dans le wagon de troisième classe réservé aux coolies. Il faut savoir qu'en Afrique du Sud le mot coolie s'appliquait indistinctement à tout homme venu des Indes. C'est ainsi qu'il y avait des manœuvres coolies, des porteurs coolies, mais aussi des médecins coolies ou des professeurs coolies. Avec un calme immense – qui lui ressemble bien – Gandhi répond qu'il est en possession d'un billet de première classe, dûment payé à la compagnie et qu'il ne voit aucune raison à voyager en troisième avec un billet de première. A-t-il convaincu les employés du chemin de fer ? Ils s'éloignent. Mais, un instant plus tard, c'est un policeman qui paraît pour saisir Gandhi par le col de sa redingote, ouvrir toute grande la portière et le jeter dehors ainsi que ses bagages.

Bien des années plus tard, un missionnaire chrétien demandera à Gandhi : « Quelles ont été les expériences les plus décisives de toute votre vie ? »

Gandhi répondra : *Ce qui s'est passé une certaine nuit à la gare de Maritzbourg.*

Jusque-là, Gandhi a supporté l'occupation de son pays par une puissance étrangère sans apparemment en souffrir. La présence des Anglais aux Indes, il s'est borné à la considérer comme une réalité inéluctable. Cette fois, la discrimination raciale le frappe en plein cœur. Il comprend que de celle-ci souffrent également tous ses frères indiens d'Afrique du Sud. Or ceux-ci sont nombreux, très nombreux. C'est délibérément qu'on les a fait venir, comme une main-d'œuvre nécessaire. Mais, avec la même détermination, on leur refuse les droits que l'on accorde aux travailleurs blancs. Officiellement, ils sont des hommes libres. En fait, on les traite comme des serfs. Pour Gandhi, se présente là quelque chose d'intolérable. Donc, il ne le tolérera pas. Donc, il se battra.

Il ne faut que quelques semaines pour que le timide M. K. Gandhi se mue en ce que les autorités locales appelleront un « meneur ». Dans une petite salle, il réunit l'élite de la colonie indienne d'Afrique du Sud. Il n'appelle pas à la révolte, comme précisément l'aurait fait un véritable « meneur ». Le langage qu'il tient, aucun de ceux qui sont venus n'aurait cru l'entendre :

— Vous êtes persécutés, s'exclame-t-il, mais vous êtes persécuteurs. Certes, l'ordre social n'est qu'un aspect de l'ordre cosmique. Mais une société fondée sur la distinction de castes et de parias est contraire à l'ordre naturel. Ne vous plaignez donc pas ; commencez par vous montrer meilleurs que les autres pour forcer leur respect.

Il était venu pour une année en Afrique du Sud. Il y restera vingt et un ans, ayant appelé auprès de lui sa femme et ses enfants. Sans relâche il va défendre la cause des Indiens, publier des brochures, composer des articles, prononcer des conférences. A plusieurs reprises, il est jeté en prison. Il ne faiblit pas. Toujours il sort de sa cellule la tête haute. Les combats qu'il engage mobilisent peu à peu des dizaines de milliers d'hommes et de femmes. Il paralyse les mines et les industries, empêche la perception de l'impôt. Tout cela au nom d'un principe qu'il répète inlassablement :

— Je ne puis concevoir de dommage plus grand pour un homme que la perte de sa dignité personnelle.

Pour les Blancs d'Afrique du Sud – surtout pour ceux d'origine boer – il est devenu l'homme à abattre. Mais nul ne viendra à bout de ce petit homme dont la fragilité semble une force de plus. Il n'oublie pas qu'il est juriste. Il se sert des textes de loi avec une habileté quasi diabolique. Sans cesse, il place les autorités face à des contradictions dont elles sortent amoindries. Même à Londres on parle maintenant de ce M. Gandhi avec qui il faut décidément compter.

Après une grande grève des mineurs qui a fait plusieurs morts, Gandhi a organisé à Durban un meeting de masse. Plusieurs milliers d'Indiens l'attendent pour l'acclamer car il sort de prison. Quand il apparaît sur l'estrade, la foule se tait, stupéfaite. Jusque-là, Gandhi avait prononcé tous ses discours revêtu d'un costume occidental. Cette fois, il a enroulé autour de ses jambes un pagne blanc et enfermé ses épaules et son torse dans une longue veste blanche telle qu'on en porte traditionnellement en Inde. Il a glissé ses pieds nus dans des sandales. A la foule bouleversée, il va expliquer qu'il a adopté cette tenue en signe de deuil pour ses camarades tués pendant la grève des mineurs.

Au bout de la route, le gouvernement capitulera. L'intraitable général Smuts recevra Gandhi. Il lui donnera satisfaction sur les points essentiels. Gandhi avait fabriqué des sandales en prison. Il en fera don à Smuts. Celui-ci confiera :

— J'ai porté ces sandales depuis lors pendant bien des étés, bien que j'aie la conviction de n'être pas digne de marcher dans les chaussures d'un si grand homme.

L'épisode le plus singulier de son séjour sud-africain se situe pendant la guerre des Boers. D'évidence, le choix n'était pas facile. Les Boers, eux aussi, se révoltaient contre une oppression. Et celle-ci venait des Anglais. Néanmoins, Gandhi s'est rangé sans nulle hésitation dans le camp britannique. Il répète que les Indiens sont des citoyens britanniques. Telle est même la pierre angulaire de son argumentation juridique. C'est à titre de citoyen britannique qu'il demande sans relâche l'égalité des droits. Comment un citoyen britannique ne combattrait-il pas dans les rangs britanniques ? Il va recruter, parmi les Indiens d'Afrique du Sud, un corps d'infirmiers et d'ambulanciers. Il prendra même la tête de l'une de ces unités et recevra une décoration. Une décoration militaire britannique !

Quand, en juillet 1914, il quitte l'Afrique du Sud pour gagner d'abord la Grande-Bretagne puis les Indes, il sait qu'il va devoir livrer un combat tout autre, une bataille où se sont brisés les meilleurs et les plus ardents de ses frères : celle de la liberté de son pays.

Il se sent de taille à la gagner.

Un mot résume toute son action et il l'a forgé lui-même en référence aux livres saints : *Satyagraha*. Trop souvent on l'a traduit par non-violence, ce qui se révèle à la fois très vrai et fort inexact. En 1920, Gandhi l'expliquait dans *The Report of the Indian Congress* : quand l'âme étreint la vérité, elle possède une force dont il faut savoir se servir pour sevrer l'adversaire de son erreur par la patience et la sympathie, pour éveiller chez lui un certain sentiment de chevalerie.

On aura remarqué que cette explication se situe dans le droit-fil des propos tenus par lui lors de son premier discours public en Afrique du Sud.

En tout cas, le moment est venu où il va avoir à user – sans cesse et toujours – de cette *Satyagraha !*

En fait, il connaît mal l'Inde. En 1916, y étant revenu pour ne plus la quitter, il voyage longuement à travers ce pays qui est à lui seul un continent. Ce qui le frappe avant toute chose, c'est la misère. Quand il était enfant, il l'avait vue sans la regarder. Aujourd'hui, il a vécu ailleurs ; son réflexe est en partie celui d'un Européen. Il ressent comme une blessure le spectacle des enfants squelettiques aux grands yeux brûlant de fièvre, celui des morts vivants qui ont à peine la force de tendre la main. Il ne supporte pas que des dizaines de millions d'Indiens soient accompagnés leur vie durant par la faim.

La seule justification de la présence des Anglais serait à ses yeux qu'ils aient entrepris de mettre fin à cette famine endémique. Or, affirme-t-il, non seulement ils ne font rien pour la combattre, mais ils l'aggravent. Le séculaire artisanat textile indien est ruiné par les machines du Lancashire. Pour combattre le chômage dans leur pays, les Anglais écoulent leur production en Asie. Assurément le chômage a diminué en Grande-Bretagne mais, en Inde, un million de tisserands, soudainement privés de travail, se voient inéluctablement conduits à la misère et à la mort*.

Devant cette tragédie, Gandhi veut crier son horreur. Il répète que l'Inde dépense 60 millions de roupies pour acheter en Angleterre des tissus alors qu'elle produit elle-même tout le coton nécessaire et qu'elle dispose d'une main-d'œuvre de grande valeur :

— N'oubliez pas le principal, dit et redit Gandhi, la machine est mauvaise en soi. Il faudra que nous arrivions peu à peu à nous en passer. Si au lieu de l'accueillir comme un bienfait, nous la considérions comme un mal, elle finirait par disparaître.

Gandhi n'est pas le premier théoricien à condamner le machinisme. On pourrait lui opposer les arguments dont on use généralement en pareil cas. On devrait également se souvenir qu'aucune condamnation théorique n'a arrêté

* Marivic Charpentier : *Gandhi* (1969).

l'expansion du machinisme. A cette règle jusque-là absolue, Gandhi va opposer l'exception qui la confirme. Il lui faudra plusieurs années, mais il convaincra peu à peu ses compatriotes d'abandonner d'abord les tenues européennes, ensuite de n'utiliser que des tissus locaux, souvent confectionnés à la maison. Il préconisera l'usage du rouet dans toutes les maisons indiennes, montrant lui-même l'exemple. Un homme seul se sera donc trouvé à l'origine de l'une des plus graves défaites industrielles qu'une puissance européenne ait pu éprouver sur un marché extérieur.

Ne croyons pas qu'en Inde tous suivent Gandhi à cet égard. Bien des chefs nationalistes n'envisagent l'émancipation de leur pays qu'à travers une expansion industrielle qu'ils reprochent au contraire aux Anglais de freiner. Dans leurs discours, dans leurs articles, il n'est question que de nouvelles usines, de barrages, de routes et de voies ferrées. Ils avouent ne pas comprendre la position de Gandhi :

— Quoi ! alors que les machines, une organisation de la production et de la distribution pourraient tirer l'Inde de sa terrible misère, vous les refusez ?

Mais lui, paisiblement, s'entête. Il associe le machinisme à cet état de mort spirituelle dans lequel il a vu plongés tant d'Européens :

— Autant mourir que de vivre ainsi.

Mais toujours, chez Gandhi, coexistent les principes et la tactique. Fidèle à l'attitude adoptée pendant la guerre des Boers, il s'est rangé pendant la guerre 1914-1918 du côté de l'Empire britannique. Le gouvernement de Londres lèvera en Inde une armée d'un million d'hommes qui joueront un rôle décisif dans la défaite de l'Empire ottoman. Lénine reprochera à Gandhi d'avoir approuvé cette mobilisation ; Gandhi dédaignera de lui répondre. Il sait très bien où il va. Il sait très bien de quel formidable argument il va pouvoir désormais user : un million d'Indiens vous ont aidés à gagner la guerre. Oserez-vous continuer à les réduire au statut de sujets ? Continuerez-vous à leur interdire de s'administrer, voire de se gouverner eux-mêmes ?

Cependant le message de Gandhi est toujours celui d'un homme seul. Il s'est installé à Sabarmati, non loin de la ville d'Ahmédabad. Là on ne trouve que quelques chaumières basses, blanchies à la chaux. Des arbres apportent de l'ombre. Tout près coule la rivière où vont boire les vaches et les buffles. Tout cela, c'est l'*ashram* de Gandhi, c'est-à-dire le lieu de retraite pour lui-même comme pour sa famille et ses fidèles. Il l'a appelé la *Satyagraha ashram*.

Louis Fisher, qui l'a bien connu, nous montre la chambre de Gandhi comme une sorte de cellule : « Son unique fenêtre était garnie de barreaux de fer. Elle s'ouvrait sur une petite terrasse où Gandhi dormait même pendant les nuits les plus froides et travaillait pendant le jour. A l'exception des intervalles passés en prison, Gandhi occupa cette cellule pendant seize ans. »

C'est ce mode de vie – une nécessité beaucoup plus qu'un calcul – qui va conforter l'autorité de Gandhi jusqu'à la rendre unique en Inde. Cet immense pays est avant tout peuplé de paysans. Or, « comment des gens portant des complets de Bond Street ou des vestons et des pantalons de Bombay pouvaient-ils gagner l'appui des paysans ? » Jusque-là les nationalistes indiens ne s'étaient appliqués qu'à singer les Anglais, à fréquenter ceux-ci et à se mettre de leur mieux à leur diapason. Sortis d'Oxford ou de Cambridge, ils estimaient qu'exceller au golf, au polo ou au tir au pigeon représentait la seule façon d'accéder un jour à l'indépendance. Gandhi, lui, n'en croit rien.

— Mêlez-vous au peuple, répète-t-il. Mêlez-vous aux paysans.

A cet égard, une photographie me paraît éloquente. Elle a été prise peu de temps après le retour de Gandhi aux Indes. Il est assis sur une estrade, les jambes croisées, le torse et les jambes nus, ne portant qu'un pagne court. Il parle aux paysans qui l'entourent. Autour de lui se tiennent des politiciens hindous, tous vêtus à l'européenne. Pas de doute : ce n'est que vers Gandhi que se portent les regards des paysans.

De même Gandhi recommande-t-il de renoncer à la langue anglaise et de revenir aux dialectes locaux parlés par ces millions d'Hindous qui, eux, étaient bien en peine de comprendre la langue de Shakespeare.

Mais comment Gandhi a-t-il *pratiquement* engagé l'action qui aboutira à l'indépendance des Indes ?

En décembre 1916, Gandhi se rend à la session annuelle du parti du Congrès national indien, qui se tient à Lucknow. Ce parti – les Hindous disaient simplement le Congrès – avait été fondé à Bombay en 1885... par un Anglais. Il s'agissait de donner la possibilité aux politiciens indiens de se réunir régulièrement afin de s'exprimer aussi bien en matière administrative que constitutionnelle. Dans l'esprit des fondateurs britanniques, il s'agissait de « canaliser les protestations populaires vers une modération légale ». Mais, quand on crée une assemblée, on ne sait jamais ce qu'elle deviendra. D'abord partisans déclarés d'une collaboration avec l'occupant, les membres du Congrès ont peu à peu évolué vers l'opposition. Dans les années 1920, ils en sont à réclamer l'indépendance.

Gandhi va dans leurs rangs recueillir un écho considérable, surtout après s'être excusé, à la tribune, de s'exprimer en anglais. Les orateurs l'avaient toujours fait, mais personne n'avait songé à présenter des excuses.

A cette session de 1916, un paysan va aborder Gandhi. Illettré, mais convaincu de son bon droit. Il estime que le système seigneurial du royaume de Bihar l'opprime injustement. Jusque-là nul n'a voulu l'écouter. Mais Gandhi le fait. Même, il décide de se rendre jusque dans le royaume de Bihar.

Déjà, la presse a popularisé l'image de Gandhi. Ses vingt années de combat en Afrique du Sud l'ont rendu célèbre. Qu'on imagine l'événement que va représenter son arrivée dans cette région reculée ! De partout l'on accourt, on se confie, on se plaint à lui. Ce qu'il apprend le consterne. La région se trouve divisée en propriétés de vaste superficie appartenant à des Anglais et cultivées par des fermiers indiens. La culture principale est l'indigo. Les propriétaires ont forcé les paysans à lui sacrifier leurs autres cultures. Or les Allemands viennent de mettre sur le marché de l'indigo synthétique. Alarmés, les propriétaires ont invité leurs paysans à renoncer à la culture jusque-là imposée mais ils ont exigé d'eux, en compensation de cet abandon, une indemnité que prévoyaient d'ailleurs leurs contrats. Légalement, la position des propriétaires peut se soutenir. Humainement, elle est indéfendable.

Gandhi va se rendre au siège de l'association des propriétaires. On l'éconduit. Il pénètre chez le commissaire britannique. Celui-ci l'injurie et lui donne l'ordre de quitter sur-le-champ la région. Comme il refuse, on le cite devant le tribunal de la circonscription.

Le jour de l'audience, des milliers de paysans assiègent le tribunal. On leur a dit qu'un saint homme venu pour les aider risquait d'être mis en prison. Ils sont accourus de toute la région pour le soustraire à l'autorité. Comment tournera la manifestation ?

Le plus embarrassé sera donc le juge. Pour s'en tirer, il remet la sentence à plus tard. D'ici là, Gandhi pourra rester libre. Toute la région a la fièvre. Des personnalités accourent de la ville voisine de Bihar. Elles déclarent que, si Gandhi va en prison, elles l'y suivront. On le signifie aux autorités. Le résultat ? Gandhi va recevoir une communication écrite du magistrat lui faisant connaître que le vice-gouverneur de la province a donné l'ordre d'arrêter toute l'affaire. Les propriétaires renoncent à percevoir la plus grande part de l'indemnité à laquelle ils prétendaient naguère avoir droit. Pour la première fois dans l'Inde du XXe siècle, la désobéissance civile vient de triompher.

Considérons la silhouette fragile, de plus en plus courbée, de plus en plus émaciée, sans cesse sur la brèche, demandant inlassablement que l'Inde redevienne libre, n'élevant le ton que pour répudier la violence, condamnant sévèrement ceux qui s'y livrent. Maintenant, on l'appelle le Mahatma. C'est, semble-t-il, le poète indien Rabindranath Tagore – prix Nobel 1913 de littérature –, grand ami et admirateur de Gandhi, qui lui a donné ce titre. Un Mahatma, dans l'Inde, est une personnalité spirituelle de premier plan, un « maître de sagesse et de compassion ». Jamais titre n'a mieux convenu sans doute à un homme.

Le Mahatma Gandhi, et l'Inde entière, vont accueillir avec indignation, au mois de février 1919, les lois Rowlatt qui, bien loin de tenir compte de l'effort militaire des Indiens pendant la guerre, réduisent encore les droits civiques de la population. Gandhi décide qu'il faut répondre. Il propose à ses compatriotes l'idée d'une grève générale, un *kartal*, qui devra paralyser toute l'économie. Comme il est entendu ! Le 6 avril 1919, Bombay, Amritsar, d'autres villes encore sombrent dans une immobilité qui, pour les Anglais accablés, rend le son d'un glas.

On en est encore aux anciennes conceptions coloniales. Pour les augures britanniques, *ces gens-là* ne respectent que la force. Le 9 avril, on arrête Gandhi en route vers Delhi et l'on fait déporter deux chefs du Congrès. Voilà l'Inde bouleversée. Des émeutes éclatent partout. La petite ville d'Amritsar, notamment, laisse éclater sa colère, et il s'y produit ce que Gandhi a toujours refusé : une explosion de violence. Les locaux publics sont envahis, des employés britanniques malmenés. La populace lynche à mort deux directeurs de banque, en abat un troisième, frappe et viole une directrice d'école.

Puisque c'est là que les Indiens sont allés le plus loin, on fera donc un exemple à Amritsar. On y envoie le général Dyer. Un dur à cuire, connu comme tel. Son premier acte : interdire toute manifestation, défilé ou rassemblement. Du haut de son cheval, il lit lui-même sa proclamation aux quatre coins de la ville, ne se faisant entendre que de quelques centaines d'habitants tout au plus. Le 13 avril, ceux qui, en masse, se portent vers le Yallianoualla Bagh, une grande place cernée de murailles et de hauts bâtiments, ne savent rien des menaces proférées par le général Dyer. A chaque instant la foule grandit. Ils sont maintenant 15 ou 20 000, écoutant avec passion les orateurs qui stigmatisent l'incompréhension britannique. Ils oublient qu'on ne peut entrer et sortir de la place que par d'étroits passages. Ils ignorent que des groupes de vingt soldats, armés de fusils, ont pris position devant chacun de ces passages.

Soudain, des ordres. Et la fusillade se met à crépiter. Dans cette masse compacte, chaque coup fait mouche. Un long cri d'épouvante. Une course éperdue. Les corps qui s'abattent. Les mères qui tentent de protéger leurs enfants. Les tentatives pour grimper le long des murailles. Le tir qui continue et continuera pendant dix longues minutes. Au cessez-le-feu, on dénombrera sur la place 379 tués et 1 137 blessés. L'enquête démontrera qu'il a été tiré 1 650 salves. D'excellents tireurs, décidément, les soldats de Dyer.

Le général devra s'expliquer devant une commission militaire. Il déclarera, très sûr de lui, qu'il avait seulement « voulu faire impression ». Il sera invité à donner sa démission. Ce qu'il fera, sans avoir compris, à ce qu'il paraît, ce qu'on pouvait bien avoir à lui reprocher.

Pour Gandhi, l'affaire d'Amritsar a sonné l'heure de la lutte active.

Le petit homme vêtu de blanc, crâne rasé, pieds nus dans ses sandales, s'avance à grandes enjambées, appuyé sur son bâton, sur une route indienne. Derrière lui, toute une foule d'hommes et de femmes. Une foule heureuse. Et à chaque village traversé, à chaque groupe rencontré, le Mahatma, de sa bouche déjà édentée, sourit largement.

Mais où va-t-il donc, le Mahatma Gandhi ? Où cette foule l'accompagne-t-elle ?

Nous sommes en 1928. Au début de l'année, Gandhi a commencé par publier dans le journal *Indian Opinion* un article consacré à l'impôt sur le sel qu'il dénonce comme particulièrement injuste. Il est exact que nul, en Inde, n'a le droit de récolter ou de produire du sel, ce privilège revenant à l'autorité seule. En France, sous l'Ancien Régime, il en était de même : qui ne se souvient de la gabelle ?

En l'occurrence, bien sûr, l'autorité perçoit un impôt.

Certains se sont étonnés de cet article de Gandhi. Même aux nationalistes les plus acharnés à tirer parti de tout, cette histoire de sel paraissait bien peu de choses. Mais Gandhi a persévéré. Le 2 mars, il a adressé une lettre au vice-roi, recensant tous les griefs de ses compatriotes contre l'occupant et demandant qu'il soit mis fin à un état de choses inacceptable. « Sinon, je commencerais avec mes collaborateurs à ne plus tenir compte de la loi sur le sel. »

Encore le sel. Mais cette fois, les nationalistes ont commencé à comprendre où Gandhi voulait en venir. Quant au vice-roi, il a purement et simplement rejeté l'ultimatum de « M. Gandhi » et à l'avance dénoncé les suites que pourrait comporter tout acte visant à compromettre la paix publique.

Alors, le 11 mars, Gandhi a quitté son ashram, suivi de soixante-dix fidèles, hommes et femmes. Tout ce monde s'est mis en route vers Dandee, un petit port du sud, situé à 300 kilomètres de là.

Ces 300 kilomètres, Gandhi et les siens vont mettre vingt-quatre jours à les parcourir. Mais de soixante-dix au départ, ils sont devenus plusieurs milliers à l'arrivée. Là, devant la mer, sur la plage, Gandhi va passer la nuit en prière. Beaucoup d'autres l'imitent. Le lendemain à l'aube, le Mahatma se lève, s'avance jusqu'aux vagues, se plonge entièrement dans l'eau. Quand il sort, il brandit un récipient plein d'eau de mer qui, exposée au soleil, produira une pincée de sel.

Un gigantesque cri de joie. Gandhi va faire savoir partout que ce sel extrait d'une eau qui devrait être à tous n'est autre que le résultat d'une action illégale. Ce qu'il a enfreint, c'est la loi. La loi britannique. La loi de l'occupant.

Toute l'Inde s'émerveille. Les Indiens, hindous ou musulmans, pauvres ou riches, à quelque caste qu'ils appartiennent, vont mettre leur point d'honneur à aller eux-mêmes chercher leur sel dans l'eau de la mer. Réaction de l'autorité : Gandhi est arrêté. Nehru, l'un des plus éminents des nationalistes, est arrêté. 60 000 personnes sont arrêtées. Un échec ? Non, une victoire. Rien de plus encombrant que tous ces prisonniers incarcérés à la suite d'un délit en définitive très mineur, qui n'ont affronté aucune force publique, molesté personne, *a fortiori* fait couler le sang de quiconque. D'autant plus que l'opinion britannique elle-même, alertée par ses journaux, est plutôt tentée de donner raison aux Indiens amateurs de sel. On a toujours eu le sens de l'humour au-delà du Channel. Churchill a beau stigmatiser avec une inutile violence cette « oligarchie de fanatiques, de politiciens et de marchands avides » qui voudrait prendre le contrôle de l'Inde, on ne le suit guère. Décision est prise de libérer les prisonniers. Finalement vont s'ouvrir les négociations souhaitées par Gandhi. Le « pacte de Delhi » en sortira. Certes, on ne peut pas dire qu'il règle tous les problèmes qui se posent. Mais les Indiens considéreront légitimement qu'un pas non négligeable a été accompli en direction de l'autonomie.

L'une des images les plus stupéfiantes de l'entre-deux-guerres restera sans doute celle de Gandhi – le « fakir à demi nu » – chaussé de ses sandales, vêtu seulement, malgré la pluie et le froid, de son pagne et de son châle et gravissant les marches du palais de Buckingham où l'attendent le roi et la reine d'Angleterre pour prendre le thé avec lui.

Les actualités cinématographiques l'ont montrée au monde, cette image, et le monde en est resté pantois. Les journaux ont raconté que, dans la foule immense accourue pour voir le petit homme voué au blanc, un gamin avait crié :

— Eh ! Gandhi, où sont tes culottes ?

Gandhi avait parfaitement entendu et il avait éclaté de rire, conquérant du même coup l'affection de ces Londoniens.

Il n'était chef d'aucun parti. Toujours il s'était refusé à appartenir à un quelconque mouvement. Il continuait à jurer que, pour contraindre les Anglais à s'en aller, il fallait leur témoigner de plus en plus d'amour. Qu'un sourire valait toujours mieux qu'une injure et que ce sourire ferait plus de mal qu'une injure si celui qui le recevait se sentait lui-même en position injuste. Hindou, il n'avait pas ménagé les critiques aux hindous. Il avait condamné sans relâche le système des castes qui voulait que toute une partie de la population – les intouchables – fût tenue à l'écart comme des pestiférés. Il avait scandalisé les traditionalistes en se rendant lui-même chez des intouchables, en accueillant ceux-ci dans sa maison, en organisant le mariage de plusieurs des siens avec des intouchables. Il avait continué à scandaliser lorsqu'il avait proclamé son amour pour les musulmans, citoyens eux aussi de l'Inde.

Depuis des siècles et des siècles, hindous et musulmans se haïssaient cordialement. De cette mésentente – qui souvent avait fait verser le sang – les Anglais jouaient avec un art savant. Ils répétaient que, s'ils accordaient l'indépendance, musulmans et hindous s'affronteraient dans des conditions qui, à l'avance, ne pouvaient que susciter l'épouvante. Eux seuls, les Anglais, par leur présence, assuraient la paix publique. Mais Gandhi, lui, répétait qu'il aimait les musulmans autant que les hindous. En public, devant des foules hindoues, il lisait souvent le Coran. Il lui arrivait d'embrasser, également en public, M. Jinnah, le leader musulman – qui n'en demandait pas tant. De sorte que, si l'Inde tout entière aspirait maintenant ouvertement à l'indépendance, si des chefs nationalistes pleins de talent et de plus en plus nombreux s'affirmaient chaque jour, un seul homme, aux yeux du monde, incarnait l'Inde, un homme qui n'était rien et qui s'appelait Gandhi.

Il vit toujours dans son ashram, entouré de sa famille et de ses fidèles. Son épouse Kastourbaï est près de lui, vieillie, parfois bougonne, mais aussi aimante qu'au premier jour. A l'âge de trente-sept ans, le Mahatma a décidé de s'abstenir de toute relation sexuelle. Il répète à ses fidèles que, sur ce plan, les hommes doivent savoir dominer leurs instincts, que l'abstention du plaisir fortifie le corps et l'esprit. Il répète que le liquide vital, « capable de produire un être aussi merveilleux que l'homme, ne peut pas, s'il est conservé comme il convient, ne pas être transformé en une énergie et une vigueur incomparables ».

Il s'alimente de moins en moins, estimant que le minimum suffit pour survivre. Quand il veut convaincre l'opinion et qu'il n'y parvient pas par le seul raisonnement ou les exhortations, alors il se condamne au jeûne. Le premier jeûne – nous dirions : grève de la faim – il l'a entrepris peu de temps après l'affaire des paysans condamnés à cesser la culture de l'indigo. Il est rentré chez lui en toute hâte, à Ahmédabad, en apprenant qu'une grève avait éclaté dans l'industrie textile de la ville. Les ouvriers réclamaient seulement des salaires un peu plus élevés et de meilleures conditions d'existence.

Gandhi, après avoir étudié la situation, s'est convaincu que les ouvriers avaient raison. Ils gagnent tout juste de quoi ne pas mourir de faim et travaillent douze heures par jour. Il convoque les industriels et leur déclare que désormais il est gréviste lui-même. Puisque, jusque-là, on a repoussé toute négociation, il va donc le jour même cesser de s'alimenter. Il est probable que, si un quelconque gréviste avait entamé la grève de la faim, les fabricants n'en eussent pas été tellement alarmés. Mais il s'agit de Gandhi. Du Mahatma Gandhi. Ils aiment, ils admirent, ils vénèrent le Mahatma Gandhi. Le jeûne de Gandhi dure depuis trois jours quand ils se présentent de nouveau devant le Mahatma pour lui annoncer qu'ils acceptent d'ouvrir des négociations avec les ouvriers. Celles-ci se révèlent positives. La grève, qui a duré vingt et un jours, prend fin.

En 1932, il entame un nouveau jeûne alors qu'il est une fois de plus en prison. Les journaux annoncent que ce sera « un jeûne à mort ». Gandhi veut cette fois protester contre la ségrégation des intouchables dans le système électoral. Les jours passent et le Mahatma ne cède pas. On publie bientôt des bulletins de santé alarmants. C'est plus que l'on en peut supporter. Les plus traditionalistes abdiquent. Les temples s'ouvrent aux intouchables qui pourront désormais s'exprimer aux élections.

A mesure que Gandhi avance en âge, il s'affaiblit. Chacun des jeûnes qu'il entame met sa vie en danger. Chaque fois, ses disciples le supplient de renoncer. En vain, il estime que le triomphe de la vérité a plus de prix que la poursuite de sa propre existence.

Et cet homme-là, par deux fois, s'est rendu à Londres pour défendre la cause de l'Inde. Il a quitté sa paillasse, son rouet et son lait de chèvre pour parler d'égal à égal avec le roi d'Angleterre, empereur des Indes. Pour proclamer une fois de plus, au 10 Downing Street, que l'indépendance de l'Inde représente une inéluctabilité et que tout retard apporté dans ce sens ne sera qu'un atermoiement dommageable aux deux parties.

Ce qui n'empêche pas le vice-roi, au retour de l'un de ces séjours à Londres, de jeter une fois encore le Mahatma en prison. On a calculé que Gandhi a séjourné 2 089 jours dans les prisons anglaises !

Quand la nouvelle Constitution fédérale que l'Angleterre se donne en 1935 annonce pour l'Inde l'instauration à moyen terme de l'autonomie, chacun sait dans le monde que c'est une victoire de Gandhi. En 1937, le parti du Congrès triomphe aux élections. Jusque-là hindous et musulmans ont marché ensemble – pas tout à fait la main dans la main cependant – dans la lutte pour l'indépendance. Quand on publie les résultats électoraux, on s'aperçoit que la ligue musulmane que dirige Mohamed Ali Jinnah n'a obtenu que 5 % des voix. Est-ce la préfiguration de la répartition des forces dans une Inde indépendante ? Cela, Jinnah ne peut l'admettre. Il y a en Inde 300 millions d'hindous et 100 millions de musulmans. L'application stricte de la démocratie devrait-elle conduire les musulmans à passer éternellement sous les fourches caudines des hindous ?

A cette logique, Gandhi n'a cessé de répondre, jurant qu'il s'emploierait personnellement à ce que la part belle fût au contraire faite aux musulmans. Aucune communauté n'en opprimerait une autre, Gandhi s'en porte garant. Mais sera-t-il écouté ? De plus en plus, il doit céder le pas à Nehru et à ceux qu'il appelle les « hommes pressés ». Jinnah convient volontiers que Gandhi est un saint homme. Mais aura-t-on toujours affaire à des saints ? Tout à coup, il annonce que la seule solution, après l'indépendance, sera l'instauration d'un Etat musulman séparé.

Gandhi accueille la proposition avec désespoir et angoisse. Lui qui a toujours lutté pour l'indépendance de l'Inde tout entière, il ne peut, il ne veut pas croire que les Indiens en viendront, de leurs propres mains, à déchirer son pays bien-aimé en plusieurs morceaux. Nuit et jour, il prie et il jeûne pour qu'une telle fatalité ne se produise jamais.

Hélas !

De nouveau la guerre. Une guerre mondiale. Et de nouveau une Grande-Bretagne qui a besoin des Indes. Stafford Cripps, au nom du gouvernement britannique, vient à New Delhi promettre la constitution, après la victoire, d'une *Union of India*. Mais, dans cette proposition, les Indiens ne découvrent rien de précis ni même d'encourageant. Assiégée de toute part, en voie de perdre son existence, est-ce là tout ce que la Grande-Bretagne est capable de promettre ? Qu'en sera-t-il si elle est victorieuse ? Alors Gandhi lance le slogan : *Quit India* ! Un slogan qui fait fortune. Un slogan que tous les Indiens répètent avec fièvre, enthousiasme, ferveur. Ce n'est pas demain, messieurs les Anglais, que nous voulons que vous partiez. C'est tout de suite !

Tout cela débouche sur des émeutes et des troubles graves qui conduisent – encore ! – Gandhi en prison. Nehru, Patel, 60 000 nationalistes l'y rejoignent. Et pendant ce temps, 2 millions d'Indiens se battent à travers le monde pour faire triompher le drapeau britannique.

C'en est fait. Hitler est mort dans son bunker, le Japon a capitulé. La paix s'étend de nouveau sur le monde. A Londres, les travaillistes ont succédé aux conservateurs. Ils ont inscrit l'indépendance de l'Inde dans leur programme. Il appartiendra à M. Attlee de l'accorder à ceux qui la réclament depuis si longtemps et avec tant d'obstination. Bien sûr, les chefs nationalistes sont libres, Nehru est libre. Gandhi est libre.

En fait, rien n'est réglé. Jinnah ne cède pas d'un pouce quant à son exigence sur la partition de l'Inde. Gandhi supplie toujours que son pays soit conservé un et indivisible, comme la Convention l'avait proclamé jadis pour la France révolutionnaire. Et ce sont d'innombrables réunions, d'épuisantes tables rondes, de harassants face-à-face. Mais, pendant que les chefs s'affrontent en paroles, les communautés en viennent aux mains. Musulmans et hindous s'entre-tuent : 5 000 morts à Calcutta !

Malgré Nehru, malgré les chefs nationalistes hindous, toujours adversaires de la partition, malgré Gandhi qui les adjure de tenir bon, on sent qu'on s'achemine vers le triomphe du point de vue de Jinnah. Attlee a fait savoir que seule la création d'un Etat indépendant pourrait éviter la guerre civile. Nehru, Patel, Azad comprennent qu'il est inutile de tenter un combat d'arrière-garde. Ils en viennent à accepter l'idée d'une division de l'Inde.

Presque seul, Gandhi ne se résigne pas. Puisque les hommes d'Etat baissent les bras, lui, il continuera à se battre avec les moyens dont il a toujours usé. Il préconise la création de trois Etats fédéraux. A ceux qui jugent sa proposition totalement irréaliste, il répond que l'on disposera pour lier ces Etats d'un ciment indestructible : l'amour. Ses interlocuteurs ouvrent de grands yeux. Alors que musulmans et hindous s'entre-tuent dans les villes, alors que des villages entiers sont brûlés par les uns ou les autres et leurs habitants massacrés jusqu'au dernier, comment parler d'amour ? Les yeux noirs du vieil homme brillent. Il est vieux, malade, épuisé. On ne sent pas moins en lui une force immense qui est sa foi. Son ultime combat sera donc pour que les hindous et les musulmans en viennent à s'aimer. Le combat pour l'impossible ? Le plus extraordinaire, c'est que, au moins pendant quelques jours, on pourra croire qu'il l'a gagné.

Le vieil homme s'est mis en route. Il s'est précipité dans la province de Bihar, là où les hindous s'étaient livrés contre les musulmans à d'inqualifiables exactions. Partout, sa grande voix s'élève. Partout les foules pleurent en l'écoutant condamner – comme un père qui s'adresse à ses enfants – ceux qui « dans un accès de folie avaient oublié qu'ils étaient des êtres humains ». Quand il apprend que l'on a enlevé des femmes musulmanes, il ordonne à ses frères hindous de les rendre sur-le-champ. Quand des hindous ont pillé ou détruit des biens musulmans, il commande que l'on verse aussitôt aux victimes une juste compensation.

Mais tous les hindous ne l'entendent pas avec la même émotion. Certains l'écoutent avec colère. D'autres le critiquent ouvertement. Les plus modérés déclarent qu'il radote. D'autres parlent de trahison. Il le sait. Des télégrammes injurieux lui parviennent. Comme il vient d'en ouvrir un, il déclare :

— Je perdrai tout droit à être un hindou si j'approuvais les méfaits de mes coreligionnaires ou de tout être humain.

Il a cru qu'on le suivrait, d'un seul élan une fois encore. Il ressent l'impression de progresser mais avec quelle difficulté ! A-t-il conscience qu'à ces hommes-là il demande presque l'impossible ? Là-bas, au Pendjab, les musulmans massacrent allégrement les hindous et les sikhs. La colère déferle sur Bihar. Que d'amertume dans le cri que pousse le Mahatma Gandhi ! Que de désespoir !

— Si vous redevenez fous, il vous faudra d'abord me détruire !

Il gagne New Delhi pour conférer avec Lord Mountbatten qui vient d'y faire son entrée. Il plaide toujours la cause de l'unité indienne. Mountbatten a reçu mission de proclamer l'indépendance le 15 août 1947 et d'évacuer l'Inde, définitivement, en juin 1948. Avec une sincérité profonde, il cherche comment il pourra laisser cet immense empire en paix. Il confère six fois avec Gandhi. Mais il rencontre six fois aussi Jinnah. Peu à peu, Mountbatten se convainc, lui aussi, de la nécessité de la partition.

Pendant les quinze jours de son séjour à New Delhi, Gandhi est descendu dans le quartier des intouchables. Pour lui, un combat ne doit pas se substituer à un autre. Il doit se battre sur tous les fronts. Chaque soir, il donne une réunion de prière. Trois soirs de suite il demande à ceux qui sont présents s'ils acceptent de lire le Coran avec lui. Ils s'y opposent. Le quatrième soir, l'assistance s'y résigne. Alors Gandhi lit le Coran. Mais il sait que l'approbation n'est pas dans les cœurs de ceux qui prient avec lui. Chaque courrier lui apporte des lettres de menaces, d'injures : il est un mauvais hindou, il est secrètement musulman, ou un membre de la « cinquième colonne » islamique parmi les hindous. Sur l'enveloppe d'une lettre, il peut lire : « A Mahomet Gandhi ».

Douloureusement, il répond : « Comment cela peut-il être un péché de célébrer le nom de Dieu en arabe ? »

Il court à Bihar, se précipite à Calcutta. Partout, il plaide pour l'unité, paraît convaincre sur l'instant. Mais dès qu'il a le dos tourné, les communautés retournent à leurs divisions.

Le Congrès a accepté la proposition britannique. La partition est devenue un fait politique. Seul Gandhi ne veut pas l'admettre encore.

Le 15 août 1947, l'Inde fut proclamée indépendante. Dans toutes les villes, l'Union Jack fut amené pour faire place au drapeau du nouvel Etat. Ce jour-là, les nouveaux maîtres de l'Inde, Nehru, « en jodhpurs de coton et gilet de lin écru », Patel, « semblable à un empereur romain dans son *dhoti* blanc », les autres coiffés du calot blanc du parti du Congrès, reçurent le serment de Mountbatten d'être désormais « l'humble et le fidèle serviteur de l'Inde indépendante ». En levant la main droite, l'arrière-petit-fils de la reine Victoria pensa, non sans humour, que tous ces nouveaux dignitaires avaient un point commun : à un moment quelconque de leur vie, ils avaient tous séjourné dans une prison britannique*.

Après quoi, vingt et une salves vinrent faire connaître à la capitale puis au monde que deux Etats nouveaux étaient nés : l'Inde et le Pakistan.

Ce jour-là fut loin d'être partout un jour de liesse. Ici et là, en particulier au Pendjab, on continua de se massacrer impitoyablement. Les passagers d'un train entier furent égorgés.

On craignait de nouvelles scènes d'horreur à Calcutta. La seule présence de Gandhi les empêcha. Il était venu s'installer dans une famille musulmane. Pour lui rendre hommage, jeunes filles musulmanes et hindoues fraternellement mêlées défilèrent dans la ville jusqu'à la demeure où il priait près de son rouet. L'après-midi, 30 000 personnes se rendirent à sa prière publique. Il les remercia avec émotion, souhaita que leur exemple fût suivi par leurs compatriotes du Pendjab :

— Lorsque l'on a bu la coupe empoisonnée de la haine, le nectar de l'amitié devrait paraître encore plus doux, lança-t-il.

Le chef de la communauté musulmane de Calcutta était près de lui. Il demanda aux hindous et aux musulmans unis de crier avec lui :

— Vive l'Inde !

Aussitôt après, les deux hommes s'assirent dans une vieille Chevrolet et entreprirent le tour de la ville. Tout

---

* Dominique Lapierre et Larry Collins : *Cette nuit la liberté* (1975).

au long des rues, des foules enthousiastes criaient leur reconnaissance en aspergeant leur voiture d'eau de rose :

— Gandhi, tu es notre sauveur !

Mais, en Inde, nombreux restent ceux qui, loin de considérer Gandhi comme un sauveur, lui ont désormais voué une haine inexpiable. A 180 kilomètres au sud-est de Bombay, dans la ville de Poona, l'indépendance va être, comme partout ailleurs, célébrée par un lever des couleurs.

Avec une différence.

Le drapeau qui monte au mât n'est pas celui de l'Inde indépendante, mais un triangle orange au centre duquel se lit un insigne abhorré par des centaines de millions d'hommes : la croix gammée. Certes, le svastika, symbole solaire et cosmique, avait été celui des conquérants aryens. Mais les cinq cents hommes qui saluent la montée de ce drapeau se souviennent peu des Aryens. Ils appartiennent au RSSS, un mouvement hindou qui ne dissimule pas ses sympathies fascistes. Certains de ceux qui se trouvent là ont reçu la mission d'assassiner Jinnah. D'autres haïssent Gandhi autant que Jinnah.

Leur chef est un journaliste de trente-sept ans, Nathuram Godsé. Il ne se console pas de la partition de l'Inde. Ainsi est-il semblable à Gandhi. Avec cette différence : il considère, lui, que cette partition, « calamité condamnant des millions d'Indiens à d'horribles souffrances », est « l'œuvre du parti du Congrès et, avant tout, de son chef Gandhi ». Tels sont les propos qu'il tient le jour de l'indépendance, cependant que le drapeau à croix gammée flotte au-dessus de sa tête. Après quoi il invite ses troupes à saluer l'emblème du mouvement, puis à prêter serment :

— A la patrie qui m'a donné le jour et où j'ai grandi, je jure que mon corps est prêt à mourir pour sa cause.

C'est à cette heure précise, en cet endroit précis qu'est décidé l'assassinat de Gandhi.

Décidément, la haine est trop grande. Dans la nuit du 31 août, à Calcutta, les émeutes ont repris. Une foule hostile, furieuse, a envahi la maison où, chez ses amis musulmans, séjourne toujours Gandhi. On a voulu le frapper. Ses fidèles lui ont fait un rempart de leurs corps. Dehors, la foule se déchaîne.

Il est désespéré, le vieil homme. Il va avoir soixante-dix-huit ans. Va-t-il mourir dans la faillite de l'idéal qui a conduit toute sa vie ? Va-t-il admettre que la haine décidément l'emporte sur l'amour ? Non. Le 1er septembre, il fait remettre une déclaration à la presse : « Se présenter en personne devant une foule hurlante n'est pas toujours suffisant. Cela n'a servi de rien la nuit dernière. Ce que ma parole et ma présence ne peuvent faire, mon jeûne peut le faire. Il peut toucher les cœurs de toutes les factions en guerre dans le Pendjab, s'il les touche à Calcutta. Je commencerai donc à jeûner ce soir à 8 h 15, jusqu'à ce que Calcutta ait retrouvé son bon sens. »

Dans la ville, nul ne s'y est mépris. Dans l'état de faiblesse où est parvenu le Mahatma, tout jeûne prolongé signifiera la mort.

A 8 h 15, il cesse de s'alimenter. Dès le lendemain, les délégations affluent. On le supplie de renoncer à son jeûne. Il refuse. Le 3 septembre, de nombreux musulmans et un représentant officiel du Pakistan viennent assurer à Gandhi qu'ils feront tout pour que la paix soit maintenue. Le 4 septembre, les fonctionnaires municipaux se présentent devant

Gandhi et lui annoncent que la ville est redevenue totalement calme. Cinq cents agents de police ont également entrepris un jeûne de sympathie de vingt-quatre heures. La maison est envahie par des hommes à l'allure redoutable, ce sont les chefs des mauvais garçons de la ville, des tueurs reconnus. Ils s'accroupissent en pleurant au pied du lit de Gandhi. Des représentants des hindous, des chrétiens, des musulmans viennent jurer qu'ils vivront désormais en amitié si Gandhi accepte de s'alimenter. Il leur réclame une promesse écrite, annonce que, si celle-ci est violée, il recommencera un jeûne qui sera cette fois « irrévocable ».

Les représentants de toutes les communautés se retirent un instant pour délibérer. Ils rentrent pour signer. Le 4 septembre, à 21 h 15, Gandhi absorbe un verre de citron sucré. Son jeûne a duré soixante-treize heures.

Le 7 septembre, il quitte Calcutta pour New Delhi. Là on lui annonce qu'il lui sera impossible de descendre dans le quartier des intouchables où il aime à résider. Toute cette partie de la ville est en proie à l'émeute. Des amis fortunés lui offrent leur demeure de Birla House. Il accepte. C'est là qu'il résidera désormais. Ses amis le sauront bientôt.

Les assassins aussi.

Le 1er novembre 1947, au siège de son journal *Hindu Rashtra* (la Nation hindoue), le chef du RSSS, Nathuram Godsé, reçoit un certain nombre de ses amis. Parmi ceux-ci, son associé, un élégant personnage de trente-quatre ans, Narayan Apté. Peu à peu, le siège du journal s'est rempli de membres du mouvement. On sert du café et des friandises. Et Godsé prend la parole :

— Gandhi a proclamé un jour que l'Inde ne pourrait être partagée que sur son cadavre. L'Inde est divisée, mais Gandhi est vivant. La non-violence de Gandhi a jeté les hindous désarmés dans les griffes de leurs ennemis. Aujourd'hui, les réfugiés hindous meurent de faim, et Gandhi prend la défense de leurs oppresseurs musulmans. Les femmes hindoues se font brûler vives pour échapper à l'infamie du viol, et Gandhi leur dit que « la victime est le vainqueur »... Jusques à quand ? Oui, jusques à quand allons-nous devoir supporter cela* ?

Les applaudissements crépitent. Parmi ceux qui ont montré le plus d'enthousiasme figure un certain Vishnu Karkaré, un aubergiste bien connu de la police et fiché comme « individu susceptible d'être dangereux ».

A quelques jours de là, Narayan Apté, l'associé de Godsé à la direction du *Hindu Rashtra*, va se rendre chez un libraire, lequel est en réalité un trafiquant d'armes. Il se nomme Badgé. Déjà il a alimenté les hommes du RSSS en projectiles de toutes sortes. Apté est venu lui dire qu'il est sur un nouveau coup :

— Je vais avoir besoin de grenades, de cartouches explosives et surtout de revolvers.

Malheureusement, Badgé ne possède pour le moment aucun de ces « articles ». Le regret se lit sur son visage. Mais il demande un peu de patience. Il aura la marchandise avant la fin décembre.

C'est le 13 janvier 1948, à 11 h 55 du matin, que le Mahatma Gandhi va entamer sa dernière grève de la faim. L'Inde devait au Pakistan 550 millions de roupies. Le gouvernement se refusait à les verser à un Etat qui mettait chaque jour à mort des centaines de ses propres ressortissants. Pour Gandhi, ce manque à la parole donnée était quelque chose d'insupportable. Il estimait que l'on devait

* Cité par Dominique Lapierre et Larry Collins.

toujours tenir ses promesses, fût-ce à l'égard d'un ennemi. Et, pour lui, le Pakistan ne serait jamais un ennemi.

Il avait écrit à Nehru et Patel qu'il était indispensable d'envoyer au plus vite l'argent à Jinnah. Nehru et Patel avaient fait la sourde oreille. Alors, avec un sourire, Gandhi avait murmuré :

— Ils ne veulent pas m'écouter aujourd'hui, mais une fois mon jeûne commencé, ils ne pourront plus rien me refuser.

Maintenant, il est étendu sur le châlit de corde qui lui sert de lit – cela s'appelle un *charpoy* – et il a commencé son jeûne. Ses fidèles découvrent alors, sur son visage que l'angoisse crispe depuis tant de jours, un calme qui semblait l'avoir fui à jamais. Cependant, même parmi ses meilleurs amis, tous ne sont pas d'accord avec ce jeûne. Tous n'approuvent pas que Gandhi veuille faire verser au Pakistan 550 millions de roupies.

Alors, si ses amis eux-mêmes sont divisés, que peut-il en être de ses ennemis ?

Le même jour, à douze cents kilomètres de là, au siège du journal *Hindu Rashtra*, une dépêche tombe sur le téléscripteur. Elle apprend à Nathuram Godsé et Narayan Apté que Gandhi a entamé une nouvelle grève de la faim. Elle leur en révèle aussi les raisons : Gandhi veut que l'on verse 550 millions au Pakistan.

Sur le visage de Nathuram Godsé, quand il se tourne vers son ami Apté, aucune hésitation :

— Nous devons tuer Gandhi.

Après une journée de jeûne, Gandhi a déjà perdu un kilo. Toute la journée du 14 janvier – rite désormais inévitable – des délégations des différentes communautés vont se succéder à son chevet, le suppliant de renoncer à son jeûne. Il sourit mais ne répond point.

Les assassins, eux, sont en route. Comme promis, Badgé leur a fourni les armes réclamées. Et même il a accompagné Godsé et Apté.

Le 15 janvier, les médecins constatent que Gandhi est entré dans une phase extrêmement périlleuse. L'analyse d'urine prouve qu'il a brûlé ses réserves d'hydrate de carbone. Ses reins fonctionnent mal. Chez cet homme épuisé, une issue fatale peut désormais survenir à tout moment.

Le lendemain, le gouvernement cède. L'Inde versera les millions de roupies au Pakistan.

Gandhi va-t-il interrompre son jeûne ? Non. En fait, le paiement de la dette de l'Inde n'était pas le motif le plus profond de son acte. La vérité est qu'il avait décidé de se rendre au Pakistan afin de supplier les musulmans d'oublier leurs griefs à l'égard des hindous. Mais comment pourrait-il le faire cependant qu'à Delhi les hindous continuent à s'en prendre aux musulmans ? Jamais le vieil homme n'a éprouvé une si profonde détresse. A ceux qui viennent à lui, il explique pourquoi il a entrepris cette nouvelle grève de la faim :

— Je me sentais désespéré. Je n'avais jamais eu affaire au désespoir de toute ma vie.

On l'exhorte, maintenant que l'Inde a accepté d'honorer sa dette, à s'alimenter de nouveau. Il refuse.

— J'attends une purification complète des cœurs.

D'heure en heure, il s'affaiblissait. Le quatrième jour, les médecins constatèrent que son pouls était irrégulier. Il n'urinait plus, symptôme alarmant. Sa tension était tombée au-dessous de 8. Le 17 janvier, les médecins publièrent un communiqué ainsi rédigé : « Il est de notre devoir d'informer la nation qu'elle doit prendre sans délai toutes les mesures nécessaires et réunir les conditions exigées pour mettre un terme au jeûne du Mahatma Gandhi. »

La nouvelle s'élança de Delhi et courut toute l'Inde. Les radios interrompirent leur programme pour lire le bulletin de santé. Les journaux firent paraître des éditions spéciales. Trois cents millions d'hommes et de femmes ressentirent au même instant la même angoisse. Devant la grille du jardin, des dizaines de journalistes venus de tous les continents piétinaient nuit et jour. Dans toutes les villes on vit se grouper des foules brandissant des pancartes et criant : « Fraternité », « Unité », « Epargnez Gandhi ». On constituait partout des « Comités pour la sauvegarde de Gandhi ». A Delhi, musulmans et hindous défilaient ensemble et criaient :

— La vie de Gandhi est plus précieuse que la nôtre !

Alors les représentants de tous les pouvoirs, se rendirent à Birla House. Lord Mountbatten et son épouse Erwina vinrent saluer avec respect ce vieillard que sa faiblesse rendait plus grand encore. Nehru accourut à son chevet. On consentait à tout ce que réclamait Gandhi. On garantissait la sécurité des musulmans, ils pourraient vivre en paix et pratiquer leur religion. Gandhi exigea un engagement écrit. On le rédigea et tous les responsables vinrent le signer.

Une fois de plus l'esprit l'avait emporté. Gandhi consentit à interrompre son jeûne.

Les assassins, eux, viennent d'arriver à Delhi. Ils sont six : Nathuram Godsé, Narayan Apté, le « libraire » Badgé, l'aubergiste Karkaré, Gojal Godsé, jeune frère de Nathuram, plus un certain Madanial Pahwa.

Vers 9 heures du matin, le mardi 20 janvier, un taxi conduit devant Birla House Narayan Apté et Badgé. Sans que nul ne les remarque, ils inspectent les lieux. Ils remarquent que la petite estrade sur laquelle Gandhi monte chaque fin d'après-midi pour prier en public est adossée au quartier des domestiques. Ils remarquent aussi que les lucarnes des chambres ouvrent sur la pelouse. Dans l'instant, Apté arrête son plan : Badgé ira se placer dans l'embrasure de cette lucarne. Il n'aura aucun mal à tirer sur Gandhi, placé juste en face de lui. Si son revolver s'enrayait – ce qui est fort possible étant donné l'état de l'arme – Gojal Godsé, placé auprès du libraire, lancerait une grenade sur le Mahatma haï.

Pour faire bonne mesure, on a décidé de placer une bombe dans le mur d'enceinte.

Le soir même, entre 16 heures et 17 heures, les assassins sont en place. Ils vont jouer de malheur. Badgé, apercevant un serviteur borgne, s'arrête, comme paralysé. C'est Dieu lui-même qui vient de l'avertir de ne pas aller plus loin. Malgré tous ses efforts, Gojal Godsé n'a pu se hisser jusqu'à la lucarne repérée le matin.

Gandhi, lui, aidé des jeunes femmes qui ne le quittent jamais, s'est hissé sur l'estrade. Il a commencé de prier et de parler avec la foule. Tout à coup, une explosion sème la panique sur la pelouse. Les assassins, faute de mieux, viennent de faire exploser la bombe. Nouvelle malchance : de fabrication artisanale – comme disent les polices en pareil cas – elle n'a fait aucune victime. Les assassins ont-ils entendu Gandhi dire en souriant :

— Quelle plus belle mort pourriez-vous souhaiter qu'une mort en pleine prière ?

Pour le moment, ils ne songent qu'à sauver leur vie. Ils tentent de se perdre dans la foule, y parviennent – sauf un : Madanial Pahwa que deux policiers, ayant remarqué son comportement étrange, viennent d'empoigner.

Les policiers indiens connaissent leur métier. Il ne faut que quelques heures pour amener Pahwa à dénoncer ses complices.

Mais ces complices-là sont loin. Réunis à Bombay pour faire le point de leur échec, ils ont conclu que l'erreur initiale était d'avoir voulu opérer en nombre. Tranquillement, Nathuram Godsé a déclaré :

— Il n'y a qu'une façon de supprimer Gandhi : il faut qu'un seul d'entre nous s'en charge. Ce sera moi.

Sa détermination est telle que nul ne songe à le contredire.

Le vendredi 30 janvier 1948, Nathuram Godsé s'est glissé au milieu de la foule qui envahit la pelouse de Birla House. Il attend.

A 17 h 10 paraît Gandhi. Nathuram Godsé s'avance, le revolver entre ses mains jointes. L'homme détesté est là, devant lui. Démasquant son arme, il tire. Par trois fois. Gandhi glisse lentement vers la terre.

L'assassin se laisse arrêter sans opposer de résistance. Il sait qu'il sera pendu – et il le sera, ainsi que Narayan Apté. Que lui importe puisque Gandhi est mort ?

Trois cents millions d'hommes et de femmes pleurent. Le monde entier pleure. Jamais mortel sans doute n'eut droit à de telles obsèques. Tout un peuple le suivit jusqu'au bûcher où sa dépouille fut réduite en cendres. Ce peuple voulut être présent lorsque les cendres, portées là où les eaux de la Yamuna s'unissent à celles, sacrées, du Gange, furent versées dans les flots.

Deux mille ans plus tôt, Jésus de Nazareth avait dit déjà : « Le berger donne sa vie pour ses brebis. »

III

Ibn Séoud ou l'épopée du désert

Le paysage, avec son enchevêtrement démesuré de tubulures, suggérait déjà le XXIe siècle, et ce géant – deux mètres de haut – qui s'avançait à longues enjambées au milieu de sa suite n'était pas vêtu autrement que l'étaient les Bédouins, ses ancêtres, au Moyen Age.

Cet homme était un roi. Il s'appelait Ibn Séoud et il régnait sur l'Arabie. Ce jour-là, 13 novembre 1950, s'étant rendu de sa capitale, Riyad, jusqu'au sein des gisements pétrolifères du Hasa, il avait, prosterné vers La Mecque, récité comme chaque jour la prière de midi. Maintenant, précédé par des techniciens américains qu'il dominait d'une bonne tête, il s'avançait au milieu de ce lacis de derricks et de réservoirs qui semblaient jaillis du sable à l'assaut d'un ciel implacablement bleu. Vingt ans auparavant, une semblable technologie l'eût frappé d'étonnement. Mais précisément vingt années avaient passé. Le regard que posait Ibn Séoud sur les techniciens était vif, sûr de soi.

C'était un volant qu'il devait tourner. Il le tourna.

A l'instant même, une vanne s'ouvrit et le pétrole se précipita dans le pipeline qui venait d'être achevé. Ceux qui entendirent le sourd grondement qui suivit ne purent maîtriser leur émotion : ils savaient que ce pétrole ne reverrait le jour qu'à 1 783 kilomètres de là, sur les rives de la Méditerranée. Il s'engouffrerait alors dans les trente réservoirs édifiés à Saïda où l'attendrait la ronde des pétroliers accourus à la quête du précieux liquide. Pour construire ce pipeline sans égal il avait fallu 265 000 tonnes de tubes d'acier. Désormais, chaque jour, 41 millions de litres de pétrole allaient s'élancer du Hasa jusqu'à la Méditerranée. L'Arabie Saoudite devait quintupler sa production et en même temps confirmer avec éclat sa primauté sur le marché pétrolier mondial.

Comment imaginer que le même roi qui venait de donner son élan à cette prodigieuse opération technologique errait quarante-huit ans plus tôt dans le plus inhospitalier des déserts de l'Arabie centrale ? Comment imaginer qu'à ce descendant d'une famille régnante, rejeté par tous, pourchassé par tous, affamé, assoiffé, à bout de forces, « n'ayant pas une pierre où poser sa tête », il ne restait plus que quarante compagnons quand il avait décidé, avec l'aide d'Allah, de partir à la conquête de cette Arabie dont il voulait faire son royaume ?

Evoquer l'image du chef de cette petite bande de nomades portant sur ses épaules toute la misère du monde jusqu'au moment où, roi tout-puissant, il fera trembler l'économie de cinq continents, c'est revivre une épopée digne des anciennes chansons de geste*.

---

* Il y a deux orthographes du nom du fondateur de l'Arabie moderne : les Français écrivent Ibn Séoud, cependant que les anglophones préfèrent Saoud. On a longtemps parlé en France d'Arabie Séoudite. Aujourd'hui l'orthographe s'est uniformisée. Les Saoudiens eux-mêmes écrivent : Arabie Saoudite. Mais le personnage d'Ibn Séoud reste si connu de nous sous ce nom que nous lui garderons, ainsi qu'aux princes de sa famille, cette identité.

A l'origine de tout, il y a l'Islam. C'est en Arabie que, pour la première fois, a retenti la parole de Mahomet et qu'est né le Coran, ce livre sacré dans lequel les Arabes allaient puiser non seulement l'unité qu'ils semblaient s'acharner à fuir depuis les origines, mais l'élan longtemps invincible qui les conduirait à conquérir la plus grande partie du bassin méditerranéen. Pendant des siècles, la civilisation arabe rayonna alors même que les Européens d'Occident vivaient encore dans la barbarie. Elle fit naître des villes superbes, en Espagne aussi bien que sur les bords de l'Euphrate. La seule médecine était arabe et il n'était d'université digne de ce nom qu'islamique. Le futur pape Gerbert, à l'instant de parfaire son éducation, choisit de se rendre dans une université arabe d'Espagne.

Le déclin suivit le zénith. Le monde arabe devint turc, ayant gardé sa religion mais s'étant coupé de ses origines. Logiquement, les habitants des villes d'Arabie, là même où Mahomet avait médité, se considéraient comme l'aristocratie des musulmans. Quand on leur parlait de leurs frères de Syrie ou d'Egypte qui avaient consenti à courber le front sous le joug ottoman ou de ces autres frères dominés tout entiers par l'appétit de jouissance, ils laissaient monter en eux le mépris et l'orgueil : peut-être était-il vrai qu'ils fussent, eux seuls, les vrais croyants.

Au cœur de l'Arabie, Dariah était l'une de ces villes où, au XVIIIe siècle, rayonnait la foi musulmane. Les gens de Dariah n'avaient pas été contaminés par un excès de civilisation. Ils vivaient dans la simplicité des temps primitifs. En même temps, ils s'affligeaient de savoir que, dans cette même Arabie, il existait dans le désert des tribus qui avaient presque oublié l'Islam. Un homme ne s'y résignait pas, non plus qu'à toutes ces scories, ces déformations, voire ces hérésies qui ailleurs étaient venues obscurcir la religion du Prophète. Né dans le Nedj en 1703, il s'appelait Mohammed ibn Abdul Wahab.

Toutes les religions ont connu des réformateurs. Pour les chrétiens, saint Bernard fut un réformateur, Luther en fut un autre. Abdul Wahab s'est voulu le réformateur de l'Islam. Si la doctrine qu'il s'est mis à prêcher a été entendue, c'est parce que, à la même époque, régnait à Dariah un prince valeureux du nom de Mohammed ibn Séoud.

La famille des Séoud, d'où descendra le fondateur de l'Arabie moderne, s'était installée au XVe siècle à Dariah. Mohammed ibn Séoud était devenu prince de la ville en 1726.

Cependant qu'Abdul Wahab prêchait le retour à une religion purifiée, Mohammed ibn Séoud regardait autour de lui, désespéré, car il voyait l'Arabie déchirée entre des factions, des tribus, des seigneurs qui ne pensaient qu'à se faire la guerre. Pour tout dire, Mohammed ibn Séoud rêvait de l'unité de l'Arabie pendant que Abdul Wahab se proposait d'enseigner la vraie foi à cette même Arabie. La rencontre des deux hommes allait être décisive.

Pour unifier l'Arabie, il manquait à Mohammed ibn Séoud une doctrine. Pour obtenir que sa parole fût entendue, il fallait à Abdul Wahab un sabre. Les deux hommes, en s'associant, ont fait triompher la réforme et en même temps donné l'élan à l'unification de l'Arabie*.

Il y fallut des années. Mais la nouvelle doctrine triompha. L'Arabie centrale se convertit au wahhabisme. A la mort de Mohammed, son fils Abdul Aziz acheva la conquête du

---

* Benoist-Méchin : *Ibn Séoud ou la naissance d'un royaume* (1955). Cette biographie, chef-d'œuvre de la littérature historique, reste la meilleure qui ait été écrite. Il convient cependant de la compléter et de la rectifier à la lumière des travaux menés à bien depuis par les historiens saoudiens.

Nedj, puis se fit proclamer roi. Son fils Séoud – que l'on devait justement appeler le Grand – allait se révéler un prestigieux chef politique et religieux. Il devait conquérir la plus grande partie de la péninsule arabique, y compris les lieux saints de Médine et de La Mecque, allant jusqu'à franchir la frontière du Yémen. Séoud le Grand ! Grâce à lui, partout s'imposait la réforme de Abdul Wahab, avec sa rigueur et sa sévérité : Dieu d'abord. Son renom était si grand que Napoléon le fit approcher par des émissaires.

Séoud est mort trop tôt. Aussitôt, les Turcs, suzerains nominaux de toute cette région – où en fait ils n'entraient jamais –, voulurent rétablir l'équilibre rompu. Ils confièrent à Mehemet Ali, le vice-roi d'Egypte, et à son fils, la tâche de mettre fin à l'empire édifié par Séoud le Grand. Son successeur Abdallah n'était pas de force. Battu, il dut se rendre, fixant comme seule condition qu'on le conduisît au Caire. Ce qui fut fait. Mais de là, il fut transféré à Constantinople où on le décapita devant Sainte-Sophie. C'en était fini de l'Arabie unie. Sa capitale, Dariah, fut détruite. On abattit ses remparts de sept mètres de haut dont il ne reste aujourd'hui que d'éloquents vestiges.

Le silence s'appesantit sur le désert, troublé seulement par les caravanes qui cheminaient, comme elles allaient depuis des millénaires, cherchant leur nourriture, mais aussi leur vérité.

Un jour de l'année 1873, au palais de Riyad, naquit un jeune prince que l'on appela Abdul Aziz. Il était fils d'Abdur Rahman, lui-même neveu de Séoud le Grand. Abdur Rahman était reconnu par tous les wahhabites comme leur chef, c'est-à-dire leur iman. Il veillait soigneusement sur la rigidité de la doctrine : point de luxe, ni même de confort ; point de chère trop riche ni d'habits trop précieux, point de musique et même point trop de rires. Les wahhabites étaient les puritains du désert.

Certes, le jeune prince était né dans un palais et dans une capitale. Mais quel palais ! Un assemblage hétéroclite de pièces qui semblaient réunies par hasard. Quant à la capitale, qui avait remplacé Dariah réduite en ruine, ce n'était rien de plus qu'une bourgade.

Abdul Aziz grandit d'abord dans le quartier des femmes puis passa sous l'autorité directe de son père. Peu de dispositions apparentes pour l'étude. Mais les ulémas lui enseignèrent, avec une obstination dont il leur sut gré plus tard, les versets du Coran. Ce qui dominait, chez son père Abdur Rahman, c'était la piété. Il était normal qu'il eût voulu la communiquer à son fils. Mais, au fond de lui-même, un vieux rêve ne voulait pas mourir. Il n'oubliait pas l'ancienne puissance de sa famille, le rayonnement de l'empire de Séoud le Grand. Il se souvenait que son père Fayçal s'était fait écraser par les Turcs dans la plaine de Dilam. Il s'affligeait de voir que la seule vraie doctrine, celle des wahhabites, avait été battue en brèche par la force de gens qu'il n'était pas loin de considérer comme des hérétiques.

Abdur Rahman était pénétré du devoir qu'il tenait de son ascendance. Il savait qu'il n'avait pas le droit de s'y dérober. L'Arabie était retournée à ses divisions. Lui qui n'était pas belliqueux, il savait qu'il lui faudrait user de la force s'il voulait que la foi des wahhabites y retrouvât droit de cité. Un jour il s'ouvrit de tout cela à son fils Abdul Aziz, encore enfant :

— C'est un très grand honneur que t'a fait le Tout-Puissant, mais il faut que tu saches les devoirs qui en découlent. Bien des obstacles se dressent entre toi et l'unification de l'Arabie. Il faut t'apprêter à une vie de privations et de luttes, et concentrer toutes tes pensées sur ce but exclusif. Ne te laisse jamais décourager par l'adversité. Et lorsque ton chemin semblera se perdre dans les ténèbres, alors apprends à patienter jusqu'à ce que Dieu t'inspire !

Abdur Rahman voulut donner à son fils les moyens de ses ambitions. Par sa mère, le jeune garçon descendait d'une tribu du Sud réputée pour la stature athlétique de ses guerriers. Déjà, pour son âge, il était grand et fort. Abdur Rahman lui désigna le meilleur des précepteurs : le désert. A huit ans, l'enfant sautait, sans selle ni étriers, sur un cheval au galop. Il devint aussi bon tireur qu'escrimeur. Confié à des caravanes, il parcourut avec elles des centaines de kilomètres. Il dut se lever chaque jour deux heures avant l'aube, affronter les vents glacés de l'hiver et, l'été, marcher pieds nus sur les rochers chauffés à blanc par le soleil de la mi-journée. Il se plia au programme de vie ordonné par Abdur Rahman :

— Un vrai Bédouin doit savoir se contenter d'une poignée de dattes, d'une gorgée d'eau et de trois heures de sommeil. C'est avec ces principes que nos ancêtres ont conquis un empire.

Abdur Rahman avait eu trois frères. L'un d'eux, Séoud, était mort deux ans avant la naissance d'Abdul Aziz. Les autres, Abdallah et Mohammed, s'entendaient mal. Parfois ils prenaient les armes l'un contre l'autre. Réprobateur, Abdur Rahman se repliait alors un peu plus sur lui-même, priant Dieu et étudiant la parole de son prophète.

A la même époque, il y avait au nord de Riyad, au sein du Nedj, une province où régnait un petit seigneur nommé Rashid, homme envieux, avide et sans principes. Son père avait naguère été désigné par le père d'Abdur Rahman, Fayçal, comme gouverneur de la région montagneuse de Chammar. Rashid avait peu à peu oublié les liens qui l'unissaient au souverain de Riyad. Malgré les protestations des

Séoud, il avait pratiquement acquis son indépendance. Situation qui ne le satisfaisait plus. Rashid regardait du côté de Riyad en disant : « Cette ville me plaît, elle ferait bien dans mon domaine. Et si j'allais prendre Riyad ? » Les Turcs, toujours méfiants quand il s'agissait des wahhabites, avaient décidé de lui prêter main-forte. Déjà, ils avaient fourni les armes nécessaires à l'expédition.

Au printemps de 1890, Rashid passa à l'attaque. Disposant de forces plus nombreuses, beaucoup mieux équipées, il écrasa la petite armée du Nedj et, malgré une défense particulièrement courageuse, prit d'assaut Riyad, cependant qu'il faisait prisonniers Abdallah et Abdur Rahman.

Ainsi Riyad est-elle passée sous le pouvoir de Rashid. Pour bien manifester son autorité, il va en faire détruire les murailles. En même temps, avec une mansuétude non exempte de dédain, il y renvoie Abdallah, qui d'ailleurs est son gendre, ainsi que Abdur Rahman. Il va même – ici la longanimité devient insulte – désigner les deux frères comme gouverneurs de cette ville qui hier encore était leur capitale !

Peu de temps plus tard, Abdallah tombe malade et meurt. Paradoxe : au moment même où Abdur Rahman est devenu le chef de sa famille, il en est réduit à vivre sous l'autorité d'un vainqueur ! Pour couper court à toute tentative d'insurrection et surveiller les agissements d'Abdur Rahman, Rashid a envoyé à Riyad une armée commandée par un guerrier du nom de Salem ibn Sabhan. Ce que supporte mal la population. Entre occupants et occupés, le climat s'alourdit. Ce qui monte, c'est une suspicion réciproque.

Il faut dire que Salem hait les Séoud. Pour se faire la main, il a précédemment massacré trois neveux d'Abdur

Rahman ! Il est presque logique que l'idée lui soit venue d'en finir aussi avec l'oncle.

A la fin du ramadan, Salem se doit de rendre une visite de courtoisie à Abdur Rahman. Son plan est vite tracé. Il demandera au chef des wahhabites de lui présenter toute sa famille. Lorsque celle-ci sera réunie, il fera entrer ses guerriers qui passeront tout le monde – hommes, femmes et enfants – au fil de l'épée. Un homme expéditif, ce Salem.

Un tel projet suppose des complicités, donc de possibles bavardages. Ne nous étonnons pas qu'Abdur Rahman ait été prévenu de ce qui l'attendait. Il ne perd pas de temps et appelle dans le palais un certain nombre de fidèles sur lesquels il sait pouvoir compter. Il les arme et les envoie se cacher dans les pièces alentour. Il va plus loin : pour être sûr de dissiper les soupçons de Salem, il ordonne que son fils Abdul Aziz – qui a alors seize ans – soit conduit auprès de lui. Toute sa vie, celui-ci se reverra placé à côté d'un esclave noir de taille gigantesque chargé de le protéger. Toute sa vie, il se souviendra de ce qu'il a vu et entendu ce jour-là.

Salem est entré, s'est répandu en salutations hypocrites. Il a accepté d'Abdur Rahman le traditionnel café. Après quoi, Abdul Aziz l'entend demander à son père :

— Seigneur, je ne vois ici qu'une partie de ta famille. Ne pourrais-tu faire venir les autres ? J'aurais grand plaisir à les saluer aussi !

Aussitôt, avec la rapidité de l'éclair, Abdur Rahman dégaine son poignard. Ses partisans se ruent sur Salem qu'ils ligotent en un tournemain. On met ses gardes hors d'état de nuire. L'un d'eux est tué. Voilà Abdur Rahman maître de la ville !

Après les premiers instants d'une liesse bien compréhensible, Abdur Rahman doit se rendre à l'évidence. Rashid n'acceptera pas cette humiliation. Il va marcher sur Riyad pour la venger. Ce qui ne manque pas d'advenir, en effet. Rashid met le siège devant la ville. A sa grande surprise, il voit paraître une délégation que lui envoie Abdur Rahman. Dans les rangs de celle-ci : le jeune Abdul Aziz qui fait ses débuts de négociateur. Ce que propose Abdur Rahman à Rashid, c'est de lui livrer Salem sain et sauf s'il s'engage à se retirer. Rashid, qui tient à Salem, accepte. Son lieutenant lui est renvoyé et il lève le siège.

Pendant un an et demi, Abdur Rahman va pouvoir gouverner Riyad en paix. Il s'inquiète évidemment du retour de Rashid. Il se rassure quand il apprend que celui-ci a fort à faire avec la population d'une autre partie du Nedj, le Quassim. Mais Rashid va écraser les gens du Quassim. Derechef, il marche sur Riyad. Abdur Rahman sait cette fois qu'il n'a plus à espérer aucune mansuétude de la part de Rashid. Pour lui, une seule solution : la fuite.

Il choisit une nuit noire et, avec sa femme, ses deux fils, une vingtaine de fidèles, s'enfonce dans le désert. C'est l'image dont se souviendra toujours Abdul Aziz, devenu Ibn Séoud : celle d'une petite caravane qui fuit dans la nuit.

Abdur Rahman et les siens vont d'abord s'installer dans la partie orientale de l'Arabie, non loin du Qatar. Cette région reste placée sous l'autorité turque et, au nom du sultan, des forces armées l'occupent, difficilement supportées par les populations locales. Or celles-ci accueillent Abdur Rahman avec faveur. Ce qui n'a pas l'heur de plaire aux Turcs. Pour se débarrasser de l'importun, pourquoi ne pas encourager son retour à Riyad ? Un messager turc vient lui dire : « Le sultan est prêt à t'aider à reprendre ta capitale si tu t'engages à devenir son vassal. » Vassal du sultan de Turquie, l'héritier de celui qui avait décapité son prédécesseur Abdallah ? Jamais !

L'envoyé, fort mécontent, rentre à Constantinople et, aussitôt, le sultan met hors la loi Abdur Rahman. Désormais tout le monde aura le droit de tuer impunément l'héritier des Séoud.

Devant une telle menace et un tel danger, il faut fuir. Encore. C'est une famille de pestiférés qui finit par se réfugier dans le grand désert de pierres du Ruba al-Khali qui s'étend au sud, une région tellement brûlante que les Bédouins l'appellent le « Quartier vide ».

L'Arabie n'est pas tout entière un désert, une étendue de sable à perte de vue, comme on aurait tendance à le croire. Presque partout on y trouve une végétation, clairsemée, qui permet aux Bédouins de faire paître leurs troupeaux de chamelles. Après les pluies de décembre et janvier, le voyageur a la surprise de découvrir, en Arabie centrale, un paysage qui ressemble aux pâturages alpins : autant d'herbe et, au milieu de cette verdure inattendue, partout des fleurs aux couleurs vives*.

En revanche, le Quartier vide, c'est un désert dans le désert : une terre pierreuse, semée de dalles et de rochers. Pas un buisson, pas une touffe d'herbe. Le peu d'eau que l'on y trouve est imbuvable. On l'a dit : cette contrée est l'une « des plus inhospitalières du globe ». Pourtant une peuplade l'habite, les Mourras. Des primitifs qui ne vivent guère autrement qu'au temps de la préhistoire. Les chamelles leur fournissent l'essentiel de leur nourriture. Faute d'eau, ils en boivent le lait et leurs festins se composent de lézards grillés, de rats capturés et, de temps à autre, d'œufs d'autruche trouvés dans le sable. Point de loi, chez les Mourras. A peine connaissent-ils le Coran. Ils considèrent que, pour survivre, tout est permis.

---

* Robert Lacey : *Le Royaume*, traduit de l'anglais par Denis Authier (1982).

Chez les Bédouins, l'hospitalité dure trois jours. On ne refuse la visite de personne et, à tout voyageur qui se présente, on ouvre sa tente et ses réserves de vivres. Le voyageur peut rester trois nuits. Après quoi, l'hôte lui demande avec une grande politesse où il va se rendre en le quittant. Nul ne s'y méprend : il faut partir. Or les Mourras ne demanderont rien de semblable à Abdur Rahman. Pourquoi ? Par reconnaissance. Au vrai, ils gardent le souvenir d'un grand service que leur a rendu Abdur Rahman quand il régnait sur Riyad. Il s'était joint à eux lors d'expéditions contre les Beni Khaled, alliés des Turcs en Arabie orientale. Les Mourras en avaient rapporté de riches butins.

C'est ainsi que le jeune Abdul Aziz va vivre comme il n'avait jamais pensé que des hommes puissent vivre. On a dit que, d'emblée, il avait détesté les Mourras. Peut-être, mais assez vite il a modifié son jugement. Il a admiré les dons manifestés avec éclat par ce peuple pour survivre au désert. Devenu l'un des hommes les plus riches du monde, il évoquera presque avec tendresse ce qu'il avait appris des Mourras, au temps où il était devenu lui-même l'un des leurs, un va-nu-pieds en haillons, avec des cheveux longs tressés, faisant de la chasse son principal exercice, mais réduit le plus souvent à un bol de lait de chamelle et à une poignée de dattes. Ibn Séoud jurera que nul ne savait mieux que les Mourras interpréter les traces laissées par les chameaux. Devant leurs seules empreintes, les Mourras pouvaient dire d'où venait le chameau, où il allait, à quel sexe il appartenait, et même sa couleur !

Ainsi a-t-il grandi. Ainsi, à maintes reprises, a-t-il participé aux razzias appelées *ghazzu*, sentant monter la fièvre des nuits où l'on guette les chameaux que l'on veut enlever à une tribu. Il s'est glissé jusqu'au camp, il a désentravé en silence les bêtes qu'il fallait enlever, quitte à fuir, si l'on a été aperçu, sous une grêle de balles. C'était un rite admis, une sorte de grand jeu dont tous dans le désert connaissaient les règles. Grâce aux *ghazzu*, Abdul Aziz a reçu le baptême du feu.

Comment oublier ces nuits pendant lesquelles il a dormi sous le ciel étoilé, enroulé l'hiver dans une couverture de laine de chameau et se contentant, l'été, d'un mince drap de coton. Tous ceux qui ont entendu Ibn Séoud évoquer sa jeunesse savent ce qu'il répétait souvent : sans ces années chez les Mourras, il n'aurait jamais acquis les qualités grâce auxquelles il est parvenu à édifier son royaume.

On peut le croire.

Les Mourras ne priaient guère. Abdul Aziz, lui, quittait parfois la tribu pour gagner la solitude du désert – et prier. Il répétait les formules du Coran qu'il savait par cœur, il les psalmodiait et, peu à peu, porté par cet interminable chant, il se sentait sortir de lui-même. Il racontera plus tard qu'un soir où il priait ainsi, il crut voir monter à l'horizon d'immenses silhouettes. Celles de Séoud le Grand et d'Abdul Wahab. Et, s'avançant derrière eux, une autre image, celle de Mahomet accompagné d'Omar. Il lui sembla ensuite que jaillissaient du fond du désert des légions coiffées de turbans blancs, dont les sabres étincelaient dans la lumière. Avait-il rêvé ? Ou bien Dieu lui avait-il fait la grâce de lui envoyer une vision ?

La mauvaise saison était revenue. Toute la tribu avait faim. Peu à peu, devant tant de souffrances, les fidèles d'Abdur Rahman l'avaient abandonné. Il ne restait plus à l'ancien seigneur de Riyad que ses fils et trois hommes d'escorte. Un soir, il les rassembla sous sa tente et leur tint ce langage :

— J'ai le devoir de vous parler en toute franchise. Dieu, dans sa sagesse, a voulu, semble-t-il, que nous mourions ici. Il ne nous appartient pas de scruter ses desseins et encore moins de nous insurger contre eux. Tout ce qu'il fait est bien fait, et il faut lui en rendre grâce. Nous allons réciter ensemble la prière des mourants.

Les autres l'écoutaient, accablés. Tout à coup, une jeune voix s'éleva, impatiente, vibrante :

— Non ! nous n'allons pas mourir ici !

Surpris, Abdur Rahman se tourna vers Abdul Aziz :

— D'où te vient donc une pareille assurance ?

— Lorsque je serai grand, je régnerai sur l'Arabie !

Alors, Abdur Rahman comprit que son fils était devenu un homme.

Abdur Rahman et les siens passèrent la nuit en prières. Au matin, ils virent venir à eux des cavaliers qui les saluèrent et annoncèrent qu'ils étaient envoyés par le sultan du Koweït. Celui-ci invitait Abdur Rahman et sa famille à venir s'installer dans sa ville, afin d'y trouver une résidence conforme à leur rang. Etait-ce un miracle ? Abdur Rahman le crut d'abord.

Il ne s'agissait que de politique.

En fait, les Turcs préféraient savoir Abdur Rahman – représentant de cette dynastie des Séoud qui restait pour eux un danger potentiel – au Koweït, là où ils pouvaient aisément le surveiller, plutôt que loin d'eux, dans le désert. Ils s'étaient donc adressés à Mohammed, sultan du Koweït, qui avait servi d'intermédiaire, se gardant d'avouer à Abdur Rahman que son intervention n'était nullement spontanée !

Le jeune Abdul Aziz, ébahi, va découvrir un monde qu'il eût été bien en peine de soupçonner. On disait couramment que Koweït était la « Marseille de l'Orient ». Ce qui faisait la richesse du petit royaume, c'était son port sur le golfe Persique, de loin le plus riche de toute la région, par où transitaient les marchandises destinées à l'Arabie centrale. De là partaient, pour les Indes ou Ceylan, les dattes, les perles provenant des bancs les plus riches du monde et aussi les chevaux arabes. Tous les types d'homme se voyaient dans les rues grouillantes de Koweït : des Arabes bien sûr, des Turcs, des Persans, des Noirs et même des Juifs qui y avaient leur synagogue. Emerveillé, Abdul Aziz ne se lassait pas de découvrir ce monde nouveau.

C'est là qu'un peu plus tard il s'est marié. Il semble avoir beaucoup aimé sa première femme et beaucoup pleuré quand elle mourut, six mois après leur mariage. Il ne l'en a pas moins remplacée. Au fil des années, il prendra les quatre femmes que lui accordait le Coran et – à mesure qu'il s'enrichira – une infinité de concubines. Ce n'est pas avec quatre femmes que l'on peut donner naissance à quarante-trois fils et une vingtaine de filles, ainsi que nous en informent les chroniques. J'inclinerai plutôt à envisager une quarantaine de filles, ne serait-ce que pour équilibrer les sexes.

Les femmes ont beaucoup compté pour lui. Il devait le dire plus tard au cheik Abdullah Al Salim Sabah : le plus grand plaisir qu'il ait connu, sur la terre, a toujours été « d'approcher une femme, lèvres contre lèvres, corps contre corps, pieds contre pieds ». Et ses sujets, plus tard, se montreront très fiers de la virilité de leur roi.

Ce qu'il faut connaître aussi, c'est que les mariages du futur Ibn Séoud ont toujours comporté un aspect politique. Ses femmes, il les a choisies dans des familles et des tribus différentes, de manière à consolider l'œuvre d'unification qui, comme celle de Séoud le Grand, sera le seul vrai but de sa vie.

En 1896, le souverain régnant du Koweït, Mohammed, vit avec étonnement survenir son demi-frère Mobarak avec qui il était depuis longtemps brouillé et qui vivait à Bombay. Mobarak avait une passion : le jeu. Il y avait perdu plusieurs fortunes dont on connaissait mal l'origine. Quand on le questionnait, il disait qu'il faisait « des affaires ». On sut plus tard que les Anglais n'étaient pas étrangers à ces affaires.

L'une des premières visites de Mobarak fut pour Abdur Rahman à qui il témoigna estime et respect. Abdul Aziz découvrit en lui un personnage infiniment séduisant, doté d'une intelligence aussi vaste que vive. Il n'avait jamais encore vu d'homme de ce genre. De son côté, Mobarak fut frappé par cet adolescent à la fois si pondéré et si ardent. Il déclara :

— Ce garçon a de l'étoffe, on pourrait peut-être en faire quelque chose.

Mobarak fit mieux : il invita souvent chez lui Abdul Aziz pour parfaire son éducation. Ainsi le jeune prince, dont l'instruction avait été si négligée, apprit-il un peu d'histoire, de géographie, de mathématiques et d'anglais. Surtout, il côtoya toutes sortes de gens qui lui semblaient nés dans un autre monde : banquiers, négociants, diplomates, aventuriers. Mobarak recevait aussi bien des Anglais que des Allemands, des Français que des Russes. A leur contact, Abdul Aziz s'ouvrait au monde.

Fut-il étonné quand il apprit que Mobarak avait pénétré une nuit dans le palais de son frère et l'avait assassiné en même temps d'ailleurs que son demi-frère endormi ? Le lendemain, cet homme expéditif se proclamait lui-même émir du Koweït.

De mois en mois, l'estime que Mobarak nourrissait pour l'adolescent augmentait. Et, parallèlement, l'admiration qu'Abdul Aziz vouait à Mobarak. Tous ceux qui, plus tard, ont été les témoins des entrevues entre les deux hommes ont été frappés par les « marques extraordinaires » de respect qu'Abdul Aziz, devenu Ibn Séoud, manifestait à l'égard de Mobarak. L'historien britannique Robert Lacey, un homme qui avait bien connu Mobarak vers la fin de sa vie, a confié que celui-ci avait le même regard que Richelieu – et la même ambition sans limite. C'était « un politicien né ; passé maître dans l'art de rouler ses coreligionnaires, il donna également bien du fil à retordre aux grandes puissances, lorsqu'elles s'avisèrent de venir lorgner Koweït et sa position stratégique à la tête du golfe Persique ». Il est important que ce soit auprès de Mobarak qu'Abdul Aziz ait effectué son apprentissage politique. Dans toute l'Arabie, aurait-il pu trouver meilleur maître ?

Il faut reparler ici de Rashid, l'ennemi juré des Séoud. Il est, lui, l'allié des Turcs. D'où, entre Mobarak, qui a signé un accord de protection avec les Anglais, et Rashid, un antagonisme qui va déboucher sur une lutte ouverte. Mobarak a lancé les hostilités en ordonnant une razzia sur les terres de Rashid. L'émir, à la tête d'une armée de Bédouins – parmi lesquels Abdur Rahman et sa famille –, s'est élancé jusqu'à 600 kilomètres à l'intérieur et a menacé la capitale de Rashid. Il a été battu. En septembre 1901, c'est Rashid qui a pris l'offensive et marché sur Koweït. Il n'est plus qu'à trois jours de la ville. Mobarak a plus d'un tour dans son sac. Providentiellement, une canonnière de Sa Majesté britannique est venue jeter l'ancre dans la rade de Koweït. Mobarak sollicite l'appui des Anglais qui débarquent. Simple démonstration militaire qui n'en fera pas moins déguerpir Rashid. Il se replie après avoir enlevé quelques centaines de moutons.

Depuis longtemps, Abdul Aziz ronge son frein. Il sait que Rashid s'est retiré vers le nord. Jamais il n'a été aussi loin de Riyad. Le moment n'est-il pas venu, pour Abdul Aziz, de rallier ses partisans et de tenter de reprendre « sa » capitale ? Il interroge successivement son père et Mobarak qui, l'un et l'autre, l'autorisent à tenter l'aventure.

Son destin est au bout de la route.

Combien sont-ils ceux qui, à la suite d'Abdul Aziz, ont pris la direction du sud ? Une quarantaine : des parents, des amis, quelques esclaves attachés à la famille*. Aux côtés d'Abdul Aziz, son demi-frère Mohammed et son cousin Jilouy. Le propos d'Abdul Aziz, c'est de trouver rapidement des renforts parmi les tribus que l'on rencontrera. Il a raison : les Bédouins Beni Khaleid et Adjman vont se joindre à eux. Dès la mi-octobre, Abdul Aziz réussit un premier coup de main au nord de Riyad. Il est maintenant à la tête de plus de deux cents hommes. Il décide alors d'entreprendre un vaste mouvement dans le but d'attaquer la ville par le sud, là où il croit la défense plus fragile. De plus, il pense trouver dans la région des tribus toujours fidèles à sa famille.

Erreur. Les Bédouins ne se sont joints à lui que dans l'espoir de razzias profitables. Celles-ci ont eu lieu, mais n'ont guère rendu. Alors les Bédouins, les uns après les autres, prennent congé. Là-dessus, Rashid, qui, de loin, a suivi avec une certaine inquiétude l'opération entreprise, envoie contre Abdul Aziz une petite force bien équipée et bien armée qui, le poursuivant sans cesse, le chasse du Nedj. Abdul Aziz va-t-il recevoir, comme il l'espère, l'appui

* David Holden et Richard Johns : *La Maison des Saoud* (1982). Traduit de l'anglais par Claude Farragi, Bernard Geniès et Anne Villelaur.

des tribus du Hasa ? A leur tour, les Turcs entrent dans la danse, dépêchent contre lui un bataillon. De nouveau, il doit s'éloigner. Les Adjmans, contre lesquels il avait inconsidérément lancé un *ghazzu*, lui interdisent l'accès de leur territoire. Il doit encore descendre vers le sud : tous les autres points cardinaux lui sont fermés.

Où porter ses pas ? Une seule solution, mais désespérante : gagner le désert de pierres du Ruba al-Khali, le terrifiant Quartier vide ! Il faut s'y résoudre. Abdul Aziz vient de parvenir à la palmeraie de Jabryn, là même où commence le Quartier vide, lorsqu'un messager le rejoint. Abdur Rahman supplie son fils de revenir à Koweït : « Ton sort nous remplit d'angoisse... Le temps n'est pas encore mûr pour l'action. »

Autour de lui, Abdul Aziz réunit tous ses hommes. Il leur parle avec une franchise abrupte :

— Je ne puis vous garantir aucun butin, aucune victoire. Je ne puis vous promettre qu'une longue série d'épreuves, de jeûnes et de privations. Pour ma part, je suis décidé à poursuivre la lutte. Aucune force au monde ne m'en empêchera, même si j'en suis réduit à lutter seul contre tous, même si ma seule victoire est de périr en combattant. Avec l'aide de Dieu, je saisirai les chances que m'offrira le désert. Mais comme je ne veux forcer personne à me suivre, que ceux qui préfèrent retourner chez eux s'en aillent !

La plupart de ceux qui l'ont rallié le prennent au mot. Seuls restent auprès de lui son frère Mohammed, Jilouy, et les hommes recrutés à Koweït. La même quarantaine de guerriers qu'au départ de l'émirat. Abdul Aziz tire son sabre, tenant la lame bien droite devant lui :

— Jurez sur cette lame que vous me demeurerez fidèle, quoi qu'il advienne !

Chacun des hommes jure. Abdul Aziz les déclare désormais liés les uns aux autres par « un pacte indissoluble ». A l'adresse du messager de son père, il ajoute :

— Retourne d'où tu viens et raconte à mon père ce que tu viens de voir. Dis-lui que je ne peux pas supporter plus longtemps de voir mon pays écrasé par le talon de Rashid, notre famille bafouée et traînée dans la boue. Je me prépare à jouer mon va-tout contre la mort. Je ne reviendrai pas, à moins d'avoir réussi. Périr est moins amer qu'être toujours vaincu. Toutes choses, ici-bas, sont entre les mains de Dieu.

Il fait préparer les chameaux. Chacun se hisse en selle. On repart vers le sud.

Avoir choisi le Quartier vide, c'est vouloir se faire oublier. Donc, les hommes d'Abdul Aziz effacent toutes les traces de leur passage, ils enfouissent les tisons des feux. Ils connaissent de nouveau la faim, la soif. Abdul Aziz devait dire :

— Ce fut une des périodes les plus difficiles de ma vie.

Or voici que le ramadan approche, ce qui signifie pratiquer le jeûne du lever jusqu'au coucher du soleil. Il n'est pas question d'enfreindre les prescriptions de la loi. La différence, ici, c'est que, même entre le coucher et le lever du soleil, ils n'ont rien à manger. Ces hommes vont au-delà des limites de l'homme. L'énergie qu'ils puisent dans cette ascèse nous apparaît quasi surhumaine.

Abdul Aziz dira :

— Si je m'étais précipité dans l'enfer, et si j'avais ordonné à mes hommes de me suivre, je crois qu'ils l'auraient fait, avec un cri de joie…

Le ramadan est fini. On lève le camp. Le moment est venu de marcher vers le nord. Vers Riyad. Abdul Aziz laisse toutes ses bêtes près d'un point d'eau et charge quelques hommes de les garder.

— Ne venez me rejoindre que lorsque je vous ferai appeler. Si vous n'avez reçu aucun signe de moi d'ici vingt-quatre heures, retournez à Koweït et dites à Abdur Rahman que son fils Abdul Aziz est mort.

Avec trente hommes seulement, il s'avance à pied dans la nuit. Ils marchent jusqu'à ce qu'ils aient atteint la palmeraie qui marque le sud de Riyad. Abdul Aziz n'a formé aucun plan, il ne possède aucun allié dans la place. Il sait déjà qu'il lui faudra tout improviser, selon l'événement et l'occasion.

Près d'une citerne, Abdul Aziz laisse le gros de sa troupe sous le commandement de son frère Mohammed. Ils ne sont que six à repartir avec lui et Jilouy.

Voici le cimetière, près de la ville, ce cimetière que l'on peut toujours voir aujourd'hui sur la route de La Mecque. Ils s'y cachent. Ils entendent passer les hommes de garde dont c'est la relève. Ils écoutent leurs pas. Et puis plus rien, le silence. Donc, on ne les a pas vus, on ne les a pas entendus.

Un geste d'Abdul Aziz et ils reprennent leur marche. Ils se glissent près d'une maison, celle d'un fermier que le prince connaît bien, un certain Jowaïsir qui habite tout près de la demeure du gouverneur. Abdul Aziz frappe à la porte. Une voix de femme glapit :

— Qui est là ?

— Je viens de la part du gouverneur pour acheter deux vaches à Jowaïsir.

— Passez votre chemin ! crie la femme, ce n'est pas une heure pour frapper aux portes des honnêtes gens.

— Si vous ne m'ouvrez pas sur-le-champ, je me plaindrai demain au gouverneur et Jowaïsir sera puni.

Un homme portant une lanterne finit par entrebâiller la porte. Aussitôt, il est saisi à la gorge, immobilisé, cependant qu'Abdul Aziz et les siens se précipitent à l'intérieur de la maison. On lâche le fermier qui naguère était au service d'Abdur Rahman.

— Ne reconnais-tu pas Abdul Aziz ? lui demande Jilouy.

Fou de bonheur, le brave homme se met à pleurer. Le prince s'explique : son objectif, c'est la forteresse de Masmak, attenante à la maison, où réside le gouverneur.

Aussitôt, le vieux fermier fournit des informations précieuses : la forteresse est occupée par les soldats de Rashid. La garnison ne prend aucune précaution car nul ne pense à une possible attaque. Quant au gouverneur – il se nomme Adjlan – il passe toujours la nuit au fort. Une demi-heure après le lever du soleil, il quitte la forteresse pour s'en aller déjeuner chez lui avec sa femme. A moins qu'il n'aille faire un tour à cheval. Cet Adjlan est méfiant : des soldats l'accompagnent partout. La garnison du fort est nombreuse et une sentinelle garde l'entrée. Quant à la demeure personnelle du gouverneur, elle est voisine de celle du fermier.

Abdul Aziz en sait assez. Avec les siens, il monte sur le toit de la maison de Jowaïsir, d'où les Séoudiens n'ont aucun mal à gagner la maison voisine : celle du gouverneur. Ils se glissent à l'intérieur, trouvent un homme et une femme endormis : des domestiques. Ils les bâillonnent et les ligotent. Abdul Aziz a glissé une cartouche dans la culasse de son fusil. Suivi par Jilouy, il pousse la porte d'une chambre. Là, dans la pénombre, il aperçoit deux femmes endormies qui, épouvantées, se dressent sur leur séant. C'est l'épouse d'Adjlan et sa sœur. Cette épouse est une femme de Riyad qu'Abdul Aziz reconnaît. Il lui intime l'ordre de ne pas bouger :

— Sans quoi je te tuerai.

— Que viens-tu faire ici ? questionne la femme.

— Je suis venu pour pendre Adjlan.

— Adjlan est au fort. Il a au moins vingt-quatre hommes avec lui. Va-t'en ! Car si jamais il te trouve, c'est lui qui te pendra !

— Quand rentrera-t-il ?

— Une heure après l'aurore.

— Alors, tiens-toi tranquille. Si tu pousses un seul cri, nous te trancherons la gorge.

Les deux femmes vont être enfermées dans la cave avec les domestiques. Jusqu'au lever du soleil, il ne reste que quatre heures. Abdul Aziz envoie deux hommes chercher Mohammed et les guerriers dont il avait la charge. Dans le plus grand silence, tous rejoignent la maison sans que nul n'ait été aperçu. Maintenant, ils sont trente assemblés chez Adjlan. Par la fenêtre, Abdul Aziz regarde le fort dont on devine, dans la nuit, la silhouette imposante. On attend l'aube en buvant du café et en récitant le Coran. D'autres préfèrent dormir. Mais quand les premières lueurs du jour se devinent, chacun est bien éveillé. Tous se tournent vers La Mecque et prient. Dehors, un bruit de sabots : c'est un valet d'Adjlan qui amène les chevaux du gouverneur.

Abdul Aziz donne ses dernières consignes. Quatre hommes devront rester au premier étage, à l'affût. Quand lui-même traversera la place, ils devront ouvrir le feu sur la sentinelle du fort. Tous les autres doivent le suivre. Il n'est plus que d'attendre la sortie du gouverneur. Et voici que la porte de la citadelle s'ouvre. L'homme qui paraît, c'est Adjlan ! Entouré de ses gardes, il s'avance à travers la place pour aller inspecter ses chevaux. Il n'y a plus une minute à perdre.

Abdul Aziz, suivi par les siens, dévale l'escalier. Il jaillit de la maison, s'élance. Ah ! le bond qu'a fait Abdul Aziz, accompagné d'un hurlement sauvage : celui d'un léopard ! C'est ce bond qui fera que, longtemps, on l'appellera le léopard du désert. Mais Adjlan se retourne, dégaine son sabre, le lève pour frapper son agresseur. Abdul Aziz pare le coup avec la crosse de son fusil. Il ceinture Adjlan, le soulève même de terre ! Adjlan se dégage, se jette avec tant de rage sur Abdul Aziz que les deux hommes roulent dans la poussière. Un garde accourt, sabre levé. Au moment où il va frapper Abdul Aziz, il est abattu par Jilouy.

Adjlan est parvenu à se libérer. Il hurle :

— Aux armes !

Abdul Aziz a repris son fusil en main. Il vise, tire, casse le bras du gouverneur qui doit lâcher son sabre. Désarmé, Adjlan comprend qu'il ne peut trouver de salut que dans la fuite. Il court vers cette grande porte de bois de la forteresse que l'on peut toujours voir aujourd'hui. Elle n'est pas ouverte entièrement. Pour sortir, tout à l'heure, il a emprunté une petite porte basse, elle-même taillée dans l'imposante porte cochère. C'est par cette même ouverture qu'il veut se glisser dans le fort. A la manière d'un joueur de rugby, Abdul Aziz s'élance de nouveau, le saisit par les jambes et le plaque au sol. Les gardes du gouverneur font irruption hors de la citadelle. Les guerriers d'Abdul Aziz leur font face. Ce qui s'engage, c'est une mêlée générale ; les hommes se battent à coups de sabre et de poignard. Du haut des murs, les soldats de la garnison tirent sur les assaillants.

Abdul Aziz et Adjlan poursuivent leur combat singulier. Les gardes du gouverneur parviennent à enlever leur chef et l'entraînent dans le fort dont ils veulent fermer la porte. Les hommes d'Abdul Aziz les en empêchent. Le prince, le premier, s'est élancé avec Jilouy à l'intérieur du fort. Adjlan, lui, gravit les marches d'un escalier qui conduit à une terrasse. Jilouy le rejoint et, lui enfonçant son sabre en plein corps, le transperce de part en part. Adjlan est mort.

Parmi les hommes d'Abdul Aziz, deux ont été tués et quatre blessés grièvement. Le reste se bat avec un courage tel que la garnison faiblit. Quand Abdul Aziz et Jilouy les rejoignent, ils décident de l'hallali final. On tue et on blesse la moitié des soldats que l'on jette par-dessus les remparts. Le reste va se rendre.

Abdul Aziz a gagné.

Des crieurs ont été envoyés par Abdul Aziz à la mosquée et sur les remparts. Ils annoncent qu'Adjlan est mort et que l'héritier des Séoud s'est emparé de la citadelle. Une immense acclamation salue cette nouvelle. Tous les habitants de Riyad prennent les armes. Les survivants de la garnison de Rashid sont massacrés. A midi, Abdul Aziz est maître de Riyad. A la même heure naît à Koweït son troisième fils. Un fils qui sera le roi Saoud. Abdul Aziz a aussitôt envoyé un message à son père l'informant de la prise de Riyad et l'invitant à le rejoindre :

— Ton peuple t'attend.

Quand Abdur Rahman arrive, quelques jours plus tard, toute la ville est là, bouleversée, qui l'acclame. Il y a onze ans qu'il a quitté sa capitale. Mais lui se sent vieux, fatigué. Il réunit les anciens, les docteurs de la loi, les notables :

— Pour gouverner, il faut des hommes plus jeunes et plus vigoureux que moi. Vous connaissez mon fils Abdul Aziz. Il vient de manifester des qualités exceptionnelles. Je lui cède toutes mes fonctions militaires et politiques. Si vous le voulez bien, je ne conserverai que mes fonctions religieuses. Je veux me consacrer à l'étude, à la prière et à la contemplation de Dieu.

Le lendemain, sur la grande place, Abdul Aziz recevra ce qu'on peut bien appeler une investiture. Abdur Rahman est allé chercher l'épée de Séoud le Grand. Au milieu d'un grand concours de peuple, il la remet à son fils. Abdul Aziz s'agenouille, embrasse la lame. Il se redresse, lève le sabre vers le ciel en hommage au Tout-Puissant. Et, pointant la lame vers les quatre points cardinaux, il jure :

— Aucun ennemi ne franchira la porte de la ville aussi longtemps que ce sabre restera entre mes mains* !

Et Rashid ? Quand il a appris que les Séoud se trouvaient de nouveau à Riyad, il a éclaté de rire. Il a dit :

— Le lapin est au trou. Je le prendrai quand je voudrai.

Il est si sûr de lui qu'il laisse passer les saisons, l'hiver qui vient puis l'été. Il a grand tort. Désormais, la population fait bloc avec son prince. La famille s'est solidement groupée autour de lui : ses frères et ses cousins, stimulés par Abdallah Jilouy. Les marchands lui ont prêté de l'argent. Toute la population a travaillé à relever les remparts, rendant la ville pratiquement imprenable.

Abdul Aziz et les siens parcourent la région pour rallier les tribus et les villages. Avec l'argent prêté, on a pu acheter des armes et des munitions qui permettent d'armer les hommes qui arrivent de partout pour participer à la défense de Riyad.

Quand, en novembre 1902, Rashid se présente enfin devant la capitale, il doit renoncer à s'en emparer, la tâche lui apparaît trop difficile. Ses espions lui ont en outre appris qu'Abdul Aziz se trouvait dans le sud. Rashid préfère rejoindre son ennemi pour l'écraser. Il se figure que c'est dans la terreur qu'Abdul Aziz va apprendre sa venue. Nullement. Le prince l'attend au contraire avec impatience. Il s'est campé dans une palmeraie avec des guerriers bien armés. Une telle tactique n'est nullement bédouine. Les Bédouins s'affrontent face à face. En l'occurrence, Abdul

---

* Benoist-Méchin : *op. cit.*

Aziz innove, comme Bonaparte avait, ailleurs, innové. Il a dit à ses hommes :

— Vous attendrez avec patience. Vous ne vous montrerez pas. Vous laisserez approcher les hommes de Rashid et vous ne tirerez que lorsqu'ils seront assez près pour que vous n'en ratiez aucun.

Les voilà, les hommes de Rashid. Ils s'avancent en désordre, poussant les grands cris traditionnels et agitant leurs sabres. Seul le silence leur répond, insolite, déconcertant. Se demandant quel sort les attend, ils courent toujours vers la palmeraie. Sur un signe d'Abdul Aziz, ses guerriers ouvrent le feu. C'est une véritable hécatombe. Le sol est jonché de cadavres. Ceux qui survivent se retirent en désordre. Jusqu'au soir, Rashid enverra ses hommes plusieurs fois à l'attaque. Chaque fois ils devront se replier, laissant de nouveaux morts sur le terrain. Seule la nuit arrêtera les combats.

Au matin, quand le soleil se lève, Abdul Aziz s'aperçoit que l'armée de Rashid – du moins ce qu'il en restait – s'est enfuie. Pour Abdul Aziz, c'est plus qu'une victoire : un triomphe.

Le désert tout entier retentit de sa gloire nouvelle. Les unes après les autres, les provinces se rallient. C'est le royaume du Nedj tout entier qui est reconstitué.

Le duel Abdul Aziz-Rashid va se poursuivre pendant vingt-six mois, avec des alternatives de revers et de succès. Doutant de lui, suant d'angoisse, Rashid finit par solliciter l'appui des Turcs. En juin 1904, huit bataillons turcs d'infanterie, soutenus par deux batteries d'artillerie montées marchent contre Riyad. Abdul Aziz appelle aux armes tous les hommes valides. Le 15 juillet 1904, la bataille va s'engager. Le canon turc tonne. C'est la première fois que ces Bédouins affrontent de l'artillerie. Ils lâchent pied. Abdul Aziz lui-même est frappé au genou. Beaucoup, dans ses rangs, croient la bataille perdue. Lui se fait panser et, malgré la douleur, remonte à cheval. Dès qu'il apparaît, il rallie ses hommes que la panique dispersait et leur jure qu'avant le soir la victoire aura regagné leur camp.

Les Turcs, eux, croient la bataille gagnée. Négligeant de se garder, ils ont envahi le camp d'Abdul Aziz et, tranquillement, pillent les bagages. A peine ont-ils le temps de se rendre compte de ce qui leur arrive qu'Abdul Aziz et ses hommes foncent sur eux et les taillent en pièces. En un instant, la situation est complètement retournée. Ce sont les Turcs, maintenant, qui détalent ! Abdul Aziz va s'emparer de leur trésor de guerre ainsi que de leurs canons. Sans ménagement, ses hommes s'en prennent à la colonne des fuyards. Sur les 2 400 soldats turcs accourus pour le battre, 700 seulement pourront s'échapper.

On va négocier. En février 1905, les Turcs reconnaissent le pouvoir de la famille Séoud dans le Nedj. Abdul Aziz consent à porter le titre turc de gouverneur de province.

Il reste à éliminer la menace que représente Rashid. En avril 1906, Abdul Aziz, profitant d'une tempête de sable qui dissimule sa marche, fond en pleine nuit sur le camp de son ennemi. Rashid, il faut le dire, se bat avec courage. Mais, à l'aube, il tombe criblé de balles. C'en est fini. Dans toute la région, on promènera la tête de Rashid plantée sur une pique.

La même année, le gouvernement du Sultan, las de voir les caravanes turques sans cesse harcelées par les Bédouins du Nedj, renonce officiellement à la présence turque en Arabie centrale.

Qui aurait pu prévoir un succès aussi total pour Abdul Aziz ? Il a fait une entrée triomphale dans Riyad. Au cours d'une cérémonie solennelle à la mosquée, son père Abdur Rahman l'a proclamé roi du Nedj et iman des wahhabites. Il est désormais – et à jamais – le roi Ibn Séoud.

Il va parler à ses compagnons, annoncer que sa tâche n'est pas finie, loin de là :

— Je ferai de vous un grand peuple, vous jouirez d'une prospérité bien plus grande que celle qu'ont connue vos ancêtres. Vous rétablirez partout la pureté de notre croyance, selon le vœu formulé par notre maître Abdul Wahab. Je sais que vous brûlez du désir de chasser les étrangers et d'exterminer les hérétiques. C'est pourquoi je vous dis : ne laissez pas rouiller vos armes, mais ceignez vos reins pour de nouveaux combats ! En avant ! Avec Dieu ! Pour la restauration de la foi et la conquête de l'Arabie !

Cette conquête va durer vingt-trois ans, de 1905 à 1928. Impossible d'en énumérer tous les détails. Ce qui est certain, c'est que cette réussite est l'œuvre tout entière d'un seul homme : Ibn Séoud. Quand il se jette dans cette immense entreprise, Ibn Séoud a vingt-sept ans. Il en aura cinquante quand il sera maître de l'Arabie. De combien d'obstacles n'a-t-il pas dû triompher ! A peine une province est-elle absorbée que souvent elle se révolte. Il faut réprimer avec une sévérité sans indulgence. Pas de pitié pour les rebelles. Ibn Séoud n'aime pas les massacres inutiles. Si le sang coule, c'est pour l'exemple, et il faut reconnaître qu'en l'occurrence, ici, l'exemple a été salutaire.

Le royaume grandit, mais l'ambition d'Ibn Séoud se tourne vers la mer. Il répète qu'un royaume qui n'a pas l'accès à la mer n'est pas un royaume.

Alors, le golfe ? C'est de ce côté-là qu'il regarde. Auparavant, il sait qu'il lui faut conquérir cette belle province qui s'appelle le Hasa. Mais les Turcs – toujours les Turcs –

occupent le Hasa. Il est vrai que leurs positions y sont faibles. Ils se montrent même incapables de faire régner l'ordre, de protéger notamment les populations citadines contre les incursions trop fréquentes des nomades.

Ibn Séoud ne doute pas que là se trouve la solution. Il va donc prendre des contacts secrets avec les autorités des villes qui ont à souffrir des nomades. Il leur promet sa protection. Et chacun sait que la protection d'Ibn Séoud, cela veut dire quelque chose.

Quand il attaque les Turcs, il s'est donc fait des alliés précieux qui vont l'aider à écraser l'occupant haï. Pour lors, les Turcs se battent en Tripolitaine et dans les Balkans, ce qui facilite singulièrement sa tâche. Sans coup férir, Ibn Séoud pénètre dans le Hasa, s'empare de la capitale Hufuf, met les Turcs en déroute. Le gouverneur capitule. Toute la province est ralliée jusqu'à la mer. La mer, enfin !

Jilouy est nommé gouverneur du Hasa. La sécurité des chemins est rétablie et l'ordre assuré avec l'habituelle rigueur, c'est-à-dire avec le sabre. Un voleur est-il pris en flagrant délit ? On lui coupe la main droite. S'il récidive, la main gauche, puis le pied droit, puis le pied gauche. Au début, les villages seront remplis de porteurs de moignons. Après quoi on en verra de moins en moins. Bientôt il n'y aura plus un seul voleur en Arabie.

Les Turcs ont reconnu leur défaite. Ils signent un traité qui transfère légalement le Hasa à Ibn Séoud. Vers cette mer tant convoitée, le roi s'avance et remercie Dieu.

Un sceptique pourrait dire : à quoi bon ? Ce ne sont là que des arpents de sable ! Au vrai, sous ce sable, gisent les richesses les plus fabuleuses de ce siècle, au-delà même de ce que nul ne pourrait imaginer.

S'il sait conquérir par le sabre, Ibn Séoud navigue également avec prudence et finesse au milieu des intrigues des grandes puissances. Il le prouve entre 1914 et 1918. Nous avons découvert le stratège, voici maintenant l'homme d'Etat. L'erreur, ce sont les Anglais qui vont la commettre. Quand Lawrence d'Arabie fomente sa révolte arabe, pourquoi ne s'est-il pas allié avec Ibn Séoud plutôt qu'avec le chérif de La Mecque, Hussein ?

Ibn Séoud n'aime guère Hussein. D'âpres conflits de frontière se sont élevés entre les deux hommes. Hussein est un vieillard avide, sans idéal ni principes. Au contraire d'Ibn Séoud, ses ambitions volent à ras de terre. Ses sujets eux-mêmes le méprisent. Une partie d'entre eux manifestent ouvertement leur souhait de se rallier à Ibn Séoud. Ce que Hussein ne voit naturellement pas d'un bon œil. Furieux, le chérif de La Mecque va prendre une mesure exorbitante : en manière de défi, il interdit aux sujets d'Ibn Séoud le pèlerinage aux lieux saints. Or c'est un devoir pour un musulman que de se rendre à La Mecque. L'interdit jeté par Hussein est accueilli comme une catastrophe par un peuple entier qui vient supplier Ibn Séoud de faire lever l'interdit. Le roi négocie avec le chérif, cherche à régler le conflit d'une manière pacifique. Il échoue.

Il n'est pas un Arabe qui ne croie alors qu'une guerre va éclater. Cette guerre, Ibn Séoud a bien envie de s'y jeter, mais il n'en fait rien. Pourquoi ? Pour la simple raison que les Anglais – il le sait – ne l'accepteraient pas. Hussein est leur allié et ils le soutiendraient contre Ibn Séoud. Nul au Moyen-Orient n'est de taille à s'opposer aux Anglais. C'en serait fini de l'indépendance de ce royaume qu'a construit le fils d'Abdur Rahman.

Ibn Séoud y tient plus qu'à sa propre vie. Sa fierté, jusqu'à sa dernière heure, sera de pouvoir rappeler qu'il a été le seul souverain arabe qui, à aucun moment, n'ait accepté ni supporté mandat ou protectorat. Le seul !

Pour dériver vers un autre but l'esprit belliqueux qui anime son peuple, il va marcher contre les successeurs de Rashid – toujours les mêmes ! – qui se sont stupidement soulevés contre lui. Il les écrase. Les anciennes possessions de Rashid font désormais partie intégrante du royaume d'Ibn Séoud.

La France et l'Angleterre ont gagné la guerre. L'Empire ottoman, partagé en zones d'influence, n'est plus. On a créé des petits royaumes pour les fils d'Hussein, devenus clients de l'Angleterre. Comme on est loin des promesses de Lawrence ! Une immense amertume s'est levée au Proche-Orient. De ce malaise, Ibn Séoud entend bien profiter. Il lui suffit d'attendre. Donc il attendra.

Ibn Séoud observe. Il constate que la puissance britannique au Proche-Orient décline d'année en année. Il a fallu démobiliser les troupes en masse, renvoyer chez eux les Australiens et les Hindous. Ibn Séoud, lui, renforce son armée, l'Ikwan, mise depuis longtemps sur pied par lui-même, remarquablement soudée et entraînée. Il regarde aussi du côté de son vieil ennemi Hussein qui est toujours au pouvoir à La Mecque. Il semble que la cupidité du chérif se soit encore accrue. Il accable ses sujets d'amendes et d'exactions. Les pèlerins venus à La Mecque sont frappés d'une taxe de séjour. Il leur fait payer jusqu'à l'eau. On voit des pèlerins pauvres, incapables de s'acquitter, qui meurent de soif sur le chemin des lieux saints sans que nul ne les secoure.

Surtout, Hussein ne décolère pas. Il voulait se voir reconnu roi de tous les pays arabes et il estime que Londres l'a dupé. On lui dépêche Lawrence pour le calmer. Tremblant de rage, il manque le jeter au bas de l'escalier de son palais.

Ibn Séoud observe toujours. En mars 1924, Hussein se proclame calife de tous les musulmans, vicaire du prophète. La colère soulève l'Arabie. Ibn Séoud a compris que l'instant était venu. Il convoque à la mosquée les ulémas et les autorités religieuses :

— Il est temps, déclare-t-il hautement, de mettre un terme aux extravagances de celui qui s'intitule le chérif de La Mecque.

Il mobilise l'Ikwan, la répartit en trois corps d'armée. Le premier est envoyé aux frontières de l'Irak où règne Fayçal, le deuxième aux frontières de la Transjordanie où règne Abdallah – ceci pour empêcher les deux rois d'accourir au secours de Hussein, leur père.

Le troisième corps, de beaucoup le plus nombreux, marche sur La Mecque.

L'armée de Hussein se trouve dans un état de désorganisation lamentable. Elle est littéralement balayée par l'Ikwan qui, en conquérant Taïf, gagne la porte de La Mecque. Les chefs du Hedjaz, consternés, humiliés par la faiblesse de Hussein, se rendent auprès de lui et lui signifient qu'il ne lui reste plus d'autre possibilité que d'abdiquer au profit de son fils Ali. Affolé, Hussein obtempère, réunit ses trésors dans douze automobiles et s'enfuit. A Djedda, il s'embarquera pour Chypre sur un bateau anglais. On ne le reverra plus.

L'armée d'Ibn Séoud enveloppe la ville sainte. Ali, souverain de la veille, assaille le gouvernement anglais de télégrammes pour demander de l'aide. Mais Londres est lasse des Hachémites. Le gouvernement de Sa Majesté britannique va répondre qu'il s'agit d'une querelle d'ordre religieux et que les Anglais ne s'immiscent jamais dans ces sortes de différends. Admirable. Ali va devoir à son tour s'enfuir à Djedda.

L'Ikwan peut entrer dans La Mecque. Pas un habitant ne sera molesté. On ne signalera aucune exaction, pas le moindre pillage. C'est au tour d'Ibn Séoud d'entrer dans La Mecque. Comme un simple pèlerin, il retire ses sandales et s'avance pieds nus dans la ville. Voici réalisé le rêve de toute sa vie. Au milieu d'un immense concours de peuple – dont un reportage filmé conserve les extraordinaires images – il viendra baiser la pierre noire. Il priera et méditera jusqu'à la nuit tombée.

Organiser son royaume démesurément agrandi : telle est la tâche à laquelle va se consacrer Ibn Séoud. Les cartes ne nous aident guère à imaginer l'étendue de l'Arabie Saoudite. Il faut savoir qu'elle couvre une superficie égale à toute l'Europe occidentale : Portugal, Espagne, France, Belgique, Luxembourg, Pays-Bas, Allemagne, Suisse et Italie ! Dès avant la guerre, le roi avait amorcé un processus : il avait voulu sédentariser les nomades. La tâche apparaissait irréaliste. Comment mettre fin à des habitudes millénaires ?

Il n'en a pas moins fait construire des villages près des oasis. Il a apporté son aide à ces premières installations agricoles. Peu à peu le mouvement s'est confirmé. Les colonies agricoles se sont multipliées. Il a fallu mettre sur pied toute une administration.

Jusque-là, Ibn Séoud a tenu entre ses mains tous les leviers de commande. La tâche dépasse maintenant les forces d'un seul homme. Il faut créer des ministères et, tenant compte de l'inexpérience de la plupart de ceux qui entourent le roi, recruter des spécialistes dans l'ensemble du monde arabe. C'est ainsi que deviendront ministres un Egyptien, un Syrien, un Palestinien, un Libanais. En même temps, Ibn Séoud modernise et réorganise l'Ikwan qui comptera désormais une armée active et une armée de réserve. Il maintient sous les drapeaux une légion permanente de 25 000 hommes.

Le drame de l'Arabie, c'est le manque d'eau. Le roi engage des hydrographes américains. Ils trouvent dans le sous-sol d'immenses nappes d'eau. On fore des puits, on creuse des canaux, on édifie des barrages, des aqueducs. Le résultat est un véritable bond en avant de l'agriculture. Le mot d'ordre est : modernisation. Le roi fait adopter l'automobile, l'avion, le téléphone, la radio.

Ce qui le freine dans ses initiatives, c'est un manque cruel d'argent. Comment lever, sur un peuple si pauvre, des impôts plus lourds ? Va-t-il falloir tout arrêter à cause de cette pénurie monétaire ?

Non. Le plus étonnant de cette vie est encore à venir.

En 1920, un hydrographe, en cherchant de l'eau dans la région de Bahrein, tombe sur une nappe de pétrole. Curieusement, l'annonce de cette découverte ne suscite guère d'émotion : aucune ruée vers l'or noir. Il faut dire qu'à cette époque le pétrole abonde au Proche-Orient. Nul ne voit la nécessité de nouvelles exploitations. Dix ans plus tard, tout change. Le monde a besoin de pétrole. La demande s'accroît partout. Des Américains explorent de nouveau le pays. Ils veulent confirmer ou infirmer la découverte que l'on doit, dix ans plus tôt, à leur compatriote. Extraordinaire résultat : au terme de leurs recherches, ils concluent que non seulement il existe du pétrole en Arabie, mais que le sous-sol recèle certainement la plus gigantesque nappe de pétrole du monde entier !

Du coup, toutes les grandes compagnies du monde se ruent à Riyad, de la Shell à la Standard Oil. Toutes sollicitent des concessions. Mais Ibn Séoud se méfie des Anglais. Il est parvenu à la conviction que, derrière chaque opération commerciale entreprise par eux, se dissimule une arrière-pensée politique. Il les écarte. Finalement, il va traiter avec une petite compagnie américaine, la *Gulf Oil Company*, qui va céder d'ailleurs ses droits à une autre compagnie moyenne, la *Standard Oil of California*, bientôt associée à la *Texas Oil Company*. Ce qui a motivé la décision d'Ibn Séoud, c'est une simple constatation : aucune de ces sociétés de médiocre importance n'avait adhéré au cartel qui unissait les *grandes* compagnies, lesquelles s'étaient aimablement réparti la production mondiale.

Désormais, il n'y aura plus de limites, plus de quota pour le pétrole d'Arabie. En 1935, la production est de 174 000 tonnes ; en 1936, de 640 000 tonnes ; en 1939, de 2 millions de tonnes ; en 1941, de 3 millions de tonnes. Toute une partie de la population indigène a trouvé des emplois assortis de hauts salaires. Des ports se sont édifiés. Partout se sont implantées des raffineries. C'est l'amorce d'un immense changement.

En même temps, des prospecteurs ont découvert, dans ce sous-sol décidément béni, d'autres richesses non moins considérables : du fer, du cuivre, de l'argent, du tungstène, du chrome, de l'or ! Le but d'Ibn Séoud est de remplacer peu à peu les sociétés étrangères concessionnaires par des autochtones. Il faut donc former des spécialistes aussi bien que des élites. Ibn Séoud va donner l'élan à un formidable programme d'éducation dont il ne verra pas l'aboutissement mais que ses fils réaliseront.

Une seconde guerre mondiale menace. Il l'attend. Il sait que des pièges vont de nouveau s'ouvrir sous ses pas et qu'il risque de tout perdre de ce qu'il a mis tant d'obstination à construire. Il se gardera bien de commettre les erreurs dans lesquelles tombent ses homologues d'Iran et d'Irak, trop empressés à écouter les promesses de Hitler. Mais, quand les Anglais l'invitent, avec un peu trop d'insistance, à céder à leurs exigences, Ibn Séoud fait la sourde oreille. Et c'est alors qu'entre en scène le président Roosevelt. Nul mieux que lui n'est informé des prodigieuses richesses de l'Arabie et du golfe Persique. Il décide d'aider le royaume d'Ibn Séoud à se moderniser. A l'inverse des Anglais qui veulent monnayer une aide financière contre des avantages politiques, Roosevelt ne demande rien. De l'Arabie Saoudite, il ne veut que se faire une amie. Il pense que l'on obtient davantage de ses amis que de ses vassaux. Il inscrit l'Arabie sur la liste des bénéficiaires de la loi « prêt-bail ». Ibn Séoud bénéficiera dès lors de fournitures inestimables qu'il n'aura pas à payer.

Après la conférence de Yalta qui l'a conduit en URSS, Roosevelt, sur le chemin du retour, câble au roi Ibn Séoud qu'il aimerait le rencontrer en Egypte. Ainsi le chef du plus puissant Etat du monde traite d'égal à égal avec le roi du désert ! Ibn Séoud accepte.

On envoie à sa rencontre un destroyer spécial. Quand il monte à son bord, il est reçu avec d'extraordinaires égards. On a même installé une tente de mousseline blanche sur le pont afin de lui permettre de faire ses dévotions à l'abri du trop grand soleil. A l'entrée de la mer Rouge, il est reçu à bord du croiseur du président des Etats-Unis. Celui-ci, cloué dans son fauteuil par la poliomyélite, lui adresse l'un de ses célèbres sourires :

— *I am so glad to see you !*

Compliments. Photos. Et Roosevelt enchaîne :

— Sire, que puis-je faire pour vous ?

Ibn Séoud, immense, une montagne, debout devant le président paralytique, rétorque simplement :

— Je n'ai aucun vœu à formuler. C'est vous, Monsieur le Président, qui avez exprimé le désir de me voir. Je suppose donc que c'est vous qui avez des demandes à me soumettre.

Etonnement de Roosevelt, peu habitué à une telle franchise. Il insiste, il cherche à séduire, à venir à bout des silences du roi d'Arabie. Il faut bien qu'il en vienne à l'essentiel de sa démarche. On ne tourne pas autour du pot avec Ibn Séoud. Tout à trac, il pose sa question : le roi est-il prêt à accepter l'implantation de nouveaux juifs en Palestine ?

Ibn Séoud regarde Roosevelt dans les yeux et prononce un seul mot :

— Non.

Le président insiste : le roi doit convenir que les colonies juives installées en Palestine depuis des années ont à leur actif des succès remarquables.

— C'est vrai, dit Ibn Séoud, mais c'est avec l'argent que vous leur avez donné. Si vous en aviez versé autant aux Arabes, ils auraient fait la même chose.

De nouveau, voilà Roosevelt interloqué. A bout d'arguments, il va questionner :

— Que préconisez-vous ?

— J'ai fait la guerre, Monsieur le Président. Chaque fois que j'ai vaincu mes ennemis, j'ai toujours été à même d'exiger d'eux ce que je voulais.

Un silence. Roosevelt se demande où le roi veut en venir. Ibn Séoud enchaîne :

— Vous allez battre les Allemands ?

— Oui.

— Eh bien, créez un Etat juif en Allemagne.

Le président préfère changer de sujet. Mais c'est au tour d'Ibn Séoud de conduire la discussion. Il demande que soient précisés un certain nombre de points. Il faut que les Etats-Unis d'Amérique garantissent que les compagnies américaines qui exploitent le pétrole d'Arabie s'en iront pour laisser ce pétrole à son seul propriétaire, c'est-à-dire l'Arabie. Roosevelt s'y engage, exprime seulement le souhait que soient accordées des facilités aux armées américaines en Arabie. Ibn Séoud les accorde, mais pour une durée de cinq ans. Après ce délai, toutes les installations devront revenir à l'Arabie. D'autre part, il désire que les Etats-Unis garantissent qu'ils soutiendront l'Etat saoudien dans l'action que celui-ci compte mener en faveur de la liberté des populations arabes encore sous tutelle étrangère. Roosevelt acquiesce.

Les deux hommes se séparent. Une fois de plus, Ibn Séoud a gagné.

Tout ceci ne fait pas l'affaire des Anglais. A son tour, Churchill se précipite, mais il arrive trop tard. Il n'en désire pas moins faire un cadeau au roi, un cadeau somptueux. Un peu plus tard, le présent arrive à Riyad : c'est une Rolls. On a cru devoir en retirer le siège arrière et le remplacer par un trône de bois doré et de velours rouge. Magnifique. Malheureusement, comme il s'agit d'une voiture anglaise, le volant est à droite. Lorsque l'on amène la voiture devant Ibn Séoud, qui déteste s'asseoir à l'arrière d'une voiture et ne se déplace qu'assis à côté de son chauffeur, il se fâche :

— Quoi ! Je devrais m'asseoir à gauche de mon chauffeur ? A gauche ? Moi !

Il appelle le plus jeune de ses fils et, dédaigneusement, lui dit :

— Prends ça. Fais-en ce que tu veux.

Quelques jours plus tard, c'est le cadeau du président Roosevelt qui parvient à Riyad : un DC3. Décidément, les Anglais n'étaient plus de force.

Au fil des années, les différentes concessions accordées ont toutes été attribuées à une nouvelle société : l'Aramco, née de la fusion des premières compagnies concessionnaires. Entre 1946 et 1955, que de progrès encore ! On a découvert quatre nouveaux gisements. En 1947, la production du Hasa est de 41 millions de litres par jour. Elle atteindra le double à la fin de 1950. Cinq ans plus tard, l'Aramco produira un tiers de la production des Etats-Unis, s'apprêtant à l'égaler en 1957 pour enfin la dépasser. La compagnie en est venue à verser *par jour* à Ibn Séoud 440 000 dollars. Il est devenu l'un des quatre ou cinq hommes les plus riches de la terre.

Enfin, il a pu donner libre cours à ses projets de modernisation. Tout ce dont il rêvait est devenu réalité : les réseaux routier, ferroviaire, aérien, l'instruction publique. Il a fait de Riyad et des autres grandes villes des cités modernes. Des palais se sont édifiés pour la gloire de la dynastie. Mais, au milieu d'un faste digne des *Mille et Une Nuits*, Ibn Séoud vit toujours comme un simple Bédouin. Il dort à même le sol, sur une natte. Chaque fois qu'il le peut, il retourne au désert et vit sous la tente. Il ne se nourrit que de lait de chamelle, d'un peu de viande, de riz, de dattes. Il ne boit que de l'eau, du café, du thé.

Son harem s'est accru démesurément. Il ne se cache pas d'adorer toujours les femmes. Son quarante-troisième et dernier fils, Hamoud, naît en 1947. Au reste, il est en excellente santé, à l'exception d'une arthrose au genou qui le fait beaucoup souffrir.

Ses fils sont devenus des hommes mûrs, très informés des affaires du monde moderne. Mais, face à leur père, ils restent humbles comme des enfants.

Il y avait maintenant cinquante ans qu'Ibn Séoud s'était emparé de Riyad avec trente compagnons. Cinquante ans – et il avait vu son pays se transformer comme jamais contrée sans doute ne s'est modifiée du vivant d'un seul homme.

La terre entière s'occupait de ses faits et gestes. Le monde arabe le considérait comme sa figure de proue. Et lui se souvenait de ce désert où, par deux fois, il lui avait fallu se réfugier pour sauver sa vie. Avoir connu l'enfer du Quartier vide et être devenu le maître de ce pétrole vers lequel lorgnaient tous les pays industrialisés, c'était avoir vécu comme d'autres n'auraient pas osé rêver.

Au printemps de 1953, il se sentit si faible qu'il délégua une partie de ses pouvoirs au prince héritier Saoud. Chaque année, il se rendait en pèlerinage à La Mecque. Il n'y manquait jamais et, en route, s'arrêtait à Taïf, au palais de son fils Fayçal. Cette année-là, il n'alla pas plus loin que Taïf.

A-t-il pensé, là, aux portes de La Mecque, à ces envoyés de l'ONU qu'il avait reçus quelque temps plus tôt et qui l'avaient interrogé :

— Mais, Sire, comment expliquez-vous que vous ayez pu parcourir une carrière aussi fabuleuse ?

Il avait gardé un profond silence et enfin leur avait répondu :

— Parce que j'ai obéi toute ma vie aux commandements de mon Dieu et de son prophète.

Le 9 novembre 1953, après avoir prié une dernière fois, Ibn Séoud a rendu son âme à Allah. On l'a transporté à Riyad. Ses fils connaissaient le vœu si souvent exprimé par leur père : être enterré comme le dernier des croyants, dans l'anonymat le plus absolu.

Au moment de l'ensevelir, on a trouvé sur son corps quarante-trois cicatrices de blessures : par poignard, par sabre, par épée. Quarante-trois !

On l'a porté en terre dans ce même cimetière où, tant d'années plus tôt, il avait attendu, avec quarante fidèles, le moment de reprendre Riyad.

Si vous pénétrez aujourd'hui encore dans ce cimetière, c'est à peine si vous serez à même de deviner où se trouve la tombe d'Ibn Séoud, fondateur d'un empire. Aucun monument d'aucune sorte. Aucune inscription.

Mais si vous parcourez son royaume et écoutez ceux qui y vivent, vous comprendrez que le véritable monument d'Ibn Séoud, c'est l'Arabie tout entière.

IV

Churchill le lion

C'était en 1953, exactement le 2 juin. A travers le monde, tous les regards se portaient sur la ville de Londres. Les ruines accumulées pendant des années de guerre étaient enfin effacées. On avait édifié 300 000 logements neufs, ravalé les immeubles anciens. Les vitrines des magasins étaient pleines de ces denrées que l'on croyait disparues à jamais. Les parcs avaient retrouvé leur dessin et leurs parterres d'avant-guerre. Dans les rues, les femmes s'essayaient de nouveau à cette élégance enfouie depuis 1940 et beaucoup d'hommes ne craignaient pas d'arborer, comme *avant*, des chapeaux melon. Extraordinaire climat de fête qui prenait un sens très précis : ce jour-là était celui de la *Coronation*. Au milieu d'un faste hérité du fond des siècles, on allait couronner la jeune Elizabeth II. Innovation sans précédent, la cérémonie serait télévisée !

Les historiens des nouveaux médias l'affirment : c'est du couronnement d'Elizabeth II que date en France l'essor de la télévision.

Au milieu de tant d'images archaïques mais fascinantes, comment ne pas s'attarder à celle de ce vieil homme resté debout, dans la cathédrale de Westminster, tout au long de la cérémonie, revêtu de la tenue de chevalier de l'ordre de la Jarretière. Le 24 avril précédent, au château de Windsor, la jeune reine avait conféré au chef du gouvernement britannique le plus convoité de tous les honneurs. L'Ordre avait été créé au XIVe siècle et n'en étaient titulaires que vingt-cinq sujets de Sa Majesté. Ce jour-là, le plus illustre des hommes d'Etat s'était incliné devant celle qu'il appelait sa « jeune maîtresse ». Elizabeth, d'une voix claire et ferme, s'était adressée à lui :

— Agenouillez-vous M. Churchill !

On avait tendu une épée d'argent à la reine, elle s'en était saisie et avait posé la lame sur l'épaule de son « serviteur » :

— Levez-vous, Sir Winston !

Il s'agissait bien en effet de Winston Churchill qui, dans l'instant, était devenu *Sir* Winston Churchill. Il n'en était pas pour cela créé pair du royaume et pourrait continuer, comme il l'avait fait toute sa vie, à siéger à la Chambre des Communes. Mais il pourrait porter, quand il le voudrait, cet extraordinaire costume : « Pourpoint de velours cramoisi, culotte bouffante de satin blanc, manteau de velours bleu foncé doublé de taffetas blanc, et frappé d'une croix de saint George écarlate sur fond blanc, cordelière en passementerie d'or, toque de velours noir empanachée de plumes d'autruche et de plumes de héron*. » A quoi s'ajoutait, naturellement, le collier de l'Ordre en or massif, ainsi que la Jarretière bleu et or que l'on attache sous le genou gauche. Du 24 avril au 2 juin, on admire que les tailleurs aient eu le temps de confectionner le plus anachronique des uniformes. Car, naturellement, Sir Winston n'aurait pas voulu, pour tout l'or du monde, se priver de porter *son* costume le jour de la *Coronation*.

---

* Jacques Chastenet : *Winston Churchill et l'Angleterre du XXe siècle* (1965).

Couronnement d'une jeune reine, apothéose d'un vieil homme d'Etat. Quand, après avoir reçu la Jarretière, le Premier Ministre – bientôt soixante-dix-neuf ans – avait paru à la Chambre des Communes, les membres de l'assemblée, sans distinction d'opinion, l'avaient salué d'une ovation. Les plus chaleureuses félicitations lui étaient venues du leader de l'opposition Clement Attlee.

Cette apothéose comportera d'autres étapes : en octobre de la même année, Churchill reçoit le prix Nobel de littérature et, en décembre, avec Eisenhower et Laniel, il participe à la conférence des Bermudes. En juin 1954, il rencontre Eisenhower à Washington et signe le traité du Potomac. Le 30 novembre, il fête son quatre-vingtième anniversaire. Le 5 avril 1955, la radio de la BBC diffuse ce communiqué : « Le Très Honorable Sir Winston Churchill a été reçu cet après-midi en audience par la reine et il lui a remis sa démission de Premier Ministre que Sa Majesté a gracieusement acceptée. »

C'est fini.

La plus longue – et la plus glorieuse – carrière d'homme d'Etat qu'ait connue notre siècle est achevée. Winston Churchill entre dans la retraite, cependant que son ombre immense continue à planer sur l'histoire de son temps et de son pays.

On reste incrédule quand on se dit qu'à l'époque de sa naissance, le 30 novembre 1874, Blenheim, cet immense palais construit près d'Oxford pour le premier duc de Marlborough au milieu d'un domaine de 2 700 acres, était encore une demeure privée dont cinquante valets suffisaient à peine à assurer le service.

L'Angleterre avait offert ce château de style classique à John Churchill, premier duc de Marlborough, en récompense de ses victoires sur les armées de Louis XIV : ce Marlborough que tous les petits enfants français, à travers la chanson, ont appris à nommer *Malbrouk*.

L'histoire commence aux régates de Cowes, en 1873. Lord Randolph Churchill, troisième fils du septième duc de Marlborough, est venu, comme il convient à un homme du monde, y assister. Il a vingt-quatre ans. Or une Américaine vivant à Paris, Mrs. Leonard Jerome, a voulu elle aussi montrer les régates à sa fille Jennie, dix-neuf ans et fort belle. Lord Randolph aussi bien que Jennie ont été conviés à un bal à bord du croiseur *Ariadne*. Dès qu'il l'a vue, Randolph est tombé amoureux de la jeune fille. Trois jours plus tard, ils étaient fiancés en secret et Randolph écrivait à son père : « Je l'aime plus que la vie même », ajoutant : « Mr. Jerome est un gentleman qui vit à New York pour ses affaires. Mais je ne sais ce qu'il fait. » En réalité, Leonard Jerome était l'un des plus importants financiers des Etats-Unis, ayant d'ailleurs des intérêts dans la presse, ce qui ne l'empêchait pas d'être un sportsman averti, puisqu'il avait introduit les courses en Amérique. Le mariage fut célébré à l'ambassade de Grande-Bretagne à Paris le 15 avril 1874*.

Le 30 novembre suivant, le duc de Marlborough offrait un bal à Blenheim. Au rythme de la valse tournoyaient des centaines de couples. L'une des danseuses les plus ardentes n'était autre que Jennie, devenue Lady Randolph Churchill. Ce bel acharnement était observé avec d'autant plus d'attention qu'on la savait enceinte de sept mois. Tout à coup, on la vit pâlir, chanceler. On s'empressa : elle venait d'être prise des douleurs de l'enfantement. On voulut la porter dans sa chambre mais le palais était si grand qu'on n'en eut

* Alan Moorehead : *Churchill* (1961). Traduit par Judith Cotté.

pas le temps. En route, on dut s'arrêter dans l'ex-chambre du chapelain. Sur un lit de fortune, Lady Randolph mit au monde un garçon à qui l'on donna les prénoms de Winston, Leonard, Spencer. Winston Churchill faisait dans l'histoire une entrée remarquée. Le prématuré était roux.

Au milieu de tant de faste et d'apparat, l'enfance du petit Winston ne sera peuplée malgré tout que d'un long ennui et de profonds chagrins. Il bénéficia – ou pâtit, comme on voudra – de l'éducation victorienne, c'est-à-dire qu'il n'apprit à peu près rien. Il suivit à Dublin son grand-père le duc que l'on avait nommé vice-roi d'Irlande. Lord Randolph, son père, fut pris de la passion de la politique et Winston ne le vit plus que de loin en loin. Quand elle était à la maison, sa jolie maman faisait chaque soir, avant le dîner, une apparition de cinq minutes à la nursery. Le petit Winston, très sensible, souffrait de la voir si peu. Il se prit à aimer passionnément sa nurse, Mrs. Everest. Plus tard, son portrait ne le quitta jamais. Dans les grandes conférences internationales auxquelles il participait, il l'emportait toujours.

A sept ans, on le sépara de cette Mrs. Everest pour le mettre en pension dans un établissement du sud de l'Angleterre. Churchill parlera toujours avec horreur de ces années-là. Il jurait que la pension était digne des romans de Dickens et que l'on y battait les enfants jusqu'à ce que le sang jaillisse. Il y passa deux ans, suppliant que ses parents le tirent de ce bagne. De guerre lasse, on le plaça dans une école de Brighton où il sombra dans une morne apathie. Une pneumonie double le sauva. Quand on fut certain qu'il allait mieux, on décida de ne pas l'envoyer à Eton où tous les membres de sa famille avaient étudié, mais à Harrow, à cause du bon air. On ne peut pas dire qu'il s'y montra un élève brillant.

Il haïssait le latin, détestait le grec. Pour la société à laquelle il appartenait, une telle répugnance n'offrait alors aucun caractère de gravité. Ce qui lui suscita en revanche une réprobation extrême, c'est quand on s'aperçut qu'il n'aimait pas non plus le cricket. Il fut un bon nageur, ce qui sur le plan mondain ne lui apporta rien, cet exercice étant considéré comme vulgaire. Comme il se sentait peu aimé de ses condisciples, il devint agressif et arrogant. Du coup, on parla de l'impopularité du jeune Winston Churchill. On comprend que Churchill se soit souvenu des écoles qu'il avait traversées comme « de la période stérile et malheureuse de sa vie ». Le seul fait d'apprendre quelque chose dans un livre l'ennuyait à mourir.

Tout à coup, cet horizon va changer totalement. Son père, remarquant qu'il jouait volontiers avec ses soldats de plomb, a cru découvrir dans ce goût la marque d'une vocation militaire. Il a décidé que son fils entrerait à l'école de Sandhurst, l'équivalent de notre Saint-Cyr. Par deux fois, Winston échoue. Mais les examinateurs ne peuvent oublier que Lord Randolph Churchill a été chancelier de l'Echiquier et que le grand-père du candidat est duc. On finit par trouver ses notes suffisantes. A dix-neuf ans, il fait son entrée à l'Ecole militaire.

Miracle : non seulement Winston s'intéresse aux études que l'on suit à Sandhurst, mais il se passionne pour elles. Tout le séduit : l'équitation, la vie en commun, les manœuvres, la chasse. Deux ans plus tard, il sort de Sandhurst 8e sur 150. Il est nommé sous-lieutenant au 4e régiment de hussards et crie son enthousiasme : « Le monde s'ouvrait devant moi, écrira-t-il, comme la caverne d'Aladin. » Une grande tristesse au milieu de cette joie : la mort de son père, disparu prématurément à l'âge de quarante-six ans.

Le jeune officier Winston Churchill n'a qu'une envie : faire la guerre. N'est-ce pas à cela qu'on l'a formé ? Malheureusement, en 1895, l'Angleterre est en paix avec la terre entière. Sur son empire, elle étend cette fameuse *Pax Britannica* que le reste du monde lui envie.

Alors, Winston attend avec impatience son congé annuel. A condition d'être *gentlemen*, les officiers bénéficient de cinq mois de congé par an. Bien sûr, il a une idée derrière la tête, Winston. Il vient de découvrir qu'il y a tout de même une guerre quelque part. Les habitants de Cuba, qui vivent sous la loi espagnole, se sont mis en tête d'obtenir leur indépendance. Les Espagnols ne sont pas prêts à y consentir. Entre occupés et occupants, on se bat. Pour Winston Churchill, c'est une aubaine ! A peine a-t-il obtenu son congé qu'il s'embarque pour Cuba. Il va, dans la jungle, aux environs d'Arroyo Blanco, y recevoir le baptême du feu. Vêtu de son uniforme de hussard anglais, il charge cependant que les balles sifflent autour de lui ! Telles furent, cette année-là, les vacances de Winston.

A peine a-t-il regagné son régiment qu'il apprend – ô bonheur ! – qu'on l'a désigné pour l'armée des Indes. Aux Indes, en ce temps-là, pour un Anglais, tout est gloire, puissance, richesse. Le 4e Hussards est cantonné à Bengalore, dans le Maïsour. Un simple lieutenant comme Churchill dispose d'une villa avec une écurie de polo, il est servi par un maître d'hôtel, une nuée de valets, de servantes et de grooms. Sa solde y suffit. Pour ses menus plaisirs, sa famille lui expédie chaque année 500 livres sterling. Une seule ombre au tableau : même en cherchant bien, on ne trouve pas la perspective d'une seule guerre dans la région. Winston se défoule en devenant de première force au polo. Surtout, il découvre la lecture, s'exalte à lire l'*Histoire d'Angleterre*, de Macaulay aussi bien que le chef-d'œuvre de Gibbon : *Histoire de la décadence et de la chute de l'Empire romain*. Par hasard, il tombe sur un *Recueil des citations usuelles* dont il apprend une ou plusieurs pages par jour. Plus tard, quand il émaillera ses discours de références littéraires ou historiques, ce qui lui procurera la réputation flatteuse d'un homme de grande culture, il le devra au recueil découvert par hasard à Bengalore.

D'autres que lui se seraient enchantés de telles délices. Bengalore se trouve à plus de 915 mètres d'altitude, le climat y est si doux qu'il évoque à certains le paradis sur terre. Au bout de quelques mois, ce paradis-là lui est pourtant devenu insupportable. Pourquoi ? Parce que l'on ne s'y bat pas ! Par chance, il apprend que, sur la frontière nord-ouest de l'Inde, à 3 000 kilomètres de là, des combats ont éclaté. Dès lors, il ne pense plus qu'à la manière dont il pourra s'y rendre. Le 4e Hussards n'est nullement destiné à marcher vers la frontière afghane. Qu'à cela ne tienne ! Churchill demande une nouvelle permission, se fait désigner comme correspondant de guerre par un journal d'Allahabad, le *Pioneer* et se dirige tout droit vers la zone des combats. Théoriquement, il ne devrait qu'observer, retenir, prendre des notes pour rédiger, le soir, les articles attendus par son journal. Inimaginable, pour lui, une telle passivité ! Il se mêle à tous les combats que livre le corps expéditionnaire britannique et montre une telle fougue qu'un jour il manque être abattu d'un coup de cimeterre. Il prend tant de goût à cette guerre qu'il parvient à se faire détacher officiellement au 31e régiment d'infanterie du Pendjab. Désormais, il est de toutes les actions, surtout les plus périlleuses. Non seulement il ne les évite pas, mais il les recherche.

Dès qu'il le peut, il jette sur le papier le récit de ce qu'il a vu ou accompli. Le *Pioneer* d'Allahabad, comme convenu, publie sa prose. Mais les articles sont si vivants que le *Daily Telegraph* de Londres va les reprendre. Quand la campagne s'achève, Winston refond complètement ses articles, et les réunit en un livre, le premier de ceux qu'il publiera : *Avec le corps expéditionnaire du Malakand*. A Londres, dès sa sortie en librairie, l'ouvrage remporte un joli succès. Le prince de Galles lui-même adresse à l'auteur quelques lignes de félicitations. Mis en goût, Churchill va écrire en deux mois *Savrola* qui sera son premier roman et restera le seul. L'action se déroule dans une république imaginaire, la Ruritanie. On y trouve un morceau de bravoure : le passage, par une flotte de combat, d'un détroit qui n'est pas sans analogie avec les Dardanelles. Certes, le style manque encore de personnalité, mais tout amateur de littérature peut déjà discerner dans cette prose la patte d'un véritable écrivain. Un magazine de Londres va publier *Savrola*, qui rapportera au jeune auteur 700 livres sterling, cinq fois sa solde annuelle ! Ce qui ne l'empêchera pas de déclarer plus tard :

— J'ai toujours vivement déconseillé à mes amis de lire *Savrola*.

C'est le temps où se prépare en Egypte une expédition militaire qui doit venger la mort du général Gordon. Sous les ordres du général Herbert Kitchener, une armée anglo-égyptienne de 20 000 hommes a été constituée. Elle doit remonter la vallée du Nil pour attaquer le califat du Soudan.

Une nouvelle guerre ! Nous avons déjà compris que Churchill brûle de s'y trouver mêlé. Il adresse dans ce sens une supplique à Kitchener qui refuse tout net : il n'a que faire d'un lieutenant qui se pique de littérature. D'ailleurs Kitchener reproche à Churchill d'avoir émis dans son livre sur l'expédition du Malakand un certain nombre de critiques – plutôt acerbes – sur les conceptions du haut commandement. Churchill ne s'avoue pas battu. Il sollicite une nouvelle permission, l'obtient, part pour l'Angleterre et, secondé par sa mère, liée avec tout le monde politique, assiège littéralement le War Office. Ce harcèlement porte ses fruits. De guerre lasse, on veut bien le détacher en surnombre au 21e régiment de lanciers qui doit faire partie de l'expédition du Nil. Toutefois, on lui signifie qu'il se rendra en Egypte à ses frais. Bien mieux, s'il est blessé, il ne devra compter sur aucune pension.

Churchill a dû hausser les épaules. Au même moment, il vient de signer un contrat avec le *Morning Post* qui l'a accepté comme correspondant de guerre, s'engageant à lui verser 15 livres pour chacun de ses articles.

C'est en amont de la première cataracte qu'il va rejoindre le 21e Lanciers. Pendant trois semaines, au milieu de ses nouveaux camarades, il s'avance vers le sud. Quand on apprend, le 1er septembre 1898, devant la ville soudanaise d'Omdurman, qu'une armée considérable s'est rassemblée non loin de là, c'est Churchill que le général Kitchener – apparemment sans rancune – désigne pour aller en reconnaissance. Son rapport est clair et net : en face, se trouve une armée de 60 000 hommes, celle des fameux derviches. Winston écrira : « Parlez-moi d'une jubilation ! à cheval, à portée de fusil d'une armée ennemie et en liaison personnelle avec le Quartier général ! Qui dit mieux ? » De ce combat, Alan Moorehead affirmera que la charge du 21e Lanciers a suffi à le faire entrer dans l'histoire : « Ce fut la dernière charge de cavalerie avant l'avènement des mitrailleuses. Ce fut, dans l'histoire militaire du XIXe siècle, l'ultime épanouissement d'une tradition, celle de la cavalerie légère dans la guerre de Crimée, celle des cavaliers de

Waterloo. » Trois cents cavaliers anglais, lances brandies, vont se ruer contre plusieurs milliers de derviches. Churchill charge au plein de la mêlée, un pistolet à la main : s'étant démis une épaule peu de temps avant l'attaque, il est incapable de tenir une lance. Quand les Anglais se replient, ils ont perdu près du quart de leurs cavaliers et 120 chevaux. L'ennemi ne compte que 40 ou 50 morts. Winston, lui, a échappé de justesse à un coup d'épieu. Toute la journée, on se battra. Le soir, les cadavres de 20 000 Soudanais témoigneront de l'ardeur des combats. Le Soudan est devenu britannique. Seul, le commandant Marchand osera, à Fachoda, contester la conquête britannique. On le forcera vite à amener son drapeau. Longtemps, Fachoda pèsera, entre la France et la Grande-Bretagne, comme un souvenir de haine et de colère. Comme si le destin avait choisi d'accorder toutes les grâces à Winston Churchill, futur artisan d'une nouvelle amitié franco-britannique, son nom ne pourra pas être associé à celui de Fachoda : il aura alors été renvoyé en Angleterre avec le 21e Lanciers, et déjà se sera mis à écrire le récit de la campagne à laquelle il vient de participer. Le livre, *La Guerre le long du fleuve*, va, dès sa sortie en librairie, remporter un immense succès. Il faut reconnaître que les pages décrivant la fameuse charge des lanciers évoquent un morceau d'anthologie. Pour l'Anglais moyen qu'exalte la toute-puissance de son pays, le livre de ce Winston Churchill se présente à l'unisson de cette ivresse. En quelques jours, son nom est sur toutes les lèvres. Les salons mondains s'arrachent « ce jeune Churchill ».

Dans l'armée, la réaction du commandement apparaît assez différente. On trouve que ce lieutenant, décidément, fait trop de bruit. Il est rappelé aux Indes. Derechef il s'y ennuie. Il décide de clore dignement sa carrière de joueur de polo. Dans un match opposant deux régiments, il marque en finale trois des buts gagnants. Après quoi, il donne sa démission d'officier. On l'accepte avec empressement.

Ce qui a pesé dans sa décision, ce sont ses succès littéraires. Il s'est rendu compte que sa plume pouvait lui rapporter beaucoup. Or la question d'argent lui pose, depuis la mort de son père, un problème sérieux. La société britannique demeure régie par le droit d'aînesse. L'immense fortune des Marlborough doit revenir à l'aîné. Winston n'est pas même un cadet, il n'est que le fils d'un cadet. Sa mère s'est remariée avec un officier sans fortune. Elle traverse de telles difficultés financières que c'est à Winston, désormais, de l'aider. On connaît une lettre de lui qui, sur ce point, dit tout : « Ci-inclus un chèque de 300 livres. Cela, dans un certain sens, vous revient, car je n'aurais jamais pu les gagner si vous ne m'aviez transmis l'esprit et l'énergie nécessaires*. » Certes, une carrière toute trouvée peut s'offrir à lui : celle de la politique. Son père a laissé un grand souvenir à la Chambre des Communes. Pourquoi ne pas en bénéficier ? Un siège est vacant, celui d'Oldham, dans le Lancashire. Il se présente, bien entendu comme conservateur – et il est battu. Il faut dire qu'il n'a pas encore vingt-cinq ans. Il prend fort bien son échec, d'autant qu'un nouveau projet l'agite beaucoup plus : on se bat en Afrique du Sud. Si l'on se bat, il doit y être. Il se fait désigner par le *Morning Post* comme correspondant de guerre.

En octobre 1899, les républiques du Transvaal et de l'Orange ont adressé au gouvernement anglais une pro-

---

* Randolph S. Churchill : *Churchill.* Tome II (1969). Traduit par Denise Van Moppès.

testation très vive : les deux Etats indépendants formés de colons d'origine surtout néerlandaise – les Boers – se trouvent depuis des années en butte à des incursions et à des attentats de toutes sortes fomentés à leurs frontières par d'autres colons, ceux-là britanniques, installés au Natal et au cap de Bonne-Espérance. Depuis la découverte de mines d'or en Afrique du Sud, des aventuriers sont accourus d'Angleterre et les conflits se multiplient. La protestation boer apparaît parfaitement légitime. Mais le gouvernement britannique voit là une occasion idéale d'agrandir ses possessions en Afrique du Sud. Il répond par une déclaration de guerre.

Nul en Angleterre ne se pose de problèmes de conscience. Si aux Etats-Unis, en Allemagne et en France on parle d'agression, tout Anglais digne de ce nom juge la cause impériale sainte et sacrée. En cela Churchill se montre parfaitement anglais. Sur le bateau, il ne ressent qu'une crainte, arriver après la bataille. Chacun est sûr, en Angleterre, que les armées de Sa Majesté vont écraser ces misérables Boers en quelques jours. Ces paysans n'ont ni armée, ni uniformes, ni armes modernes. On n'en fera qu'une bouchée. Erreur : à son arrivée au Cap, en novembre 1899, Churchill apprend que les Boers ont littéralement écrasé les « habits rouges ». Même, ils ont envahi le Natal et mis le siège devant Ladysmith, une importante place forte.

En tant que journaliste, Churchill est totalement maître de ses déplacements. Puisque l'épicentre de l'affrontement se situe à Ladysmith, il décide de s'y rendre sur-le-champ. Justement, un train blindé doit tenter de joindre la place forte. Churchill saute dans l'un des wagons de ce train. Mauvaise idée : dans la zone des combats, les Boers ont miné la voie ferrée. La locomotive déclenche une explosion, le train déraille. Une nuée de Boers surgissent de partout cependant qu'un feu nourri attend les Anglais. C'est une hécatombe. Winston aperçoit, tout près de là, une rivière. Il s'y jette, comptant la traverser à la nage. On l'a vu, on le poursuit. Un officier ennemi le tient en joue. Impossible de riposter, Winston est sans arme. Inutile de risquer sa vie pour rien : il se rend. L'officier boer s'appelle Louis Botha. Bientôt il commandera en chef l'armée du Transvaal, ce qui ne l'empêchera pas, plus tard, de devenir le général Sir Louis Botha, Premier Ministre du Dominion britannique d'Afrique du Sud.

Churchill est incarcéré à Pretoria. A peine la porte de sa cellule s'est-elle refermée sur lui qu'il a décidé de s'évader. Il se confie à deux compagnons de captivité. Ils préparent ensemble leur fuite. On demandera à se rendre aux latrines. De là, on se glissera vers le mur qui entoure la prison improvisée, une école en temps de paix, et qui n'est pas bien haut. L'instant venu, les deux autres renoncent. Churchill seul franchit le mur. Pour toute provision, il ne possède que quelques biscuits et quatre barres de chocolat. Il parvient jusqu'à une gare, saute dans un wagon de marchandises, s'y cache pendant un jour et une nuit, cependant que le train roule vers une destination inconnue. Lors d'un arrêt, une chance inouïe – cette chance qui ne cessera d'escorter Winston Churchill – lui fait rencontrer l'un des seuls Anglais qui soit resté, depuis la guerre, sur le territoire boer. Ce compatriote va le cacher dans un autre train, entre plusieurs balles de laine.

Au petit jour, le train s'ébranle. Son complice lui a remis, racontera-t-il, un revolver et ses munitions et aussi « deux poulets rôtis, quelques tranches de viande, une miche de pain, un melon et trois bouteilles de thé froid* ». Pour

* Jean Améry : *Winston S. Churchill. Un siècle d'histoire* (1965).

vérifier le trajet parcouru par le train, Winston a appris par cœur la liste entière des stations. Pendant toute la journée, on traverse le Transvaal dans la direction est. A la nuit venue, on a effectué la moitié du parcours. Le train s'arrête. Churchill se rend compte qu'on l'a remisé sur une voie de garage. Nouvelles alarmes : « Combien de temps allions-nous rester sur cette voie de garage ? Selon les circonstances, cela pouvait durer des jours, mais en tout cas jusqu'au lendemain… Je voulais dormir. Il me paraissait impossible de rester continuellement éveillé. Mais si je dormais, je pouvais ronfler ! Et si je ronflais pendant l'arrêt du train sur la voie de garage, on m'entendrait. Et si l'on m'entendait ! C'est pourquoi je décidai qu'il valait mieux rester éveillé, et pourtant peu après, je tombai dans une douce somnolence dont je ne sortis que le lendemain matin, réveillé par les à-coups du train au moment où une locomotive lui fut accrochée. »

On roule toute la journée du lendemain. Nouvel arrêt la nuit suivante. Enfin, quand le jour se lève de nouveau, il aperçoit à travers les interstices du wagon l'inscription *Resana Garcia* sur un panneau de la gare où l'on vient de s'arrêter. Sur le quai, il reconnaît les casquettes d'employés portugais en uniforme. Il a gagné ! « Je retins toute explosion de joie jusqu'à ce que le train se mît à nouveau en mouvement. Puis, alors que nous roulions à grand bruit, je sortis ma tête de la bâche et chantai, hurlai et criai aussi fort que je pus. La joie et la reconnaissance étaient si fortes que deux ou trois coups partirent de mon revolver comme un feu de joie. Aucune de ces bêtises n'eut de conséquence fâcheuse. » Redevenu libre, il apprendra que le gouvernement du Transvaal avait promis une prime de 25 livres à qui ramènerait, mort ou vif, Winston Churchill, « Anglais, vingt-cinq ans, taille : 1,70 mètre environ, signe distinctif :

néant ; marche le dos voûté, teint pâle, cheveux brun roux, moustache petite, à peine visible, parle du nez, ne peut prononcer correctement les s ».

Sans perdre une minute, il rédige le récit de son évasion qu'il câble au *Morning Post*, assaisonnant sa relation de critiques impitoyables sur la façon dont la guerre est conduite. Toute l'Angleterre va lire ce récit. On est humilié par les défaites subies. L'évasion réussie de Winston vient à point pour quelque peu panser la blessure. Toute la presse britannique s'en fait l'écho. Le voilà promu au rang de héros national. Lui s'est déjà embarqué pour Le Cap.

Il se fait inscrire, avec son grade, dans un régiment de cavalerie composé d'irréguliers. Un jour il se bat, coiffé d'un chapeau à large bord orné de plumes de coq ; le lendemain il écrit.

Impossible d'énumérer tous ses exploits pour lesquels la témérité le dispute parfois à l'inconscience : ainsi traverse-t-il à bicyclette la ville de Johannesburg encore aux mains de l'ennemi ! Beaucoup de ses camarades trouvent la mort dans les combats du Veldt. Son plus jeune frère, John, est blessé. Lui qui s'expose plus que quiconque sort indemne de tout. La chance, toujours, incroyable !

Pour les Boers, la roue a tourné. L'Angleterre a acheminé en Afrique du Sud tant de troupes, et des meilleures, que la petite armée boer, le 27 février 1900, doit reconnaître sa défaite. Ladysmith est débloquée. Pretoria, la capitale du Transvaal, tombe. Puisque la guerre va s'achever, Winston ne voit aucune raison de rester en Afrique du Sud. Il repart pour Londres et y parvient au moment précis où de nouvelles élections vont être organisées. Pourquoi ne pas affronter les électeurs d'Oldham ? Il ne pouvait être pour lui de meilleure introduction que sa célébrité toute neuve.

C'est le cas. Sa campagne électorale se mue en triomphe. Il est élu avec 222 voix de majorité.

En attendant d'aller siéger à la Chambre des Communes, il part pour une tournée de conférences à travers l'Angleterre. Le sujet ? Bien entendu ses propres exploits. Pour une seule conférence à Liverpool il touche 300 livres sterling. Si l'on y ajoute ce que lui ont valu ses articles et les droits d'auteur que lui procurera son livre, on découvre que la campagne d'Afrique du Sud de Winston Churchill lui a rapporté 4 500 livres. Ebahis par tant de succès, les Américains l'appellent. Nouvelle tournée de conférences pour laquelle il empoche cette fois 10 000 livres sterling. Le tout pratiquement sans impôts. La vie est belle.

Quand il fait ses débuts à la Chambre des Communes, le 18 février 1901, la reine Victoria est morte vingt-huit jours plus tôt. Son fils vient de monter sur le trône sous le nom d'Edouard VII. Ce jour-là, dans la salle néo-gothique et rectangulaire où, au palais de Westminster, siège la Chambre des Communes, on discute des termes de l'« humble adresse » qui doit être présentée au nouveau roi en réponse au « gracieux discours » inaugural que lui-même a prononcé. Que l'on n'imagine pas des propos de simple routine. La guerre qui s'achève a soulevé de nombreuses critiques, surtout dans les rangs libéraux. On a jugé peu digne du bon renom britannique l'incarcération de civils boers dans des camps appelés « de reconcentration » où la mort a accompli d'effrayants ravages. La moitié des enfants emprisonnés avec leurs parents sont passés de vie à trépas. Certes, on est en voie d'obtenir la victoire mais n'est-ce pas au prix du déshonneur ? Un orateur libéral particulièrement virulent vient de stigmatiser l'incapacité du ministère conservateur : un Gallois du nom de Lloyd George.

Est-il étonnant que ce soit parmi les rangs des conservateurs qu'un jeune député, à 10 heures du soir, tienne à demander la parole ? Il est « roux de chevelure, son visage imberbe et poupin est encadré par les pointes rabattues d'un vaste faux col, sa courte stature amplifiée par une redingote aux longs revers de soie* ». L'assemblée a fait silence. Le seul fait qu'il s'agisse du fils de Randolph Churchill suffirait à susciter l'intérêt de l'assemblée tout entière. Mais chacun a lu les articles ou les livres qu'il a publiés. Donc, l'attention redouble. Winston le sait, il est ému. En prononçant les premières phrases d'un discours appris par cœur, il bégaye. Vite il se reprend. Il parle de la guerre. On se bat encore, là-bas. D'évidence, il faut remporter une victoire définitive. Mais, dès qu'on l'aura obtenue, il faudra traiter les Boers non comme des vaincus, mais comme des gens dignes de respect. Il ne craint pas de s'écrier :

— Si j'étais un Boer combattant – car, si j'étais Boer, je serais sûrement combattant…

Phrase qui suscite des murmures de réprobation. Mais, quand il s'assied, on l'applaudit. Joseph Chamberlain, dont l'autorité aux Communes est indiscutée, déclare :

— Nous verrons peut-être le père revivre en la personne du fils.

La vie d'aventure de Winston Churchill est achevée. Sa carrière de parlementaire commence. La relater dans le détail reviendrait à retracer toute l'histoire de la Grande-Bretagne pendant un demi-siècle. Le comte Winterton, témoin des débuts de Churchill aux Communes, a souligné son impopularité. On lui reprochait trop d'agressivité et, soupçonnait-on, trop d'ambition. Ce qui choquait, c'est que ce député conservateur attaquait sans cesse son propre

---

* Jacques Chastenet : *op. cit.*

parti. En fait, ses idées profondes le rapprochaient des libéraux. Il les rejoignit en mai 1904, sous les sarcasmes de ses anciens amis. Leur vindicte devint de la haine quand ils surent que le néophyte libéral venait d'être nommé sous-secrétaire d'Etat aux Colonies. On stigmatisa son arrivisme, on l'appela renégat. Volontiers, on déclarait que ce Churchill était « le personnage le plus honni de la Chambre des Communes ».

Voilà une constante dans la vie de Winston Churchill : nul plus que lui ne polarisa à la fois l'admiration et la haine. Sans cela, aurait-il été Churchill ?

A l'âge de trente ans, il publie une *Vie de Lord Randolph*, son père, et l'œuvre se révèle si remarquable, d'un ton si élevé, que ses ennemis eux-mêmes applaudissent. Les critiques littéraires soulignent partout la beauté du style de l'ouvrage.

Il a rencontré, au cours d'une campagne électorale, la fille du colonel Henry Hozier, Clémentine. Fort belle, elle avait onze ans de moins que lui. Passionnée de littérature, elle avait achevé ses études à la Sorbonne. Elle n'avait aucune fortune, mais ce n'était pas le genre de Winston de courir les dots. Le mariage, célébré à St. Margaret, à Westminster, fut un des grands événements mondains de l'année 1908. De cette union vont naître un fils et trois filles. La dernière ligne des *Souvenirs de jeunesse* de Winston résume tout cela en une phrase éloquente : « Je me mariai et désormais je vécus heureux. »

C'est le temps où les libéraux déclenchent une campagne ardente contre la suprématie des Lords. Ceux-ci, solidement établis dans leur propre Chambre, arrêtent tous les projets de réforme sociale que les Communes votent. Lloyd George, devenu chancelier de l'Echiquier, veut les frapper dans ce qu'ils ont de plus précieux, leur patrimoine. Il veut établir un impôt progressif sur le revenu et augmenter considérablement les droits de succession. Churchill, petit-fils d'un duc, est le premier à attaquer les ducs. Il dénonce « leur entêtement à conserver le privilège d'un luxe vulgaire qui ne leur procure aucune véritable joie ». Suscitant les rires, il s'écrie :

— Ces créatures ornementales sont comme les poissons rouges ; elles foncent sur tous les hameçons et les pêcher constitue un médiocre sport.

Après de tels propos, on conçoit que, si Churchill s'est vu quasiment mettre au ban de sa propre classe, il ait vite conquis l'amitié des milieux populaires. Argument important en politique. Cette popularité, il la soigne d'ailleurs comme il convient. Il envoie à l'avance le texte de ses discours aux journaux et les fait suivre sans vergogne de la mention : *applaudissements prolongés*. S'étant un jour trompé de coiffure, il remarque que le chapeau trop exigu qu'il a porté ce jour-là a inspiré les caricaturistes. Délibérément, il ne portera plus que des chapeaux trop petits. Il y a du metteur en scène chez Churchill. Mais c'est lui-même qu'il dirige : ses nœuds papillon formeront une part non négligeable de sa silhouette. Et plus tard, l'énorme cigare toujours brandi. Et enfin l'invention géniale du V de la victoire avec deux doigts.

L'année de son mariage, il est devenu ministre du Commerce et, sous l'impulsion du fougueux Lloyd George, il fera passer des lois d'une grande importance comme celles concernant la retraite des vieillards, l'assurance-maladie, les commissions paritaires destinées à fixer les salaires et les conditions de travail. Il contribue à limiter le droit de veto des Lords. Pour sa caste, Winston Churchill est devenu une manière de révolutionnaire.

En 1910, il est ministre de l'Intérieur. Un ministère qui, dans tous les pays, se révèle la pierre d'achoppement des hommes de gauche. Précisément, il doit faire face à d'âpres grèves des mineurs, des dockers et des cheminots. Pour assurer l'ordre, il envoie partout des forces de police auxquelles il a prescrit de ne pas verser le sang, mais d'agir sans indulgence. D'un seul coup, sa popularité auprès des masses s'effondre. On oublie les lois sociales qu'il a fait voter. On ne veut plus se souvenir que de la répression. Il n'en a cure. Deux anarchistes munis d'un arsenal formidable s'étant retranchés dans une maison de Sidney Street, le ministre Churchill donne lui-même l'assaut à la tête de la police. Dans l'opération, les deux anarchistes trouvent la mort. Nouvelles critiques acerbes. Là aussi, on veut oublier qu'il a amélioré les conditions de captivité dans les prisons.

Il a trente-sept ans, en 1911, lorsqu'il passe du ministère de l'Intérieur à l'Amirauté. Dès le premier jour, le public va comprendre que, s'il est une fonction qui convienne à Winston Churchill, c'est bien celle de Premier Lord de l'Amirauté. La flotte allemande a considérablement accru le nombre de ses unités. Guillaume II se montre de plus en plus arrogant. Le but de Churchill, c'est, en cas de guerre, de faire en sorte que la Marine britannique demeure invincible. Il y parvient, crée dès 1913 l'Aéronavale et fait mettre en chantier les premiers chars d'assaut. Quand la guerre éclate, les dispositions prises par lui permettent au corps expéditionnaire de gagner la France sans que les Allemands puissent s'y opposer à aucun moment. Quand Dunkerque est menacé, il s'y fait conduire et participe en personne à l'attaque du flanc gauche de l'armée allemande. Anvers est en danger ? Il s'enferme dans la ville et organise la résistance.

La guerre s'enlise. De part et d'autre, les armées se sont enfouies dans leurs tranchées. Des offensives sporadiques aboutissent à des hécatombes sans que de réels succès en découlent. L'imaginatif Churchill va se trouver à l'origine de l'une des plus audacieuses initiatives de la guerre. La Turquie est devenue l'alliée de l'Allemagne et de l'Autriche. Churchill estime qu'il faut aller la battre chez elle. On franchira donc les Dardanelles – opération que les marines anglaise et française doivent réussir – pour parvenir à Constantinople, écraser l'armée turque et, s'alliant avec les pays balkaniques, frapper l'ennemi au cœur de l'Europe. Stratégie de visionnaire en vérité, pour la réussite de laquelle Churchill plaide avec tant de fougue qu'il convainc successivement les hauts commandements britannique et français. En fait, malgré des prodiges d'héroïsme, l'opération des Dardanelles sera un échec. On en fera porter la responsabilité à Churchill qui devra quitter l'Amirauté.

Nul mieux que Ashmead-Bartlett, grand journaliste, n'a peint le Churchill déchu de ce temps-là. Provisoirement, avant que ne soit prêt le nouvel appartement qu'il faisait aménager, il résidait encore à l'Amirauté. « Winston errait dans ce palais qu'il habitait encore par la seule tolérance de Mr. Balfour ; tête baissée, congestionné, les mains derrière le dos, il prenait un livre ici, une lettre là, y jetait un coup d'œil puis les rejetait, incapable de penser à autre chose qu'à la campagne des Dardanelles. Le luxe des pièces, les journaux officiels semblaient le narguer. Le vestibule désert, où résonnait naguère la voix des admirateurs, des flatteurs et des arrivistes, ne lui renvoyait plus maintenant que sa propre voix. C'était l'image parfaite du ministre déchu. Une fois encore, il s'écria dans le silence de la nuit : “Ils n'ont jamais été jusqu'au bout ! Ils n'ont jamais mis franchement mes projets à l'épreuve !” »

On lui a proposé le poste de chancelier du duché de Lancastre, en quelque sorte une aumône. Il répète : « Je suis un homme fini. » Il démissionne. Après tout, il est officier. Il demande à être envoyé dans les tranchées. Le voici, avec la tenue kaki, le baudrier de cuir fauve, les lourdes bottes, au quartier général de Sir John French. On lui a conféré le grade de major. Il est détaché dans un bataillon de grenadiers de la Garde. Quand il se présente au lieutenant-colonel commandant le bataillon, celui-ci lance sans aménité :

— Je crois devoir vous dire que nous n'avons pas été du tout consultés au sujet de votre intention de vous joindre à nous.

Charmant. Il ne faudra que quelques jours à Churchill pour conquérir l'estime et l'amitié de ses camarades. Bientôt, le général Douglas Haig le nomme lieutenant-colonel et lui attribue le commandement du 6e bataillon de fusiliers écossais. Pendant six mois, il ne quitte plus, dans le secteur d'Hazebrouck, la boue des tranchées flamandes. Jamais les fusiliers écossais n'auront connu de chef aussi dynamique, aussi efficace. Peu à peu, dans cet enfer, il retrouve paradoxalement sa sérénité.

A Londres on juge que la pénitence a assez duré. A-t-on le droit de se priver d'une compétence aussi établie que la sienne ? Lloyd George lui propose le ministère de l'Armement. Il accepte. A ce nouveau poste, il va faire merveille. Il s'y meut comme un poisson dans l'eau. Lui qui avait discerné l'utilité des premiers tanks, il donne à leur fabrication un élan immense. Le 20 novembre 1917, à Cambrai, 378 de ces tanks attaquent et brisent la défense allemande sur un front de neuf kilomètres. Résultat : 10 000 prisonniers. L'aviation lui doit aussi un essor considérable. Il tient à expérimenter lui-même les appareils. Chaque matin, il est très tôt à son ministère afin d'en avoir fini à midi avec la « paperasse ». L'après-midi, il vole au-dessus de la France afin de suivre sans intermédiaire la situation sur le front. Dans la soirée, il est de retour à son bureau où il continue la tâche commencée. Songeons à ce qu'étaient les aéroplanes en 1918 : un jour, son avion prend feu au-dessus de la Manche ; un autre appareil capote au décollage ; un avion qu'il pilote lui-même s'écrase d'une hauteur de trente mètres sur l'aérodrome de Croydon. Des débris, on voit sortir un ministre fort content de lui. Deux heures plus tard, il prononce à la Chambre des Communes l'un de ses plus brillants discours. Il a quarante-quatre ans.

Après la guerre, on le trouve ministre de la Guerre puis ministre des Colonies. Conseillé par le fameux Lawrence, il joue un rôle actif dans la création du royaume d'Irak. Il envoie 8 000 hommes en Russie contre les Rouges. Mais quand il préconise d'intervenir dans le conflit qui oppose Grecs et Turcs, il soulève un tollé général. Les conservateurs s'écrient que décidément l'Angleterre ne peut se faire « le gendarme du monde ». La coalition des conservateurs et des libéraux vole en éclats. On procède à des élections qui donnent aux conservateurs une majorité imposante. Churchill perd son siège. Il vient d'être opéré de l'appendicite. Il constate non sans mélancolie qu'il se retrouve « sans poste, sans siège, sans parti et sans appendice ».

Depuis quelque temps, il voit monter avec inquiétude l'influence du Labour Party. La haine qu'il porte aux communistes – pour lui, Lénine n'est rien d'autre que le diable – le conduit à un amalgame fort injuste mais auquel il croit profondément : communistes et travaillistes sont à mettre dans le même sac. Il n'a plus que des liens assez lâches avec le parti libéral et il a même tenté, en vain, de former un parti centriste. Pour faire face aux progrès du Labour, il estime que seuls les conservateurs sont de force. Il réintègre donc les rangs de son parti d'origine. Au cours des deux années suivantes, il se présente deux fois aux élections et il est battu deux fois. Les électeurs l'ont accueilli aux cris de « Dardanelles, Dardanelles ! ». En Grande-Bretagne, on n'aime guère ceux qui changent de camp. On l'invective, on lui lance au visage qu'il a retourné sa veste. En 1924 seulement la circonscription d'Epping, dans l'Essex, l'élit député sur un programme conservateur.

D'emblée, le nouveau Premier Ministre Stanley Baldwin le nomme chancelier de l'Echiquier. C'est un cadeau empoisonné. Jamais la situation financière de la Grande-Bretagne n'a été aussi critique. Le retour à l'étalon-or se révèle une catastrophe. Une diminution des salaires entraîne une grève générale qui jette le pays au bord du gouffre. Tous se mettent d'accord pour condamner la politique économique de Churchill. Dans la nouvelle coalition formée, en 1931, entre Baldwin et MacDonald, Churchill ne figurera pas. L'Angleterre des années 1930 regarde avec méfiance le trublion qu'est devenu à ses yeux Winston Churchill. Entre Baldwin qui rassure et Churchill qui inquiète, les Anglais ont choisi Baldwin. On répète que Churchill n'est décidément plus ministrable, qu'il a laissé passer sa chance. Ses interventions aux Communes amusent par leur originalité fracassante, rien de plus.

Puisqu'on ne veut plus de lui, il écrit. Dans les quatre volumes de la *Crise mondiale*, il raconte la Première Guerre mondiale : un très grand succès qui se traduit par 40 000 livres de droits d'auteur investis dans le manoir de Chartwell, la demeure de ses vieux jours. Il publiera encore *Mes débuts dans la vie*, livre charmant dans lequel il évoque son enfance et sa jeunesse. Il se fait historien en écrivant la vie de son ancêtre Marlborough. Depuis quelque temps, il peint. Peu à peu, ce goût devient une passion. Quand il se déplace, il emporte désormais toujours chevalet, toiles et pinceaux.

Il est devenu l'un de ces personnages bougons et cocasses que l'on retrouve à toutes les étapes de l'histoire anglaise. L'évolution quasi fatale de l'Inde vers l'autonomie le rend furieux. C'est à cette époque qu'il critique violemment ce M. Gandhi, « ce juriste séditieux de Middle Temple » qui « se donnait maintenant des airs de fakir ou de ce type d'homme bien connu en Orient montant à demi-nu les marches du palais du vice-roi ». Il croira défaillir lorsque le même Gandhi viendra à Londres dans la même tenue gravir cette fois les marches du palais du roi.

Il ne craindra pas de se faire paladin quand éclatera le scandale des amours du nouveau souverain, Edouard VIII, et d'une Américaine, Mrs. Simpson. Il a toujours été l'ami du prince de Galles. Va-t-il l'abandonner maintenant qu'il est roi ? Alors que tout le monde politique déserte la cause d'Edouard, Churchill se bat pour lui. Il lui donne les meilleurs conseils que le roi ait reçus en cette triste période. Le vieux lion estime que nul n'a le droit de priver un homme de son bonheur, cet homme-là fût-il roi. Rien de plus émouvant que ce combat solitaire au cours duquel Churchill se montre vraiment grand. Mais que peut-il faire contre *l'establishment*, contre la tradition incarnée avec une solennité identique par Stanley Baldwin et l'archevêque de Canterbury ? Winston y perd ce qui pouvait lui rester de popularité.

Depuis que, voyageant en Allemagne, il a découvert ce qu'était le nazisme à ses débuts, il a une bête noire : Hitler. Quand celui-ci réoccupe en 1936 la Rhénanie, quand la Grande-Bretagne refuse d'intervenir auprès de la France pour obtenir le simple respect des traités, Churchill proteste, presque seul. Il réclame sans cesse que l'on s'arme. A la tribune, il donne des chiffres sur l'effort de réarmement allemand. Baldwin lui apporte la contradiction. Or les chiffres de Churchill sont vrais, ceux de M. Baldwin sont faux. Et c'est M. Baldwin que l'on croit. Jouer le rôle de Cassandre n'est pas une tâche facile. On ne s'y fait que des ennemis et on n'y gagne que des coups. Déjà, l'été de 1935, la future duchesse de Windsor avait rencontré Churchill à une réception. Ce soir-là, un journaliste américain, H. R. Knickerbocker, parlait d'abondance. Il revenait d'Union soviétique et vantait les progrès accomplis par les bolcheviks. Assis à côté de la jeune femme, bien carré dans son fauteuil, le vieil homme d'Etat écoutait en silence. Tout à coup, il n'y tint plus, « il bombarda Knickerbocker de paroles cinglantes pleines de logique et d'ironie, violente diatribe digne de ses plus beaux discours au Parlement ». Un peu plus tard, il allait s'expliquer auprès de Wallis :

— Voyez-vous Mrs. Simpson, depuis que je ne suis plus à la tête du parti conservateur, il m'arrive rarement de pouvoir me déchaîner ainsi. C'est la première fois, cette année, que Clemmie et moi sommes invités à une grande réception*.

Quand la Grande-Bretagne et la France s'inclinent à Munich devant le diktat d'Hitler, quand le peuple britannique comme le peuple français manifestent le même « lâche soulagement », Churchill crie son amertume :

— Ne croyez pas que ce soit la fin. C'est seulement le commencement d'un règlement de compte. C'est seulement

* Duchesse de Windsor : *Mémoires*, 1956. « Clemmie » est le nom que, dans l'intimité, il donnait à son épouse.

la première gorgée, l'avant-goût d'une coupe amère qu'il nous sera donné de boire jour après jour, à moins que, par un relèvement suprême, nous ne recouvrions notre santé morale et notre volonté de combattre ; à moins que nous ne nous redressions à nouveau et que nous défendions notre liberté comme par le passé.

Onze mois seulement de répit et l'avenir lui donne raison. Hitler, après avoir envahi entièrement cette Tchécoslovaquie à laquelle il venait d'accorder sa garantie, attaque la Pologne. C'est la guerre. Le Premier Ministre Chamberlain n'hésite pas : il invite Churchill à entrer dans le ministère comme Premier Lord de l'Amirauté. Est-ce une revanche ? Winston ne le prend pas ainsi. Mais il se réjouit quand il apprend que, sur tous les bateaux qui, dans le monde, arborent le pavillon britannique, on a répété : *Winston est de retour.* Il a soixante-cinq ans.

Il faudra attendre l'attaque allemande, le 10 mai 1940, pour que Chamberlain s'efface et que Churchill soit appelé par le roi George VI aux fonctions de Premier Ministre. Il écrira : « J'avais l'impression que je cheminais en compagnie du destin et que toute ma vie passée n'avait été que la préparation de cet instant et de cette épreuve. »

Comment ne pas relire avec émotion les paroles qu'il allait prononcer à la Chambre des Communes, lors de sa première allocution en tant que Premier Ministre :

— Je voudrais dire à la Chambre, comme je l'ai dit à ceux qui se sont joints à ce gouvernement : je n'ai rien à proposer que le sang, le labeur, les larmes et la sueur. Nous avons devant nous de très pénibles épreuves, de longs mois de lutte et de souffrance. Quelle est notre politique ? me direz-vous. Je vous répondrai : c'est de faire la guerre sur mer, sur terre, dans l'air, avec tous les moyens dont nous disposons, avec toute l'énergie que Dieu pourra nous donner. Faire la guerre contre une tyrannie plus monstrueuse que toutes celles qui figurent dans le sombre et lamentable dossier des crimes de l'humanité : voilà notre politique. Et vous me direz : quel est notre but ? Je peux vous répondre d'un mot : victoire, victoire à tout prix, victoire en dépit de la terreur, victoire, si longue et si dure que soit notre route !

Et comment ne pas retrouver la même émotion quand nous l'entendons trois semaines plus tard, après la catastrophe de Dunkerque :

— Nous ne faiblirons pas, nous n'abandonnerons pas la lutte, nous irons jusqu'au bout, nous combattrons en France, nous combattrons sur les mers et sur les océans, nous combattrons dans les airs avec une confiance toujours plus grande, une force sans cesse accrue, nous combattrons sur les terrains d'atterrissage, nous combattrons dans les champs et dans les rues, nous combattrons sur les coteaux ; nous ne nous rendrons jamais !

Désormais, la guerre, c'est Churchill. Face au colosse allemand, il n'a à opposer que la fragilité britannique. Pourtant, à l'automne de 1940, la RAF remporte dans le ciel anglais sa première victoire. L'année 1941 ne sera, en revanche, marquée que par des défaites, en Grèce, en Crète, en Afrique du Nord, en Extrême-Orient. Le vieux lion tient bon. Il a associé les travaillistes au gouvernement. Plus question de rivalités politiques. Pour triompher de Hitler et de ses complices, il exige l'union de tous les Britanniques. Il conduit lui-même les opérations militaires. Les commandants des trois armes ne reçoivent leurs ordres que de lui. Hitler, en envahissant l'URSS, a lui-même procuré à la Grande-Bretagne un allié inespéré. En attaquant à Pearl Harbor, le Japon lui fait don d'un autre : les Etats-Unis. Dès lors, Churchill se prodigue. On le voit à Washington aussi bien qu'à Moscou. Il est à l'origine des grandes conférences internationales, plaide, persuade, supplie quand il le faut. Entre Roosevelt et Staline, il est le lien indispensable. Il rassemble les énergies exilées à Londres, donne vie à la France Libre du général de Gaulle, encourage Tchang Kai-chek à la résistance, est sans cesse en rapport avec les dominions. Avec cela une lucidité redoutable. Dès le premier jour, il sait quelles sont les ambitions de Staline. Comme il faut gagner la guerre, il balaie l'objection :

— Si Hitler envahissait l'enfer, je ferais pour le moins une allusion au diable à la Chambre des Communes !

Les victoires ont succédé aux défaites. Rommel a été battu en Afrique du Nord. Les débarquements au Maroc, en Algérie, en Sicile, en Italie ont réussi. Pendant ce temps, tout part de Churchill et tout revient à Churchill. Il réside tantôt au 10 Downing Street, tantôt – surtout pendant les week-ends – aux Chequers. Chaque matin, il se fait éveiller à 8 heures, travaille dans son lit pendant deux heures, entouré d'un bataillon de secrétaires. Au milieu de la matinée, il se lève, prend un bain, s'habille, reçoit les visiteurs qui ont demandé audience ou qu'il a appelés auprès de lui. Après le déjeuner, il fait sa sieste. Son garde du corps, Thompson, raconte : « Il se déshabillait presque entièrement et se couchait ainsi dans le courant de l'après-midi ou au début de la soirée. Il se mettait sur les yeux un bandeau de satin noir. Cela faisait partie de mes fonctions d'en avoir toujours un sur moi, où que nous fussions. Plusieurs fois, sur la route, il lui arriva de s'adosser dans le fond de la voiture, le bandeau de satin sur les yeux et de dormir paisiblement la tête sur la poitrine. Quand il allait se coucher l'après-midi, à peine avait-il pris contact avec l'oreiller qu'il s'endormait*. »

Après la sieste, Churchill prend son second bain de la journée. Il est frais et dispos pour travailler de nouveau avec ses collaborateurs ou recevoir de nouveaux visiteurs. Quand il se trouve aux Chequers, il a toujours, le soir, plusieurs invités à sa table. Il les convie ensuite à voir un film dans sa salle de projection personnelle. Il manifeste une prédilection toute particulière pour les Marx Brothers. Quand la lumière se rallume, il entame de longues conversations qui peuvent durer jusqu'à 3 heures du matin. A cette heure-là les idées lui viennent par dizaines. Roosevelt disait : « Il avait au moins une centaine d'idées par jour dont quatre étaient bonnes. » Pour mener une telle existence, il faut une excellente santé. C'est le cas pour Churchill. Pendant ces années de guerre, il ne sera malade qu'une fois : une pneumonie en décembre 1943, à son retour de la conférence de Téhéran. Son point faible, décidément : n'avait-il pas souffert d'une maladie identique dans son enfance ? On le soigne aux sulfamides et il guérit.

Nul n'a su si bien œuvrer pour maintenir le moral d'un peuple. Chaque fois qu'il prend la parole à la radio, tous les hommes et toutes les femmes de langue anglaise se mettent à l'écoute et croient entendre un père. D'ailleurs, c'est comme un père qu'il est aimé. Parler de popularité se révèle totalement inexact. La vérité est que l'on s'est mis à l'idolâtrer. Quand il paraît, les yeux se mouillent de larmes. Il lève son chapeau, écarte ses doigts en forme de V, allume un cigare et chaque Anglais, chaque Anglaise voudrait le prendre dans ses bras. Pour les autres peuples aussi, il est devenu un symbole. Il n'est pas un seul Français

---

* W. H. Thompson : *Churchill par son ombre* (1952).

qui, l'ayant entendu nous parler dans notre langue durant la nuit de l'Occupation, ait pu l'oublier.

A Yalta, la rouerie de Staline, la faiblesse d'un Roosevelt gravement malade le mettent en difficulté : il ne pourra empêcher l'immoral « partage du monde ».

Peu après la capitulation allemande du 8 mai 1945, l'ultime conférence au sommet va se tenir à Potsdam. Autour de la table ronde viennent s'asseoir Staline, Churchill et Truman qui remplace Roosevelt décédé depuis peu. Au même moment, en Grande-Bretagne, on procède à des élections. Les résultats parviennent à Potsdam : les travaillistes ont gagné, Churchill n'est plus Premier Ministre. Tel est le merci que lui adresse son peuple pour avoir gagné la guerre.

Il dira à son médecin, Lord Moran :

— Charles, il est inutile de prétendre que je ne suis pas durement frappé. Je ne m'habituerai jamais à ne rien faire pendant tout le reste de ma vie. Il aurait mieux valu disparaître dans un accident d'avion ou mourir comme Roosevelt. Quand j'ai quitté Potsdam, Joé (Staline) a fait ce qu'il a voulu. La frontière occidentale des Russes a avancé, en déplaçant encore 8 millions de pauvres diables. Je m'y serais opposé et les Américains m'auraient soutenu. J'ai des accès de dépression. Vous savez à quel point mes journées étaient remplies ; maintenant, tout est fini. Je me couche à midi. Pourquoi resterais-je debout* ?

Cet accès dépressif dure peu. Il retrouve toute son énergie pour s'opposer catégoriquement à une tournée triomphale à travers les villes britanniques :

— Je me refuse à être exhibé comme un taureau dont le succès reposerait sur ses seuls exploits passés !

---

* Lord Moran : *Mémoires* (1966).

Pour parler de son adversaire heureux, le travailliste Clement Attlee, il trouve des formules percutantes :

— L'autre jour, un taxi vide s'est arrêté devant le 10 Downing Street. M. Attlee en est descendu.

Décidément, il a gardé toutes ses dents, le vieux lion. Le 5 mars 1946, il reçoit au Westminster College de Fulton, dans le Missouri, le titre de docteur *honoris causa.* Il prononce un grand discours dont la portée est considérablement amplifiée par la présence, ce jour-là, de Truman :

— De la Baltique à l'Adriatique, de Stettin à Trieste, un rideau de fer s'est abattu sur le Continent. Derrière cette ligne, toutes les capitales des anciens Etats d'Europe centrale et orientale, Varsovie, Berlin, Prague, Vienne, Budapest, Belgrade, Bucarest et Sofia, toutes ces illustres villes, toutes les populations qui gravitent autour d'elles appartiennent à ce que je dois appeler la sphère soviétique et sont toutes soumises, en quelque sorte, non seulement à l'influence soviétique mais au contrôle souverain de Moscou qui, à bien des égards, se renforce de jour en jour…

Non seulement il existe toujours, mais il donne l'impression d'être de plus en plus écouté. On cachera soigneusement qu'il a été frappé, en 1949, d'une hémorragie cérébrale dont il s'est remis avec une rapidité étonnante. Et voici que lui, qui croyait achevée sa carrière politique, va revenir au pouvoir ! En 1951, les travaillistes perdent les élections. Comme le veut la tradition parlementaire anglaise, le roi appelle aussitôt le vieux Winston aux fonctions de Premier Ministre. En 1953, les journaux annoncent qu'il souffre d'une « légère indisposition ». En fait, il s'agit d'une seconde hémorragie cérébrale. Nul, à part le proche entourage, ne l'a su. Le 30 novembre 1954, jour de ses quatre-vingts ans, Lord Moran note dans son journal : « Exploit remarquable pour un homme qui a mené la vie à sa guise. Un superbe mépris du bon sens a marqué son pèlerinage terrestre. Il a toujours fait ce qu'il voulait faire sans se préoccuper des conséquences. Et maintenant il peut dire qu'il a eu sa part du festin de la vie et qu'il ne lui en reste plus que des miettes. Sa survie ne peut s'expliquer que par sa merveilleuse constitution. Sa faculté d'adaptation aux circonstances est certainement exceptionnelle : ainsi, par exemple, il est indifférent au froid et à la chaleur ; il n'a guère connu la fatigue du corps et de l'esprit qu'après soixante-dix ans, et chaque fois qu'il a passé la nuit à travailler, à festoyer ou à s'amuser, il s'est toujours réveillé le matin avec la joie au cœur et une faim dévorante au petit déjeuner. »

Il a renoncé à ses fonctions de Premier Ministre. Sir Anthony Eden lui succède. Commence maintenant ce que Lord Moran appellera « un long adieu ».

Sa dernière obsession : les Etats-Unis d'Europe. Il a beaucoup entrepris pour faire entrer l'Allemagne dans la communauté des peuples libres. Il voyage, est accueilli partout comme le plus grand homme de son temps. Il peint. A Chartwell, les toiles s'accumulent. Il ne les vend jamais, mais en fait cadeau à ses amis. Les années passent. Le corps s'affaiblit. Hélas, aussi l'esprit. En mars 1960, il est l'hôte d'Onassis sur son yacht. Lord Moran l'accompagne et note : « Onze années se sont écoulées depuis l'été de 1949 où Winston a été averti qu'il fallait dire adieu aux affaires du monde. Au cours de ces années, sa circulation cérébrale avait été affectée bien des fois : le grand âge, qui est toujours une affliction, était devenu pour lui une source de frustrations et, comme il le disait lui-même, un faible substitut de la vie. Le journal que j'ai tenu pendant ces années – cinq d'entre elles pendant sa retraite – n'est guère qu'un triste compte rendu des progrès de sa décrépitude, une série de lamentations sur la disparition de ses facultés. »

Il n'a rien vu de l'ultime transformation de ce pays qu'il a tant aimé. Tout au long de sa vie, il a gardé au fond de lui-même quelque chose de victorien. Comment aurait-il pu comprendre l'Angleterre des Beatles ? Il avait dit un jour :

— Mes goûts sont simples. Je me contente de ce qu'il y a de meilleur.

Dans l'Angleterre née de l'après-guerre, il valait mieux ne pas dire des choses de ce genre. Le jour de ses quatre-vingt-dix ans, les Londoniens se sont assemblés devant sa maison. Ils ont attendu longtemps. Enfin, ils ont vu apparaître la silhouette affaissée d'un grand vieillard qui vacillait. Les photographes ont opéré. Sur les images publiées le lendemain, les Anglais, saisis, ont constaté qu'il n'y avait plus de vie dans les yeux du grand Winnie.

Ses funérailles ont été célébrées le 30 janvier 1965. Au lendemain de la victoire, il avait refusé du roi George VI le titre de duc. Mais il a souhaité les obsèques d'un roi. Minutieusement, il en a tracé le rituel dans son testament. Il sera obéi en tout point. Avec la reine et la famille royale, un peuple entier lui rendra hommage à Westminster Hall, à la cathédrale Saint-Paul, sur la Tamise jusqu'au port de Londres, de la gare de Waterloo jusqu'à ce Blenheim où il était né et où il a choisi de dormir pour l'éternité.

Il avait dit : « Nous ne nous rendrons jamais. » Et Charles de Gaulle avait jugé : « Dans le plus grand drame, il était le plus grand. »

V

La tragédie de Louis Renault

Une femme vient de franchir la porte principale de la prison de Fresnes. Elle est grande, belle, encore jeune. Elle a exhibé au poste de garde un laissez-passer parfaitement en règle qui l'autorise à rencontrer son mari, emprisonné, mais hospitalisé à l'infirmerie.

Ce laissez-passer, le piquet de surveillance l'a longuement examiné car, ce 3 octobre 1944, la confiance ne règne guère à Fresnes. Nommé aumônier peu de temps auparavant, l'abbé Jean Popot avait découvert avec quelque étonnement que les FFI et surtout les FTP* étaient en fait maîtres des lieux**.

On a désigné un guide à la femme. Elle s'avance dans les couloirs de la prison. L'odeur âcre, presque insoutenable, la prend à la gorge. Dans les couloirs, elle s'effare à discerner le grouillement d'hommes qui s'agitent en une sorte de mouvement perpétuel, apparemment incohérent ; « on hurlait des noms d'étage en étage »…

Ce qui frappait le plus, dans ce que l'abbé Popot appellera un enfer, c'était la promiscuité dans laquelle vivaient

---

* FFI : Forces françaises de l'Intérieur. FTP : Francs-Tireurs et partisans, rassemblant une majorité de communistes.

** Abbé Jean Popot : *J'étais aumônier à Fresnes* (1962).

ces hommes : « Seuls, comme se plaisait à le souligner le directeur, les ministres, les généraux, les amiraux avaient leur quartier tout en haut du navire et circulaient librement sur la coursive. »

Ces prisonniers-là sont ceux de la Libération. La femme passe au milieu d'eux en feignant de ne pas les voir. On gagne l'infirmerie. Dans l'instant, la femme croit avoir rejoint la Cour des miracles. Certains des captifs qu'elle croise dans les couloirs, ou aperçoit par les portes ouvertes, sont aveugles, d'autres se traînent sur des béquilles, d'autres exhibent des faces horribles labourées par les balles ou les éclats reçus, sous l'uniforme allemand, sur le front de l'Est.

L'homme qui guide la visiteuse s'arrête devant une porte :

— C'est ici.

Devant la cellule, trois civils, armés de mitraillettes, montent la garde. La femme montre son laissez-passer : on lui ouvre la porte. Elle entre.

Dans la pénombre de la pièce où elle le trouve seul, l'homme qui se dresse apparaît sans âge, les cheveux en broussaille, le teint gris, les yeux hagards. La femme se jette dans ses bras. Le prisonnier qu'elle est venue voir est son mari : Louis Renault. Le plus illustre des industriels français, le créateur d'un empire. Il n'a que soixante-sept ans mais évoque l'image d'un vieillard. Christiane se penche vers lui et, à voix basse :

— Courage, Louis. Les avocats espèrent te faire sortir dans sept ou huit jours.

Il la regarde. Et à son tour il chuchote :

— Trop tard… M'auront tué avant… C'est la nuit qu'ils viennent.

Il ajoute :

— Apporte-moi du riz... peux rien manger d'autre...

Aucun autre échange entre les deux époux. Brutalement les trois gardiens en civil interrompent la conversation. L'un d'eux signifie à Christiane que la visite a assez duré et que, de toute façon, on n'a pas le droit de parler à voix basse.

Quand Mme Louis Renault reviendra le lendemain, avec une nouvelle autorisation de visite dûment signée par le juge d'instruction, elle trouvera la porte close.

Les mêmes civils lui lanceront en ricanant :

— Tu le verras plus. Il est au secret.

Christiane éclatera :

— Dites tout de suite que vous l'avez tué !

Quarante-huit heures après seulement, elle apprendra que son mari, « devenu fou », a été évacué vers un asile psychiatrique. Le dimanche 8 octobre, elle obtient de le rencontrer à Ville-Evrard. Atterrée, elle le trouve incapable de prononcer rien d'autre que des paroles sans suite. Il tremble. Sur son visage se lit de l'épouvante. Quand il aperçoit des policiers dans le couloir, il se cache la tête. Il montre sa nuque et son dos. Il répète :

— J'ai mal... J'ai mal...

Elle ne pourra pas le revoir avant trois jours. Son mari gît sur un lit, sans connaissance : Christiane exige une consultation. Le professeur Marion conclut à la nécessité de transporter d'urgence Louis Renault dans une clinique de son choix. Le juge d'instruction Martin obtempère. Mais ce n'est que le 17 octobre que l'ordre de transfert parvient à Ville-Evrard. Quand Louis Renault, le même jour, arrive à 12 h 30 à la clinique Saint-Jean-de-Dieu, rue Oudinot, il est dans le coma. Le soir même, il reçoit l'extrême-onction.

Pendant six jours, Louis Renault va se débattre contre la mort. D'affreux spasmes le secouent. Il est toujours inconscient.

Dans l'après-midi du 23 octobre, il ouvre les yeux, montre qu'il a reconnu à son chevet le fidèle Clément, son valet de chambre. Il grimace un sourire, tente de parler, n'y parvient pas. Ce qui sort de sa bouche, c'est un gargouillis incompréhensible. Clément se penche et entend alors :

— L'usine…

Ce sera sa dernière parole. Le 24 au matin il expire.

Ainsi, devant la mort, il aura dit : *l'usine*. Ce mot résume à lui seul la tragédie de Louis Renault. Peut-être fallait-il à cette vie d'exception précisément une fin d'exception. Rien n'avait jamais été banal chez Louis Renault. Délibérément il avait choisi de vivre dans un paroxysme. Sa réussite allait bien au-delà de toutes les autres réussites. Aujourd'hui, sa chute se révélait à la mesure de l'ascension. Tout cela autour d'une seule idée, d'un seul mot : *l'usine*.

A la fin du siècle dernier, Billancourt était un village. La Seine y coulait limpide. On s'y baignait l'été avec de grands cris de joie. Le dimanche, c'était un lieu de promenade. On y venait par le bateau.

Au milieu des platanes et des herbes folles, des maisons de plaisance s'étaient élevées un peu au hasard, où des familles venaient de Paris passer les fins de semaine, et même les vacances. C'était le cas d'un marchand de tissus, installé place des Victoires, M. Alfred Renault, qui fabriquait aussi des boutons. Un homme à son aise, un père de famille : il avait eu cinq enfants dont il lui restait trois fils. Logiquement, ils devaient vendre un jour des tissus et peut-être donner quelque extension à la petite fabrique de boutons.

Ce n'est pas exactement ce qui allait advenir. Le dernier des fils, Louis, devait se charger d'adresser au destin un fameux pied de nez.

A la fin du dernier siècle s'est exaspéré un machinisme né justement de ce siècle. Ce qui triomphe, c'est la soif d'inventer. Partout dans le monde, des chercheurs construisent des machines qui permettront à l'homme de soulager son effort, de se libérer de la traction animale avant d'en venir à une autre libération : celle de l'attraction terrestre. La jeunesse de cette fin de siècle, comme l'a si bien montré Paul Morand, s'enthousiasme pour cette quête-là*.

A côté de la maison familiale de Billancourt, le jeune Louis a découvert un ferblantier. Attiré par le bruit du métal que l'on frappait et que l'on soudait, le gosse est entré un jour dans l'atelier. Fasciné, il n'a eu de cesse d'être admis par l'artisan. Désormais, il va passer ses dimanches et ses jeudis à travailler le fer. Car Louis est un manuel. Toute sa vie, il aimera plonger ses mains dans le cambouis, limer lui-même une pièce ou en écraser à coup de marteau une autre encore rougie par le feu d'où il l'a tirée.

La machine ! Elle est devenue pour le jeune garçon une véritable hantise. Quand il prend le bateau pour Billancourt, ce n'est pas le paysage qu'il regarde, mais le mouvement du mécanisme à vapeur qui entraîne les roues de l'hélice. Un jour, il va jusqu'à s'introduire en passager clandestin dans le tender d'une locomotive et voyager de la gare Saint-Lazare jusqu'à Rouen ! Découvert, rapatrié, il aura droit à une formidable admonestation paternelle mais il lui reste le souvenir d'heures de bonheur intense. C'est le même Louis qui a installé l'éclairage électrique dans sa chambre, douze années avant que les autres Parisiens ne songent à l'imiter**.

---

* Paul Morand : *1900*.

** Jean Mézerette, « Renault », *Historia* n° 328.

Le grand événement de l'enfance de Louis n'en reste pas moins sa rencontre avec Léon Serpollet. A l'exposition de 1889, Louis a découvert la voiture à vapeur construite par l'inventeur génial. Emerveillé, il s'est fait indiquer l'adresse du constructeur et, dès la classe terminée, il court rue des Cloys, dans le XVIIIe arrondissement. Figé d'admiration, il voit Serpollet, monté sur l'extravagante machine, manœuvrer dans la cour, démarrer, rouler, virer, dans un tintamarre et une fumée qui ajoutent à l'extraordinaire du spectacle. Le lendemain Louis reviendra. Et le surlendemain. Et tous les autres jours.

Il faudra un moment à Serpollet pour s'apercevoir de la présence du gamin. Il le fait venir, lui pose quelques questions et s'aperçoit que le garçon possède de remarquables connaissances en mécanique. Alors, un soir, une question :

— Ça te ferait plaisir d'essayer avec moi ma voiture ?

Un regard en forme d'extase :

— Oh ! oui, m'sieur Serpollet.

Le grand jour est venu. Louis grimpe aux côtés de Serpollet qui a revêtu un bourgeron bleu, coiffé une casquette plate. L'inventeur met en marche, cependant que la vapeur siffle. Direction : boulevard Barbès et la République. Boulevard Beaumarchais, ils sont insultés, traités d'écraseurs. Voici le quai de la Rapée. Serpollet accélère. Louis se dit que sans doute l'homme, depuis qu'il existe, n'a jamais été si vite : trente kilomètres à l'heure ! A ce moment précis, une roue se détache. La voiture, comme si un aimant l'attirait, la suit directement vers le fleuve. Par une chance insigne, un gros tas de sable l'arrêtera avant le plongeon final.

Il faut réparer. Louis donne un sérieux coup de main à M. Serpollet. L'accident a encore ajouté à l'enchantement de la course.

L'ennui est que, à part la mécanique, rien ne l'intéresse à l'école. Un cancre, Louis Renault ! Quand il a vu quelles étaient les dispositions de son fils, M. Alfred Renault a déclaré, péremptoire :

— On lui fera faire Centrale !

Un rêve vite abandonné. La famille comprend que même le baccalauréat restera très loin de la portée de son rejeton. A Condorcet, il désespère ses professeurs. Il ne sait pas ce que c'est que lire un livre, l'Histoire lui demeure indéchiffrable et il demeurera toujours brouillé avec l'orthographe. La mort de son père, quand il a quinze ans, va le délivrer de la hantise des études. Ses frères aînés tâchent tant bien que mal d'obtenir de lui qu'il accepte des leçons particulières mais il n'en fait qu'à sa tête.

Il disparaît des journées entières. Destination : le petit atelier qu'il a construit de ses mains dans le jardin de Billancourt. Toutes ses économies – ou plutôt l'argent que lui avancent ses frères – passent à acheter des machines, des outils, des matières premières. Il n'a pas vingt ans qu'il a déjà construit de ses mains un petit bateau à vapeur. Mieux encore, il a conçu un générateur pour lequel il dépose un brevet. Invention nullement théorique puisque l'industriel Delaunay-Belleville lui achète la licence... et construit le générateur ! Bien mieux, il propose un poste dans son usine à Louis Renault qui accepte avec joie : pour lui cela vaut toutes les Ecoles centrales du monde !

Le service militaire l'arrête dans cet élan. Une année perdue ? Chaudement recommandé, il arrache à ses chefs l'autorisation de prendre une chambre en ville. Là il travaille sur une nouvelle invention qui l'obsède : la prise directe. Depuis Léon Serpollet, l'automobile a fui la vapeur pour choisir l'essence de pétrole. A travers le monde, plusieurs chercheurs ont tâtonné autour du moteur à explosion, parmi lesquels le Français Delamare-Deboutteville. Mais ce sont les Allemands Daimler et Maybach qui ont construit, en 1885, le premier moteur adaptable à un véhicule léger : une moto. En 1889, le premier véritable moteur d'automobile voyait le jour : un moteur Daimler aussitôt monté sur divers véhicules à trois ou quatre roues. Toujours en Allemagne, un mécanicien nommé Benz proposait, dès 1885, un tricycle motorisé. Mais le moteur Daimler était supérieur et, en France, deux fabricants de machines-outils, René Panhard et Emile Levassor, en ont acheté la licence en 1889 à l'Exposition de Paris. La première automobile française, construite par Panhard-Levassor, a vu le jour en 1891 : « Une machine à quatre places en vis-à-vis, à quatre roues en bois inégales – les grandes à l'arrière avec embrayage à friction, changement de vitesse et transmission par chaînes*. » Cette voiture se conduisait à l'aide d'un guidon, et une capote de cuir était censée protéger ses utilisateurs des intempéries.

Bientôt, un fabricant d'outillage, Armand Peugeot, allait s'entendre avec Panhard pour construire, lui aussi, des automobiles à moteur Daimler. Les fabricants s'étaient multipliés. En 1897, époque à laquelle Louis Renault se penche sur le problème de la prise directe, plusieurs dizaines de marques proposent leurs véhicules à une clientèle de plus en plus empressée.

La prise directe, qu'est-ce à dire ? C'est, en gros, « le mécanisme qui doit permettre de transmettre, avec les engrenages, le mouvement du moteur aux roues**. » Toutes les voitures alors en circulation usent d'un véritable arsenal de courroies et de chaînes, nécessaire pour assurer la

* Pierre Rousseau : *Histoire des transports* (1961).
** Jean-Paul Thévenet : *Louis Renault* (1985).

transmission, mais générateur de ruptures catastrophiques et trop fréquentes.

Ayant à peine rendu son uniforme à la caserne de Châlons-sur-Marne, Louis Renault va retrouver avec délices son « atelier » de Billancourt. La prise directe, il l'a inventée en théorie. Ce qu'il veut, maintenant, c'est la tester sur une vraie voiture. Il a acheté d'occasion un tricycle De Dion-Bouton qu'il a entièrement démonté. C'est à partir de ce qu'il en reste, c'est-à-dire une simple carcasse, qu'il a décidé de construire une voiture automobile : *sa* voiture. Rugueux, tendant toutes les forces de son torse musculeux, ne laissant jamais paraître un sourire sur un visage qui, sous les cheveux très noirs, semble taillé à coups de serpe, mâchonnant sa langue quand il s'acharne sur une pièce ou un engrenage, il ne quitte plus la baraque de l'île Seguin et pas davantage son bourgeron bleu d'ouvrier. Il couche là sans songer à ôter le cambouis de ses mains noires, ces mains d'une prodigieuse habileté. Dès l'aube, il est sur pied et travaille jusqu'à la nuit. Tout juste a-t-il engagé un apprenti pour actionner le soufflet de la forge, un gosse dont il encourage la productivité à coups de pied dans le derrière.

Le tricycle va devenir une voiturette à quatre roues. Le changement de vitesse à prise directe est prêt à être mis en place, avec ses trois combinaisons et une marche arrière, avec « les trains de pignons intermédiaires qui tournent tous selon un principe qui va, pendant trente ans, dominer la construction automobile*. »

Pour parvenir au but, il a fallu de l'argent. Son frère Marcel – toujours à la tête, avec Fernand, du négoce paternel – étonné par l'acharnement du cadet, est venu à la rescousse.

---

* Saint-Loup : *Renault de Billancourt* (1955).

Il y croit, Marcel – laid et barbu – à l'avenir de Louis. Il a même fini par en persuader Fernand, l'homme sérieux de la famille. Avec l'argent avancé, Louis peut même recruter un camarade de régiment, Edouard Richet et, un peu plus tard, un adolescent de seize ans, Charles-Edmond Serre. Ce Serre avait fait des études d'apprentissage technique à l'école Colbert et Louis Renault l'avait rencontré chez Durand, façonnier rue Oberkampf, qui taillait les engrenages de sa première boîte de vitesses à prise directe. Il avait remarqué le jeune Serre qui y travaillait comme dessinateur. Louis lui avait expliqué qu'il construisait une voiture nouvelle et demandé s'il voulait travailler avec lui. Tenté, Serre avait réservé sa réponse : il voulait voir. Il s'était rendu à Billancourt et, naïvement, s'adressant aux passants, avait cherché « l'usine Renault ». La découverte de Louis dans sa cabane avait achevé de le conquérir. Comment le jeune Serre aurait-il pu prévoir qu'il serait un jour le directeur général d'une entreprise de 36 000 ouvriers ?

Quelque temps plus tard, le prototype sort de l'atelier. Il s'agit d'une voiturette 3/4 de cheval qui va effectuer des essais prometteurs le long de la Seine. Elle pétarade joyeusement et la prise directe fait merveille. Louis Renault s'enchante à gravir les coteaux de Saint-Cloud et à pousser *sa* voiture jusqu'à 50 km/h. Victoire !

Il est le contraire d'un mondain, Louis Renault mais, fouetté par son succès, il accepte l'invitation de son frère Marcel de réveillonner avec quelques amis, au soir du 24 décembre 1898. A peine est-il assis au milieu des fêtards qu'il se sent mal à l'aise. Sa timidité, dans les rapports sociaux, le paralyse. Vite, il se ferme, se tait, devient hostile. Ce soir-là, Marcel parle de la voiture construite par son frère. Les autres s'en amusent, plaisantent le génie constructeur. Louis se dresse, furieux :

— Eh bien venez voir, au lieu de vous foutre de moi !

On le prend au mot. Dans la nuit froide, chacun des invités s'installe successivement auprès de Louis pour une promenade à travers Paris. Chacun revient enchanté. La dernière virée s'achève à 6 heures du matin. L'enthousiasme est tel que chacun de ces dix jeunes bourgeois, le jour levé, a commandé une voiture à Louis Renault ! Dans la foulée, celui-ci s'est engagé à les fournir un an plus tard, à la fin de 1899. Magnifique, mais comment y parviendra-t-il ? Fabriquer dix voitures en une année, c'est déjà de la production industrielle. Des marques connues sur le marché n'en sortent pas davantage. Il faut acheter des machines, engager des ouvriers. Bref, il faut investir. Louis Renault en est tout à fait incapable.

Ici, de nouveau, entrent en scène les deux frères. Marcel n'a pas hésité, Fernand un peu mais il a été entraîné par Marcel. Le 27 février 1899, les frères aînés créent avec leur argent propre la Société en nom collectif Renault Frères, chacun apportant 30 000 francs et étant gérant. Louis est déclaré responsable de la technique et de la fabrication, il reçoit 500 francs par mois, mais il n'entre pas dans le capital. Bref, il est salarié de Fernand et Marcel. Des bourgeois peuvent-ils faire davantage pour un frère manuel ?

La prise directe est brevetée. Bon gré, mal gré, tous les grands de l'automobile, non seulement en France mais à l'étranger, devront l'adopter et verser des redevances à Louis Renault. Celui-ci a mis la main sur des hangars du Cercle Nautique, plus ou moins abandonnés dans l'île Seguin. Il les a retapés. C'est là qu'une poignée d'ouvriers fabriquent la première Renault. Un pavillon sert de bureau.

Georges Prade, journaliste à *La Vie au Grand Air*, plus curieux que d'autres, fera le voyage de Billancourt pour découvrir la nouvelle marque. Louis, bourru comme toujours, économisant ses mots mais les lâchant en rafales, lui montrera la machine à vapeur de chez Weyer-Richmond qui a coûté 20 000 francs – le tiers du capital de Renault Frères ! Il s'attarde amoureusement près des tours, de la rectifieuse Landis, de la tailleuse d'engrenage, de la forge, de l'établi, du four à cémenter. Prade admire tout haut, mais secrètement pense que tout cela reste bien rudimentaire. Les yeux de Louis – qui comprend tout et vite – lancent un éclair. Il aboie :

— C'est du provisoire, M. Prade...

C'est qu'il voit plus loin, déjà, beaucoup plus loin. En attendant, il mène à la trique ses six compagnons. Il ne les quitte pas un instant, ne tolère aucun relâchement, hurle si l'un d'eux veut souffler. Sans cesse, il met la main à la pâte, ce qui refrène les protestations des ouvriers. Que répondre à un patron qui travaille de ses mains deux fois plus que ses subordonnés ?

Marcel, quittant la place des Victoires, le rejoint chaque soir. Il tient les comptes, enregistre les commandes – il y en a –, reçoit les clients, les retient quand Louis, par son accueil abrupt, les aurait fait fuir.

Le même Georges Prade va donner un conseil précieux à Louis. Il faut faire connaître la nouvelle marque. Pour cela, l'engager dans l'une de ces courses de vitesse qui électrisent les foules : en 1895, Paris-Bordeaux-Paris ; en 1896, Paris-Marseille-Paris ; en 1898, Paris-Amsterdam-Paris. On a chanté les marques victorieuses avec les trompettes de la renommée.

Louis s'en ouvre à Marcel qui se rembrunit. Il faudrait engager des conducteurs. Cela coûterait trop cher. Louis a secoué sa tignasse noire et hurlé qu'il n'en était pas question. On mettra deux voitures en course et les conducteurs sont tout désignés : Marcel et Louis Renault !

Cinq mois plus tard, le 19 octobre 1899, sur la course Paris-Rambouillet et retour, Louis Renault remporte le premier prix, couvrant en 2 h 49 les cent kilomètres du parcours.

Désormais, les frères Renault s'inscrivent systématiquement dans toutes les courses – et gagnent. Au troisième Bordeaux-Paris, pour lequel s'affrontent toutes les grandes marques et les meilleurs champions du volant, Louis arrive premier et Marcel second. En tête du palmarès, la Renault, dans Paris-Trouville, Paris-Ostende, le concours de Vincennes ! Tout cela n'est pas sans risque. Dans Paris-Toulouse, Louis heurte de plein fouet un char portant des futailles. Il est projeté, la tête en avant, sur le macadam. On le relève inconscient, du sang coulant dans ses cheveux. Il se réveille d'un seul coup et annonce à son frère qui se penche vers lui, bouleversé :

— Après-demain, je prendrai ta voiture !

En 1900, c'est Marcel qui gagne la « course des courses » : Paris-Vienne. Il écrase toutes les grandes marques françaises ou allemandes. Des organisateurs astucieux ont eu l'idée de mettre en compétition des automobiles et le train le plus rapide d'Europe, l'Arlberg-express, Marcel le bat de plus de sept heures !

A Billancourt, on n'en est plus à la voiturette des débuts. C'est sur une 14 CV rouge que Marcel a triomphé. A l'île Seguin, les journalistes affluent – et les commandes. Pour fêter la victoire, on danse et on boit. En tournoyant sous les lampions au bras de leurs femmes ou petites amies, les ouvriers oublient les coups de gueule de M'sieur Renault. Lequel est devenu partie prenante – un tiers du capital – chez Renault Frères. C'est bien le moins.

On abat les platanes, on sacrifie la grande pelouse pour construire des hangars. En 1903, l'entreprise emploie 600 ouvriers et la production dépasse 1 000 voitures, cependant que la surface de l'usine occupe 13 000 m^2.

— Cela n'est qu'un début ! siffle Louis entre ses dents serrées.

Il mise beaucoup sur la course Paris-Madrid. Marcel et lui s'y sont engagés. Ils piloteront, comme d'habitude, chacun une voiture. Ils sont bien décidés à arracher de nouvelles victoires pour faire bondir derechef la marque. Jamais course n'a été si populaire. Jamais les journaux n'ont consacré autant de place et d'hyperboles à une compétition. La France entière vit dans l'attente du départ. A Versailles, le 24 mai à l'aube, des milliers de spectateurs ont accompli le voyage pour assister au départ. Louis démarre le premier. Sa voiture – type 0 – porte le n° 3. Marcel partira loin derrière, avec le n° 63.

Il faut le voir, Louis, la tête enveloppée dans un serre-tête, les yeux écrasés par des lunettes de conducteur de locomotives. A Chartres, il est en tête. A 100 km de Libourne, il sait qu'il est premier au classement général. Derrière, Marcel a, l'un après l'autre, doublé les concurrents qui ont pris le départ avant lui. Depuis Poitiers il talonne la Decauville de Théry, parti en quatrième position. S'il continue à ce train d'enfer, peut-être va-t-il prendre la première place à Louis. Marcel accélère encore, se rapproche de Théry. Son mécanicien Vauthier fait hurler la trompe. Marcel amorce le dépassement. Ça y est, il double ! A ce moment précis, il aperçoit à 150 mètres devant lui un virage à gauche. Pour l'éviter, il faudrait se rabattre vers la voiture de Théry, obliger celle-ci à se déporter. Marcel s'y refuse. Délibérément, il choisit l'herbe du bas-côté. Il ne peut savoir que, dans cette herbe, on a pratiqué une saignée. La roue avant droite de la Renault s'y bloque. La voiture se soulève, roule sur elle-même, retombe. Marcel a été littéralement catapulté de son siège sur la route, ainsi que Vauthier.

Au contrôle de Libourne, on livre à Louis, tout à trac, la nouvelle de l'accident : Marcel a été grièvement blessé à Couhé-Vérac. Son regard se fait plus fixe. Il se raidit et lance à l'adresse de son mécanicien Szisz :

— On y va.

A Bordeaux le télégraphe a joué, annoncé l'accident de Marcel Renault et bien d'autres tragédies : un mécanicien a été tué, et aussi un soldat du 14e de ligne qui assurait le service d'ordre, et encore deux hommes écrasés à la sortie d'Angoulême. On compte cinq blessés graves. C'est devant un contrôle d'arrivée accablé que Louis Renault freine. Un commissaire clame :

— Le concurrent n° 3, Louis Renault, sur Renault Frères, en 5 h 33 min 59 s. Moyenne, 97 km/h. Record battu !

Son frère Fernand s'avance vers lui, très pâle. Un regard de Louis qui est une question. La réponse :

— Oui, c'est très grave.

Et voici Louis qui s'effondre littéralement sur la chaise qu'on lui a apportée. Il suffoque, perd connaissance. Marcel ! Le seul être peut-être qu'il ait aimé jusque-là. A cette force de la nature, on fait respirer des sels, comme à une femmelette. Il se reprend, se dresse, s'élance vers le commissaire :

— Je retire toutes mes voitures de la course !

Il se fait donner une autre automobile, un autre mécanicien. Et repart pour Couhé-Vérac.

Là-bas, on a transporté Marcel dans une ferme. Il respire encore. Près du lit, Louis se fige, crie au médecin :

— Vous allez le sauver, hein ?

L'autre lui répond que Marcel est atteint de plusieurs fractures. La moelle épinière est touchée.

Comme s'il n'avait pas entendu, Louis répète qu'il faut faire venir de Paris les plus grands chirurgiens, les meilleurs spécialistes. Il paiera tout, il paiera très cher. Seul lui répond le silence accablé du médecin. Marcel Renault mourra à l'aube*.

Louis a poussé d'abord un sourd gémissement. Et puis il s'est mis à hurler :

— C'est moi ! Je l'ai tué !

Au pied du lit, il sanglote. Tout à coup, il se jette contre le mur, la tête en avant. A demi assommé, il retombe. Il gémit :

— Je veux mourir…

On se saisit de lui, on l'attache dans un fauteuil. Il hoquette, supplie qu'on lui donne un revolver.

Il faudra que l'on veille sur lui jusqu'à l'arrivée de la famille par les premiers trains du matin. Alors seulement il se laisse emmener. Comme un enfant.

L'enterrement de Marcel se fera à l'usine de Billancourt. Pour Louis, cela va de soi. Il suivra le corbillard les poings fermés. Et derrière lui les six cents ouvriers de l'usine.

La mort du frère a rapproché Fernand de Louis. Il vend le magasin de draps et la fabrique de boutons. L'argent est investi dans l'usine : terrains et machines-outils. Et Fernand, à la tête du service commercial, prend la place de Marcel.

Le chagrin reste mais l'usine ne doit pas en souffrir. Il faut aller de l'avant, toujours. Louis, plus hargneux que jamais, lance :

---

* Le mécanicien Vauthier survivra, mais aura beaucoup de mal à se faire payer par Louis ses mois de convalescence (Saint-Loup : *op. cit.*).

— C'est comme ça. Quand on n'avance pas dans l'industrie, on recule.

De ce côté-là, aucun nuage à l'horizon. Pourtant si. Marcel avait une petite amie. Louis et Fernand la connaissaient bien, cette Suzanne Davenay que l'on appelait Tine et qui venait embrasser Marcel à chaque départ de course en le suppliant de ne pas prendre trop de risques.

— Une petite blonde insignifiante, sifflait Louis.

Mais Tine, en pleurant, a montré à l'un des collaborateurs des Renault un testament par lequel Marcel fait d'elle sa légataire universelle. En une seconde, Louis a tout compris : Tine possède désormais un tiers de l'usine. Elle peut le jour même en demander l'estimation – 5 millions au bas mot – et exiger sa part. Impossible de tirer de la caisse une pareille somme. Impossible de se la faire prêter par les banques ; d'ailleurs Louis ignore les banques. Alors, il faudra vendre. Vendre l'usine !

Dans l'atelier, Louis marche comme un lion en cage. Il se bat contre l'inadmissible. On lui a déjà enlevé son frère, va-t-on lui arracher son usine ?

Cette usine-là, il faut, il faut absolument la sauver. Alors, il se rend chez Tine qui, le recevant, oscille entre les larmes et le rire. Car, pour la première fois de sa vie, Louis se montre aimable. Elle ne l'a jamais vu ainsi et c'est ce qui la fait rire. Elle lui propose du café, il accepte. Une cigarette et, lui qui ne fume jamais, il accepte. Après quoi, posément, il lui parle, lui dit que sa situation le préoccupe. En souvenir de Marcel, il veut faire quelque chose pour elle.

Timidement, la jeune femme parle du testament, va le chercher dans un tiroir, le montre à Louis qui, en le lisant, sent la fureur le gagner : ce cher Marcel était-il fou pour compromettre ainsi l'avenir de l'usine ? Le mot, avec le sang, lui martèle les tempes : l'usine, l'usine, l'usine…

Il se fait tout miel, se tourne vers Tine, s'exclame qu'il n'est pas question de mettre ce testament en doute. Les volontés de Marcel lui sont sacrées. Emue, elle l'écoute mais il paraît accablé, soudain. Toute la fortune de Marcel était dans l'usine, mais qu'est-ce qu'elle vaut, l'usine ? Ces hangars qui tiennent à peine debout, ces machines qui ont tellement tourné qu'un revendeur n'en donnerait que quelques sous. Après tout, ce n'est là que de la ferraille.

— Et qu'est-ce que ça vaut, la ferraille, hein, ma pauvre Tine !

Au tour de Tine d'être accablée. Elle pleure : c'est donc vrai qu'elle n'aura rien pour vivre ? Aussitôt, Louis la rassure :

— Les frères Renault sont là, Tine. Ils ne vous laisseront jamais dans l'ennui !

Sur sa lancée, il lui propose une pension viagère. Oh ! une belle pension : 10 000 francs par an. Et en plus une automobile Renault neuve remplacée tous les ans.

Dix mille francs-or : la somme paraît énorme à la petite, à l'époque où un employé gagne 200 francs par mois. L'idée de l'automobile neuve chaque année l'enchante. Elle accepte. Comme il faut battre le fer quand il est chaud, Louis l'emmène séance tenante chez son notaire. Elle signe l'acte de renonciation. Elle touchera la pension, revalorisée, jusqu'à sa mort, en 1953. Du fait de Louis Renault d'abord, de ses héritiers ensuite.

C'est un Louis transfiguré qui rentre chez lui ce soir-là. Pas un instant la pensée ne lui a traversé l'esprit qu'il a dupé une pauvre fille. Il a sauvé l'usine. Rien d'autre ne compte à ses yeux.

Quand Marcel est mort, il n'avait que trente et un ans – et Louis vingt-six. Grâce à la renonciation de Tine,

Louis Renault, à l'âge où beaucoup de garçons achèvent à peine leurs études, est maître de la moitié d'une puissante industrie. A l'édifier il a consacré toutes ses forces, toute son intelligence, toute sa volonté. En fait, il lui a donné sa vie.

Marcel avait su accorder une part à l'amour. Et Louis ? Depuis l'adolescence, sa sexualité s'est montrée exigeante. Il l'a assouvie avec des filles faciles, recrutées plus souvent sur les trottoirs que dans les salons. Faire la cour à une femme ?

— Pas le temps !

Mme Renault, sa mère, s'afflige souvent :

— Quand te marieras-tu, Louis ?

— Quand l'usine fera travailler cinq mille ouvriers ! Juré !

Maintenant que l'argent est venu – et tout de même plus de loisirs – il choisit un peu mieux ses conquêtes. Toujours des filles faciles, mais d'un niveau plus élevé. Jusqu'au jour où, au volant de l'une de ses voitures, la 8 CV 2 cylindres, il aperçoit sur le boulevard une ravissante jeune femme étendue dans une calèche, parmi un extraordinaire amas de fleurs. Cette « beauté rayonnante » le frappe. Il suit la calèche jusqu'à la gare de l'Est. La jeune femme en descend, accueillie par une véritable cour qui la conduit jusqu'à son train. Ce timide s'enhardit à interroger : qui est-ce ? Son interlocuteur se récrie : comment ne connaît-il pas Jeanne Hatto, l'illustre chanteuse de l'Opéra ? Ignore-t-il qu'elle s'en va donner un récital à Spa ?

Parmi les admirateurs venus saluer le départ de la vedette, Louis reconnaît Gaillard, le directeur de l'Opéra, à qui il a vendu une voiture. Il s'approche, paralysé par le trac et, en balbutiant, lui demande s'il connaît l'adresse de Jeanne Hatto. Le directeur, qui s'amuse, la lui donne.

Quand elle rentrera, la chanteuse trouvera chez elle une invraisemblable montagne de fleurs. Aucune mention de l'envoyeur. Cela continue le lendemain. Et chaque jour. Pas la moindre carte de visite. Chez Jeanne, au bout d'une semaine, la curiosité l'emporte. Elle interroge le fleuriste qui vend la mèche : il s'agit de Louis Renault, le célèbre constructeur d'automobiles.

Prévenu par le même fleuriste, Louis Renault osera frapper à la porte de Jeanne. Elle s'ouvrira toute grande. Si largement qu'il restera.

L'usine va assister à un spectacle nouveau et totalement insolite : Louis Renault est amoureux. Pour la première fois, il reste absent toute une journée. Mais, quand il revient, ce qui passe dans les ateliers, c'est une tornade. Malheur à l'ouvrier qui aura pris quelque retard, malheur à l'équipe qui aura ralenti sa cadence ! Rien n'échappe à Louis, il n'accepte aucune excuse. Dès qu'il a cru discerner un mauvais élément, il le jette dehors.

Mais aussi, il invente. Il dépose en même temps sept brevets de carburateurs, sans compter un nouveau dispositif d'allumage, un amortisseur hydraulique, une bougie démontable. A peine conçues, toutes ces dispositions sont appliquées aux nouveaux modèles Renault.

La production se diversifie. Ses taxis de couleur rouge font fortune. L'Europe et l'Amérique les lui achètent. A Londres, en 1907, roulent 1 100 taxis Renault. En 1909, sur 2 000 taxis circulant dans les rues de New York, plus de 1 000 sortent de chez Renault. Ce sont les voitures Renault qui s'imposent aux Etats-Unis, aux vingt-quatre heures de Morris Park en 1907 et, l'année suivante, aux 100 miles du meeting de Floride.

La production ne cesse d'augmenter. Des chiffres : 71 voiturettes vendues en 1899 ; 1 619 voitures en 1906 ;

4 600 en 1908. On fabrique maintenant des autobus, des camions, des ambulances – et même des moteurs d'avion.

En revanche, Fernand a dû ralentir son activité : il souffre du foie, s'affaiblit de mois en mois. Il doit s'aliter. Les médecins diagnostiquent un abcès. Peut-être est-ce un euphémisme pour dire cancer. Fernand a compris. Louis aussi. Il se présente chez son frère. Certes, il est sincèrement affligé, mais il faut penser à l'usine. Il n'y va pas par quatre chemins :

— Fernand, veux-tu me vendre ta part de l'usine ?

Fernand sourit. Il ne peut en vouloir à Louis parce qu'il est l'un des seuls, peut-être, à comprendre totalement ce qui fait agir son frère. Et puis, il a de jeunes enfants. Il faudrait des années avant que ceux-ci soient en âge de prendre une part de responsabilité auprès de Louis. Et quelle part ? Fernand demande seulement à son frère de formuler une offre.

— Cinq millions, aboie Louis.

Un nouveau sourire sur le visage émacié de Fernand. D'une voix douce, il rappelle que, le mois précédent, des étrangers ont proposé 40 millions pour l'achat de Billancourt.

Louis bondit : sûrement c'étaient des fous. D'ailleurs, on attend toujours qu'ils donnent suite. Fernand sourit toujours. Louis enchaîne :

— Bon. Huit millions. Et en plus un petit intérêt dans l'affaire. Ça va ?

Fernand tend la main à son frère. Il est d'accord. Quand il mourra, quelques mois plus tard, il n'y aura plus qu'un maître à Billancourt : Louis Renault.

Le moteur Renault a fait beaucoup pour le prestige de la marque. Les succès dans les compétitions ont démontré avec éclat sa puissance et sa solidité. Ce qui a implanté définitivement l'affaire dans le monde, c'est aussi une remarquable politique commerciale à l'exportation. Dès 1900 – un an seulement après la sortie de sa première voiture ! – Louis se donnait des agents à Milan, à Zurich, à Vienne, à Berlin, à Londres. Mais aussi à New York, à Chicago, à Buenos Aires. Chaque fois qu'il l'a pu, il a transformé ces agences en filiales. En 1905, est née à Londres la Renault Frères Limited ; en 1906, la Renault Selling Branch aux Etats-Unis ; en 1907, la Renault Automobil AG à Berlin ; en 1909, la Société espagnole des Automobiles Renault à Madrid ; la même année la Ungarische Renault Automobil à Budapest ; en 1914, la Société Roussky Renault à Saint-Pétersbourg avec deux usines en Russie, l'une à Saint-Pétersbourg pour la fabrication des camions, l'autre à Rybinsk sur la Volga pour la production des moteurs d'avion*.

En 1911, Louis Renault voudra aller étudier sur place, aux Etats-Unis, ce système Taylor dont la presse lui rebat les oreilles. Avec ses collaborateurs les plus proches, il court d'Etat en Etat, visite usine sur usine, rencontre longuement Henry Ford – parti comme lui d'un petit atelier pour fonder un empire – et revient si épuisé qu'il faut le conduire au bateau en ambulance ! En tout cas, il a compris. L'industrie européenne ne pourra survivre que si l'on remplace la construction des voitures à l'unité par des chaînes de montage. Il faut de plus introduire dans les ateliers un élément encore inconnu en France : le chronométrage des temps de travail pour la fixation des salaires. Dès son retour des Etats-Unis, Louis Renault applique le chronométrage au quart de ses ateliers. Une réponse immédiate : le 4 décembre 1912, un millier d'ouvriers se mettent en grève. Le lendemain, Louis Renault cède : deux délégués seront élus par atelier pour contrôler les chronométreurs. La grève

* Fernand Picard : *L'Epopée de Renault* (1976).

va reprendre deux mois plus tard. Réplique foudroyante de Louis Renault : il ferme ses ateliers. Il les rouvrira un à un, n'embauchant que des ouvriers soigneusement triés et renvoyant 436 grévistes.

C'en est bien fini de la petite équipe du début, des compagnons qui maugréaient contre ce mal embouché de Louis, mais qui se seraient battus pour lui parce qu'ils l'admiraient. Billancourt occupe maintenant 28 000 m^2 de surface bâtie et produit 10 000 voitures par an. Louis ne connaît plus ses ouvriers et ceux-ci se sont mis à le haïr. Ils répètent :

— On n'est pas des machines mais des hommes !

Un fossé vient de se creuser. Non seulement rien ne viendra le combler, mais il ne cessera de s'élargir.

Quand la guerre éclate, on s'aperçoit qu'aucune mobilisation industrielle n'a été prévue par le haut commandement. Le 5 août 1914, sur les 4 900 ouvriers qui travaillaient aux usines Renault, il n'en reste que 200, non mobilisables. Autant dire que la production va irrémédiablement s'arrêter. Quant à Louis Renault lui-même, il a repris l'uniforme de soldat de 1re classe, avec cette classification : maître ouvrier. Or, dès les premiers jours de combat, les divisions réclament à grands cris du matériel, des armes, des munitions. Bientôt les stocks seront épuisés. Comment les reconstituer si les usines ne tournent plus ?

Non sans humour, dans une lettre à Albert Thomas, Louis Renault, parlant de lui à la troisième personne, évoquera plus tard l'épisode tragicomique qui l'a arraché à son régiment :

« Vers le 8 ou 9 août, Renault a été appelé chez Messimy* qu'il a trouvé dans une agitation très grande, se

* Le ministre de la Guerre.

promenant de long en large dans son cabinet, serrant sa tête entre ses mains et disant : "Il nous faut des obus, il nous faut des obus !" Il envoya Renault chez le colonel Ronneaux qui lui dit : "Des obus ; ah ! c'est maintenant qu'on s'aperçoit qu'il faut des obus ? Mais je n'y peux rien ; cela ne me regarde pas", et le renvoie chez le colonel Mangin. Le colonel Mangin demande : "Vous pouvez faire des obus ?" Renault déclare qu'il ne sait pas, qu'il n'en a pas vu. Le général en prend un sur sa cheminée, le lui montre. "En voilà un ; est-ce de l'embouti ? Mais parbleu, vous voyez bien que c'est de l'embouti". » Les choses en restent là.

« Quelque temps après, Renault est appelé par Millerand à Bordeaux (ordre au soldat Renault) – où le gouvernement s'est replié depuis le 2 septembre – et on l'envoie à Bourges pour étudier la fabrication. Arrivé à Bourges, il voit le colonel Gages qui le reçoit rapidement, debout, en tirant sa montre. Manufacture déserte ; c'était dimanche, la fonderie ne travaillait pas. De plus Renault avait commis la maladresse d'arriver à l'heure de l'apéritif*. »

On reconnaîtra qu'il était temps que cela changeât ! Bientôt la fabrication des obus allait être confiée à des industriels privés, constitués en groupes régionaux. Louis Renault animera le groupe de Paris : sous son impulsion, dix constructeurs d'automobiles, y compris lui-même, vont se reconvertir dans la production d'obus.

Il faut dire que les taxis sortis de Billancourt venaient d'avoir leur jour de gloire : transportant sur le front des réserves indispensables sous l'impulsion de Gallieni, les fameux « taxis de la Marne » avaient contribué à briser net l'offensive allemande.

---

* Lettre du 31 décembre 1918.

Dès 1915, Renault reprend et développe la production des moteurs d'avion. Son moteur 300 CV est produit à 5 300 exemplaires ! Il passe ensuite à la production d'un avion de reconnaissance, l'AR : 1 435 exemplaires livrés. Sans cesse il ouvre de nouveaux ateliers, monte de nouvelles chaînes, installe des machines toujours plus puissantes. Avant la guerre, les machines-outils venaient des Etats-Unis qui se refusent désormais à exporter. Renault construit ses machines lui-même. Tout doit céder devant sa volonté. Il ne s'embarrasse ni de lois ni de règlements. A Billancourt, au grand dam de la municipalité, il barre des rues pour faciliter la circulation de ses véhicules. Comme l'a dit si bien son collaborateur Fernand Picard : « Il appliquait avant la lettre le mot de Georges Clemenceau : “Je fais la guerre”. »

En octobre 1916, le général Estienne convoque Louis Renault. Estienne vient d'être nommé commandant de l'artillerie d'assaut. Il rêve d'un petit char léger et très mobile, conçu pour abriter seulement un conducteur et un mitrailleur, avec un canon de 37 ou une mitrailleuse. Il ne faudrait pas que ce char dépassât 4 tonnes. Louis Renault saute sur l'idée qu'il juge merveilleuse. Il faut la réaliser ! A l'usine, le bureau d'études au grand complet est mobilisé sous la direction d'Edmond Serre. En moins de quatre mois, un prototype est construit. Le 22 février 1917, aux premiers essais, c'est Louis Renault lui-même qui est aux commandes. Las ! le haut commandement n'est pas encore convaincu de la nécessité de ce nouveau char. Ce n'est qu'en présentant sa démission qu'Estienne emportera la décision définitive et la commande à Louis Renault de construire 2 000 chars. Celui-ci va en livrer 1 000 à la fin de mai 1918. Le char FT est plus lourd que prévu, 7 tonnes, mais par rapport à ses prédécesseurs, c'est un modèle de légèreté et de maniabilité.

Long de 4 mètres, large de 1,70 mètre, haut de 2 mètres, il progresse dans un quasi-silence. Doté d'une autonomie de fonctionnement de six à huit heures ou 35 kilomètres, il « peut franchir des tranchées de 1,50 mètre, gravir des pentes de 50 degrés, passer dans 80 centimètres d'eau et démolir des murs de 40 centimètres d'épaisseur. Il se glisse dans les taillis, se défile en manœuvrant et exploitant le terrain contre les pires ennemis* ».

Les trente premiers FT ont été engagés le 28 mai 1918 dans la forêt de Villers-Cotterêts. On utilisera massivement le char Renault du 18 au 23 juillet, lors de l'offensive de Château-Thierry. Ludendorff reconnaîtra que l'utilisation de ces chars a pesé très lourd dans la défaite de ses armées. Le 14 juillet 1919, lors du défilé de la victoire, de l'Etoile à la Concorde, on verra s'avancer, follement acclamés, trois chars Renault.

La paix est revenue. Il faut reconvertir l'industrie de guerre en production civile. Tâche immense que Louis Renault entreprend et réussit. Mais la guerre avait imposé partout la fabrication en chaînes : Louis Renault ne manque pas de la conserver dans la paix, s'attirant de nouveau l'aversion des ouvriers. Il n'a pas changé : toujours aussi intraitable, aussi tyrannique, muré dans sa toute-puissance. Lui qui n'avait jamais été bavard économise plus encore ses paroles. La plupart du temps, ses ordres s'expriment par des grognements. Encore faut-il les comprendre. Quand il a pris une décision, il ne revient jamais en arrière, quand bien même il devrait lui en coûter des millions.

Je tiens de M. André Mouroux un pittoresque témoignage sur le climat que Louis Renault faisait régner dans

* Fernand Picard : *op. cit.*

ses usines : « A cette époque, lorsque Louis Renault faisait une visite dans un atelier, ce qui lui arrivait souvent, tous les gens “en blouse”, les improductifs comme on nous appelait, devaient disparaître ! Il ne voulait voir dans ses ateliers que des gens travaillant manuellement. S’il avait aperçu trop de “blouses” à son gré, il faisait paraître une note pour réduire le nombre de “parasites”. Lorsqu’un jeune entrait en apprentissage à quatorze ans, il passait quelques mois dans un bureau, comme groom, faisant les courses dans toute l’usine, ceci pour lui permettre de se familiariser avec l’ambiance et de connaître tous les ateliers. Un jour, dans un ascenseur, Louis Renault, se trouvant avec un de ces jeunes, lui demande : “Qu’est-ce que tu fais là ?” Et le gosse en s’échappant lui crie : “J’fais comme toi, j’attends 6 heures !” Outré par cette réponse, Renault a définitivement supprimé ces stages de groom, il n’avait pas apprécié l’humour du titi* ! »

« Il n’a pas de cœur », chuchotent ses ouvriers. Au vrai, en a-t-il ? Il a beaucoup aimé Jeanne Hatto, devenue sa compagne. Pour lui plaire – elle aimait la campagne –, il a acheté en Normandie, à Herqueville, un domaine de 2 000 hectares qu’il a fait aménager avec les moyens d’un pharaon. Il l’y conduit chaque fin de semaine sans parvenir à la tirer de son ennui. Elle, que tous les arts passionnent, se plaint que Louis n’ait qu’un sujet de conversation : l’automobile. A plusieurs reprises, il lui demande de l’épouser. Elle semble l’avoir sincèrement aimé, elle a été tentée d’accepter. Au mariage, il met une condition : qu’elle abandonne le théâtre.

Pour toute réponse, elle lance :

— Et si je te demandais d’abandonner l’automobile ?

---

* André Mouroux : *J’ai signé au CO Billancourt. Ce fut un contrat de quarante-deux ans avec Renault.*

Se marier ? Louis y pense. Napoléon, devenu empereur, s'est voulu un héritier. Comment Louis n'aurait-il pas le même comportement ? Il se souvient de sa boutade :

— Je me marierai quand l'usine fera travailler 5 000 ouvriers.

Il en est maintenant à 25 000 !

Louis, qui travaille moins souvent de ses mains, a besoin de se dépenser. Il s'est mis au tennis. Un jour, sur un court, on lui présente une partenaire, Christiane Boulaire. La fille d'un grand notaire parisien, l'héritière de l'une de ces familles bourgeoises qui sont une dynastie : « un corps de courtisane, les membres de Diane et une tête de princesse », selon Saint-Loup qui l'a bien connue. A peine a-t-elle quitté le court qu'il a *décidé* de faire d'elle sa femme. Rentrant au bureau, il annonce sans la moindre hésitation :

— Je vais me marier !

Il demande rendez-vous au notaire, présente sa demande en bonne et due forme. Ebahi, le père lui répond que sa fille est partie pour Dinard et qu'il faudra tout de même la consulter. Louis Renault saute dans sa voiture et se fait conduire à tombeau ouvert jusqu'à Dinard… pour apprendre que l'élue s'est embarquée sur le yacht d'un Américain. Aucune importance, Louis, par radio, exige que le yacht revienne au port. Ce qu'il fait !

Elle est là, devant lui – et il tremble. Cette humilité soudaine fait plus pour conquérir Christiane que l'habituelle tyrannie manifestée par Louis. Elle a l'orgueil de son rang, de son nom, de son intelligence, de sa beauté. Ce que lui offre Louis Renault, c'est la puissance. Elle dit oui. Il faut citer encore ici Saint-Loup, car c'est à lui seul que Christiane s'est confiée :

« Elle n'est pas amoureuse de Louis avec l'élan qui convient à son âge. Le principe de son union avec le maître de Billancourt est plus subtil et profond. D'emblée, elle a reconnu en lui mieux qu'un époux : un complice pour les joies de la chair et les satisfactions de sa volonté de puissance. Elle va s'installer en lui comme la lionne dans l'antre du lion. Louis a presque vingt ans de plus qu'elle, mais à ce stade de la vie, ce désaccord des âges constitue un accord parfait. Il a maintenant quarante et un ans. Il est déjà marqué jusqu'à la monstruosité par les signes évidents de sa puissance, mais le corps reste juvénile, à la fois tissé de muscles durs et servi par des articulations d'une extraordinaire souplesse comme celui des grands fauves. Il n'a pas voulu teindre ses cheveux ni plâtrer ses rides. Il se présente à visage découvert et gagne, car sa jeunesse reste éclatante. Christiane va trouver en Louis la condition première du bonheur pour une femme : la force mâle. Tout de suite, ils seront pleinement satisfaits l'un de l'autre. »

Ils se marient à la mairie d'Herqueville et aussitôt après à la petite église du village. Pas d'invités. Ils se suffisent.

Surprise : Louis se découvre un concurrent qui marque de dangereux points. Il s'appelle André Citroën. Aux antipodes, les deux hommes. Citroën est polytechnicien, Renault a tout appris à l'atelier. Citroën jongle avec des millions que lui prêtent les banques. Renault est l'unique propriétaire de ses usines et se vante de n'avoir jamais rien emprunté à personne. Citroën jette des sommes immenses dans la publicité et défraye la chronique par ses extravagances. Renault a des réflexes de prudence terrienne, il reste l'homme pour qui un sou est un sou. Et puis, lui qui ne va jamais à la messe se sent ultra-catholique quand on lui dit que Citroën est juif.

Ce que Louis Renault ne veut pas comprendre, c'est que le novateur, ce n'est plus lui, mais Citroën. La révolution de l'automobile, Citroën l'accomplira en imposant la traction avant que Louis Renault a refusée. Le maître de Billancourt triomphe quand il apprend que Citroën, ruiné, est chassé de ses usines. Il a tort. Il devrait davantage regarder dans son jardin. De 1928 à 1938, ses usines n'augmentent pas d'une unité leur production : 38 000 voitures. A-t-il oublié ce qu'il répétait naguère ?

— Quand on n'avance pas dans l'industrie, on recule.

Pendant les mêmes années, la production allemande et italienne d'automobiles a doublé. Renault refuse de se laisser impressionner : ne représente-t-il pas 18 % de la production française ? Ce dont, en effet, il a le droit de s'enorgueillir.

Il a totalement annexé l'île Seguin et, sur cette immense surface, a inauguré une chaîne de montage de 1 500 mètres de long. Nul n'a fait mieux en France. Au service de ses usines, il a créé – comme Ford qui, à chacun de ses voyages en France, ne manque pas de venir visiter son *old friend* Louis Renault – ses propres industries de base. Il a acheté l'aciérie d'Hagondange, la plus moderne d'Europe, fondé la Société des Aciers fins de l'Est, créé une société financière et foncière pour l'achat d'usines et de terrains, la DIAC pour la vente de voitures à crédit, etc.

Ses usines occupent une superficie égale à celle de la ville de Chartres. Dès 1932, son chiffre d'affaires dépasse le milliard. Et voici l'extraordinaire : Louis Renault n'a pas de directeur financier. Il demeure un industriel du XIXe siècle. Il lui suffit, à la fin de l'année, que les gains aient dépassé les pertes. Il ne comprend pas qu'en se privant de placements financiers il perd beaucoup d'argent. Une fois prélevé ce dont il a besoin pour lui-même, il investit ce qui reste dans l'usine. Il répète :

— Il faut toujours investir de manière à toujours produire plus, pour abaisser les prix et ainsi supprimer la concurrence.

Là, il voit juste. Mais cela ne suffit plus pour aller de l'avant.

Comment n'aurait-il pas accueilli le Front populaire avec un sentiment qui ressemblait à de l'horreur ? On a posé sur son bureau un exemplaire de *L'Avant-Garde*, journal des Jeunesses communistes. A la première page, il a pu lire un article sur le « Saigneur de Billancourt ». Le ton est donné. Ses usines sont occupées. Il se bat pied à pied, sans comprendre que c'est le siècle qui a changé.

Peut-être aurait-il préféré que les 36 000 ouvriers qui travaillent désormais chez lui saccagent les ateliers, brisent les machines. Cela aurait correspondu à sa propre logique. Au contraire, tout est soigneusement entretenu, protégé. On préserve l'outil de production pour, le jour venu, assurer sa remise en marche. Louis Renault comprend de moins en moins. Les délégués des syndicats lui parlent d'égal à égal. Qu'est-ce que cela veut dire ? N'est-ce pas lui qui a construit de ses mains la première automobile Renault ? N'est-ce pas lui qui a créé Billancourt ? L'usine, n'est-ce pas lui, Louis Renault ?

Les grèves se sont achevées, l'usine s'est remise à produire. Mais Louis Renault ne sera jamais plus le même.

Dans sa vie privée, au moins, est-il heureux ?

Christiane lui a donné un fils, Jean-Louis. Plutôt que de lui faire faire des études, Louis Renault a voulu surtout lui apprendre l'usine. L'adolescent passe de service en service, d'atelier en atelier, mal à l'aise au milieu des ouvriers qui l'appellent ironiquement le « petit prince ».

Sa femme ? Elle s'est peu à peu éloignée de lui. Dans leur hôtel de l'avenue Foch, dans leur domaine d'Herqueville, dans celui des îles Chausey, ils vivent toujours apparemment unis. Christiane respecte ce mari qu'elle admire comme au premier jour. Mais Louis sait que ses pensées – et peut-être son cœur – sont ailleurs. Elle sort souvent avec un jeune écrivain à qui ses aînés prédisent un grand avenir : Drieu la Rochelle. Et même, ensemble, ils iront voyager en Italie. Louis Renault se tait. Briser à la face de tous cette union qu'il a voulue, ce serait reconnaître une défaite. Louis Renault refuse les défaites.

Alors, dans l'immeuble qu'il a fait construire avenue Foch à côté de son hôtel particulier, il se réserve un appartement. Il s'y réfugie quand Drieu la Rochelle rend visite à Christiane. Bientôt les domestiques raconteront qu'il fait venir chez lui une femme à son réveil et une autre le soir :

— Tu te rends compte, à plus de cinquante ans ! Un lion, le patron.

Peut-être, mais un lion blessé. A la veille de la Seconde Guerre mondiale, il retrouvera une manière de paix intérieure lorsqu'il rencontrera une jeune comédienne, Andrée Servilange. La même tactique qu'avec Jeanne Hato : chaque matin, une forêt de fleurs. Et, comme Jeanne, Andrée cède.

Après plus d'un demi-siècle, elle se souvient. Quand on a partagé la vie de Louis Renault, après en avoir cerné toutes les outrances, comment pourrait-on oublier ? Mme Andrée Mesnier Servilange me confie aujourd'hui : « J'ai partagé son existence durant six années, ses dernières années, et ce fut, malgré son égocentrisme forcené, une histoire d'amour. » Les lettres que Louis lui adresse à cette époque de sa vie contiennent en effet des passages étonnamment tendres mêlés à des souhaits qui ressemblent à des ordres implacables. C'est ainsi que Louis a exigé qu'Andrée Servilange engage une procédure en séparation de corps contre André Moreau, le père de sa fille. Il a exigé qu'elle quitte son domicile du boulevard Suchet pour habiter un appartement dans l'hôtel particulier acquis par lui à son intention.

Auparavant, ils se retrouvaient dans la garçonnière de Renault, avenue de Suffren : « Là, Louis me demandait souvent de lui faire la lecture afin de le détendre. "Vois-tu, ce qui compte pour moi, c'est l'accueil", disait-il. Or le premier livre qu'il apporta était *De profundis*, la lettre écrite en prison par Oscar Wilde. Précisant en riant qu'il n'était pas pédéraste pour autant. Je le revois, le pauvre, écoutant avec attention. Cette image me fend le cœur. Curieusement, une seconde œuvre d'Oscar Wilde a suivi, *Les Nuits* de Musset aussi... Puis, conscient de son orthographe défaillante, il désirait faire une dictée. Pas longtemps. Au bout de quelques lignes, il lançait son stylo en riant avec des m... m... m... »

Il a beaucoup vieilli et paraît plus que son âge. Maintenant, il se teint. Ses difficultés d'élocution se sont aggravées. Il n'a jamais été vraiment maître des mots qu'il prononçait. Maintenant ces mots-là butent sur sa langue, sur ses lèvres. On le comprend mal et souvent plus du tout. Ses médecins diagnostiquent un phénomène connu : l'aphasie. Mais n'est-ce pas aussi le signe d'un délabrement plus grave ?

De fait, sa réaction à la déclaration de guerre de septembre 1939 est étrange : il se refuse à arrêter la production des voitures civiles pour lui substituer une production de guerre. Il faut, pour l'y contraindre, que le gouvernement place auprès de lui un délégué, M. Rochette, chargé d'assurer une liaison étroite entre les usines et le ministère de l'Armement. La mauvaise humeur de Louis est devenue de la fureur. Pour se débarrasser de lui, le gouvernement l'a envoyé en mission aux Etats-Unis. Quand il rentrera, le 22 juillet 1940, il trouvera son hôtel de l'avenue Foch occupé par un état-major allemand.

Le plus grave, à ses yeux, n'est pas là. L'usine aussi est occupée. L'usine ! Une délégation allemande est installée dans les bureaux. Le chef, le prince von Urach, est l'ancien représentant à Paris de Daimler-Benz. Rien ne peut plus se faire à Billancourt sans son ordre.

La direction restée sur place s'est déjà heurtée avec ces Allemands. Dès le 28 juin, ceux-ci lui ont demandé de réparer les chars français capturés par la Wehrmacht pendant son offensive. Refus catégorique. Les Allemands n'ont pas insisté.

Sur le bateau qui le ramenait des Etats-Unis et lorsqu'il attendait en zone libre son laissez-passer pour Paris, Louis Renault a vécu des affres dont il n'est pas remis. Les Allemands à Billancourt ! Sûrement, ils allaient embarquer toutes les machines-outils ayant moins de dix ans d'âge ! Il n'en doutait pas car il se disait que, s'il était arrivé vainqueur en Allemagne, il en aurait fait autant chez Daimler-Benz !

A peine à Paris, il s'est précipité à l'usine. Rien n'a été déménagé. Surprise, émerveillement. Le 24 juillet, il rencontre le général Zukertort et un certain Sieburg, spécialiste des chars. Ils insistent : va-t-on enfin réparer les chars Renault ? Le directeur général, l'administrateur délégué ont refusé ces réparations. Mais qu'en pense M. Louis Renault ?

Réparer les chars ? Quelle importance pour Louis dès lors qu'on lui laisse ses machines. Qu'on ne touche pas à *son* usine. Entre ses dents, il bafouille :

— Oui, oui. S'ront réparés vos chars !

Les Allemands s'éloignent, ravis.

La tragédie de Louis Renault a commencé.

L'administrateur délégué, c'est François Lehideux, qui a épousé la fille de Fernand. Un neveu par alliance. Lehideux avait dit non aux Allemands. Et maintenant voici que l'oncle revenu lui donne tort. Il tente de le raisonner, évoque la convention d'armistice qui interdit une telle procédure. C'est un précédent grave que le gouvernement de Vichy n'acceptera pas.

Louis Renault comprend qu'il a fait un pas de clerc. Il part pour Herqueville, laissant ses collaborateurs affirmer aux Allemands que le personnel se refuse à réparer les chars. Les occupants finiront par réquisitionner des ateliers extérieurs à l'usine pour assurer la remise en état de ces blindés.

Quand Renault revient, il croit que tout est rentré dans l'ordre. Il annonce que l'on payera désormais les agents de maîtrise à l'heure. On lui rappelle qu'il a signé les conventions collectives. Il crie que ça, c'était en 1936 ! Heureusement, maintenant, il y a de l'ordre en France. Chez Renault, on rétablira l'éventail des salaires, comme avant.

Peu à peu, les ouvriers, rentrés d'exode, ont repris leur place à l'atelier. Croit-on que les nouvelles décisions de Louis Renault vont le faire aimer davantage de son personnel ?

A Vichy, on a conscience que Louis Renault exagère. Le ministre Bouthillier et le général Weygand font dire au Maréchal par Ménétrel, son filleul et son médecin, qu'il faudrait prendre des mesures pour éloigner Renault de Billancourt.

— Pourquoi ? interroge le vieux soldat.

— On trouve qu'il est trop vieux.

— Quel âge a-t-il ? demande le Maréchal qui vient d'avoir quatre-vingt-quatre ans.

— Euh... soixante-trois ans...

— Trop vieux à soixante-trois ans !

Louis Renault continuera à diriger ses usines. Pour son malheur. Du 1er août 1940 au 17 août 1944, les usines Renault livreront aux Allemands 34 270 camions de divers tonnages. Comment la Résistance née peu à peu dans le pays pourrait-elle l'oublier ?

Elle est venue le trouver un jour, la Résistance. On lui a discrètement fait des ouvertures. Furieux, il a répliqué :

— De Gaulle ? Connais pas !

Lorsque la RAF, le 3 mars 1942, est venue bombarder Billancourt – 222 avions, 460 tonnes de bombes, 500 morts, 1 200 blessés graves – Louis Renault est entré en transe. Quoi ! On s'en prenait à *son* usine ? Il a fait rédiger un article destiné à la presse et intitulé « France-Angleterre », dans lequel il reprenait tous les arguments de la presse de la Collaboration, tous les reproches formulés par les plus invétérés des anti-Anglais, du lâchage de Dunkerque à la bataille de Syrie, en passant par Mers el-Kébir et Dakar. Dans son journal intime, Fernand Picard, l'un de ses plus proches collaborateurs, note : « Il y a dans ces divagations beaucoup de l'impuissance du vieux lutteur qui sent qu'il ne peut rien contre les événements qui l'écrasent et qui ne peut se résigner à les subir sans réagir et sans gronder. Il est probablement plus blessé dans son orgueil que dans sa fortune. Ce sont des plaies plus douloureuses et plus longues à guérir. »

Au milieu de cet abandon, pourtant, a surgi une lueur d'espoir. Chez Renault, on pense à l'avenir, à l'après-guerre. Avant le conflit, Louis avait vu en Allemagne la première Volkswagen sortir des chaînes. Depuis, il nourrissait un rêve : construire lui aussi pour les Français une voiture populaire.

Les Allemands interdisent non seulement toute fabrication civile, mais toute étude d'un nouveau modèle. On va donc travailler dans la clandestinité. La voiture est dessinée, étudiée, testée. Un jour, on sort le premier prototype : c'est la 4 CV, appelée à l'immense succès que l'on sait. Il en verra rouler trois exemplaires, camouflés, sous l'œil des Allemands. Christiane elle-même en conduira un.

A-t-elle compris qu'il s'agissait du véritable testament de Louis Renault ?

Je cite de nouveau Mme Mesnier Servilange : « En août 1943, nous nous trouvions seuls tous deux à Chausey et il ne contrôlait plus ses angoisses. Je lui ai souhaité la Saint-Louis avec toute ma tendresse, mais il semblait que quelque chose en lui se sclérosait. Il était ailleurs, répétant cette phrase dont je ne saisissais alors pas bien la portée : "Oh, Peyrecave, lui, s'en sortira, mais pas moi*."

« Heureusement, le pick-up se détraquant souvent lui procurait un dérivatif. Il passait des heures à le bricoler tandis que je dirigeais la baladeuse avec des fourmis dans les jambes. »

Ce qui domine dans les souvenirs de Christiane, c'est un ensemble de contradictions. Il lui semble impossible de « définir ce génie de la mécanique avec son sens prodigieux de l'architecture (dont on tient si peu compte) allié au goût le plus sûr en toute chose, le sens de la beauté dans la simplicité, à un despotisme démentiel, une certaine lâcheté aussi et même un côté chaplinesque qu'il laissait aller devant les intimes… Parmi tant de singularités, je me remémore un certain vendredi de mai 1944, alors que nous roulions vers Herqueville en compagnie de Clément et de Mme Latour, secrétaire de Louis.

« Celui-ci sombre, affecté par ma récente détermination de rompre à la fin de l'année insoutenable déclenchée par son minus prétentieux de fils.

« Sans mot dire, il me tend des feuilles dactylographiées par Mme Latour. On y trouvait les termes les plus personnels, les plus tendres repérés par lui dans les lettres que

---

* Peyrecave était directeur général des usines Renault.

je lui avais adressées et remis à Mme Latour avec mission de faire un petit montage.

« Atrocement gênée, la pauvre femme en pleurait à l'avant tandis que son patron demeurait pantois devant le piètre résultat d'un procédé aussi astucieux que délicat. »

Etrange, déconcertant Louis Renault.

A-t-il compris son erreur ? Oui. Mais trop tard.

En mars 1944, il a fait venir auprès de lui Fernand Picard qui venait de perdre son père. Il voulait lui présenter ses condoléances. En fait, il savait que Picard était un membre influent de la Résistance.

Longuement, il a fait parler Picard de son père. Mais Picard sentait bien que l'homme prématurément vieilli, en l'écoutant, faisait un parallèle entre son sort et celui du défunt : « Lui, isolé parmi les siens, ne sentant autour de lui qu'hostilité et manque d'intérêt pour ses souffrances, aucune chaleur humaine dans ses relations avec son épouse et avec son fils… » Après un long silence, Louis balbutie :

— Et moi ?

Picard lui confie que, personnellement, il souffre « de le voir dans cet état d'emmuré ». Il lui dit qu'il comprend ses colères, « traces de son désespoir de ne pouvoir s'exprimer ». Louis hoche la tête, agite la main droite :

— Et maintenant ?

Picard lui dit que la victoire des Alliés est désormais certaine et qu'il faut s'attendre à un débarquement prochain.

Alors, Louis Renault, de nouveau :

— Et moi ?

— M. Renault, répond Picard, vous avez certainement été très imprudent. Nous ne pouvons vous reprocher d'être rentré en France en août 1940, alors que, restant aux Etats-Unis à aider de vos conseils la mission française, vous seriez aujourd'hui hors de tout reproche. Mais nous vous connaissons trop pour penser que, dans l'atmosphère de juin 1940, vous pouviez un seul instant penser à abandonner votre usine aux mains de l'occupant. On ne peut pas vous reprocher d'avoir vendu des camions à l'ennemi. Il fallait bien faire vivre toute cette cité de Billancourt, garder les machines-outils en France, et sauver tout ce qui pouvait l'être. Mais on vous reprochera votre ardeur à rebâtir vos ateliers après les bombardements de 1942 et 1943 et certaines de vos paroles antianglaises, et puis vous vous êtes fait au cours de votre vie beaucoup d'ennemis et beaucoup d'envieux…

Louis Renault écoute, « les yeux mi-clos, sans une réaction, sans un geste » :

— Alors ?

— La situation serait tout autre si votre fils, qui est en âge de se battre, était de l'autre côté et servait dans les Forces françaises libres…

— Peyrecave me l'a déjà dit.

— Il est bien tard, mais peut-être pas trop tard. Si avec Jean-Louis vous preniez la décision, on pourrait essayer de le faire passer de l'autre côté…

Louis Renault écoute, agite ses mains. Picard lui rappelle que, si le choix qu'il préconise est une aventure, sa vie tout entière a été une aventure. Il évoque Paris-Berlin, Paris-Madrid, la mort de Marcel Renault. Un éclair passe dans les yeux de Louis. Il prend la main de Picard et la serre.

— Si vous le décidez, reparlez-m'en, dit Picard.

Il notera dans son carnet intime :

« Il ne m'en reparla jamais. »

Le 18 août 1944 commencent à Paris les combats pour la Libération. Le 19, Louis Renault quitte son appartement de l'avenue Foch pour aller s'installer non loin de là, chez son ami Aimé Morot-Dubuffe. Le 20, il n'y tient plus : il part pour Billancourt que les Allemands ont abandonné. Il veut voir l'usine enfin libre. *Son* usine.

Le 22, *L'Humanité* reparue s'en prend directement à lui : « Renault s'offre dès 1940 à fabriquer au profit de l'ennemi. Les dirigeants de l'usine Renault devront payer pour les soldats des Nations unies tués, à cause de leur empressement volontaire à équiper l'ennemi : ils devront payer pour les centaines d'innocents tués dans les bombardements que leur trahison avait rendus nécessaires ; ils devront payer pour les ouvriers livrés aux bourreaux. »

Dans Paris, les arrestations ont commencé. Louis Renault devrait comprendre qu'il est en grand danger. Il semble n'en avoir cure. Le 25 août, à bicyclette, suivi de son valet de chambre Clément, il retourne à Billancourt ! Il s'en faut de peu qu'une patrouille de FFI le capture.

Le 1er septembre, un mandat d'amener est lancé contre lui.

La presse se déchaîne : Louis Renault est un grand coupable. Qu'attend-on pour se saisir de ses usines ? Terré maintenant à Herqueville, il lit tout cela avec angoisse : quoi ! ils s'en prendraient à *son* usine ? On lui dit qu'il doit penser à lui, que c'est sa propre liberté qui est en cause. Il écoute à peine, ne pense qu'à l'usine. Il finit par se réfugier dans le Perche, au château de Moulicent, chez un de ses collaborateurs. Le 19 septembre, *L'Humanité* repart à l'assaut : « Louis Renault n'est pas arrêté ! Renault soi-disant en fuite ! On a laissé échapper Louis Renault. »

Contacté par le directeur général des usines Renault, Peyrecave, le ministre de l'Intérieur Adrien Tixier exprime le vœu que Louis Renault, ne serait-ce que pour sa sécurité personnelle, se constitue prisonnier. Louis Renault pèse le pour et le contre. Un peu partout, des groupes armés incontrôlés font la loi. On signale de multiples exécutions sommaires. Mieux vaut suivre le conseil de Tixier. Il rentre à Paris et, spontanément, se rend chez le juge d'instruction, plus étonné que ravi. Celui-ci procède à un premier interrogatoire, annonce qu'il le continuera le lendemain. Surtout que M. Renault ne s'inquiète pas. Le juge s'engage, demain comme aujourd'hui, à le laisser libre.

Quand Louis Renault se présente le lendemain au cabinet du magistrat, accompagné de Me Ribet, son avocat, et d'un proche, Georges Lamirand, seul capable de donner quelque clarté à sa confusion de paroles – et aussi de pensée – il s'entend signifier son immédiate arrestation. Le 23 septembre au soir, il est écroué à la prison de Fresnes.

A son arrivée, on juge grave son état physique et mental : d'où l'infirmerie. C'est là que Christiane recevra du juge Martin l'autorisation de le voir. Nous connaissons la suite.

Pourquoi éluder la question qui nous vient tout naturellement à l'esprit : a-t-on tué Louis Renault ? Ou plus précisément : est-il mort des coups qu'il a reçus en prison ?

En 1956, Christiane Renault l'a prétendu hautement. Elle s'est adressée à la justice pour que cet assassinat soit reconnu à la face du monde. Christiane Renault qui, en l'espace de quelques mois, avait perdu son mari, Louis, et celui dont la présence l'aidait à vivre, Drieu la Rochelle, suicidé parce qu'il ne supportait plus d'avoir trop cru au fascisme.

Lors de ce procès, Jacques Isorni, grand avocat, a réuni des témoignages parfois lourds de sens. Pour se forger une opinion, il faut les passer en revue.

D'abord, il faut se souvenir de l'exclamation, si poignante, de Louis Renault, chuchotant à l'oreille de sa femme qui lui affirmait que, dans quelques jours, il serait libre :

— Trop tard... M'auront tué avant... C'est la nuit qu'ils viennent.

Louis Renault a-t-il, dans sa cellule, subi des violences ? Un visiteur des prisons, M. Charels, passant un matin devant sa cellule, a remarqué que sa tête était enveloppée non pas d'un véritable pansement, mais d'un linge ou d'une serviette*. Il s'est étonné. Un gardien lui a expliqué :

— C'est Louis Renault, des automobiles. Ça gueulait dans sa cellule, cette nuit ; on devait le tabasser.

Plus tard, M. Charels – qui dépendait de l'Administration – voudra amenuiser la portée de cette révélation. Certes le surveillant lui avait dit : « C'est Louis Renault, on a dû le battre, il criait dans sa cellule cette nuit, il est gâteux », mais il avait « aussi bien voulu dire qu'on avait dû le battre pour qu'il soit dans cet état ». Ce repli de M. Charels diminue-t-il la portée de son premier témoignage ? Le lecteur en jugera.

Il y a mieux. Christiane Renault a eu l'idée de faire radiographier le crâne de son mari à travers le cercueil. Montrant ces radios à son médecin, le docteur Pierre Truchot, celui-ci a constaté non pas une fracture du crâne, mais une fracture de la première vertèbre cervicale. A la demande de Mme Renault, il a même écrit, sur son papier à en-tête : « *En avant et en arrière, très net, fracture de la 1re vertèbre cervicale.* »

C'en était assez pour que l'on ordonnât, en 1956, l'exhumation du corps et l'autopsie. Les experts ont affirmé n'avoir pas trouvé trace de la fracture dont le docteur Truchot avait lu l'existence sur les radios de 1944.

Peut-être y a-t-il une explication à cette curieuse distorsion des faits. J'ai reçu une lettre de Mme Pierre Tru-

---

* Jacques Isorni : *Mémoires*, I (1984).

chot qui me fait part d'une information que j'estime fort troublante. Qu'on en juge :

« Mon mari, radiologiste des hôpitaux, voyait les Renault depuis des années chaque fois qu'ils avaient un examen à faire ou un conseil à lui demander.

« A la mort de Louis Renault, sa femme bouleversée est venue voir mon mari et lui dire que son mari avait été matraqué en prison et qu'il était mort des suites de ces affreux traitements. Le Dr Pierre Truchot, mon mari, lui a alors conseillé de faire faire une radiographie *dans le cercueil* de Louis Renault à la clinique où on l'avait transporté et de lui apporter les radios. A ce moment il pourrait lui donner son avis. Elle a fait prendre ces radios et mon mari a pu lui affirmer, en examinant ces radios, que la première vertèbre cervicale avait été brisée, fracturée par un choc. Vous avez dit... que l'autopsie n'avait rien pu prouver sur la mort de Louis Renault mais ce que vous n'avez pas pu dire, puisque vous l'ignoriez, ce que je désirais vous apprendre, c'est qu'après l'autopsie mon mari avait été convoqué à la préfecture de Police pour apprendre que l'autopsie n'avait pu être concluante, car deux vertèbres manquaient au moment de l'autopsie, celle *constatée fracturée* par mon mari sur la radio et la suivante. Mon mari est revenu chez nous rue Bénouville où il exerçait sa profession, bouleversé, furieux, révolté par cette disparition qu'il a jugée volontaire. Je me souviens, comme s'il s'agissait d'un événement survenu hier, de sa colère... Je suis prête à témoigner de cela sous serment*. »

Me Jean-Denis Bredin, alors collaborateur de Me Isorni, a de son côté reçu un témoignage téléphonique émanant de l'épouse de l'un des médecins interrogés en 1956, un

* Lettre du 3 septembre 1986.

chirurgien qui, à Fresnes, affirmait-il, n'avait rien vu, rien entendu. Cette femme déclarait :

— On vous cache la vérité sur Louis Renault… Je jure que je dis la vérité. Rentrant de Fresnes, mon mari m'a souvent dit qu'il avait vu ce « pauvre Renault », qu'on l'avait odieusement frappé. Il m'a dit qu'il faudrait que Renault quitte Fresnes, car il y avait des ennemis terribles. Mon mari était indigné de ces mauvais traitements. Il m'en parlait et me disait qu'on ne pouvait rien faire…

Peut-on traiter par le mépris un témoignage de Me Jean-Denis Bredin ? Je suis de ceux qui ne le pensent pas.

Le certain, c'est que Louis Renault, en quittant Fresnes, était inconscient. Le certain, c'est qu'il est mort sans avoir pu dire si on l'avait « aidé » à mourir.

Les usines Renault furent nationalisées, sans indemnisation. C'était le temps où le général de Gaulle répétait que, dans un grand Etat moderne, il convenait que l'Etat contrôlât l'économie et, en particulier, les moyens de production.

La tragédie de Louis Renault était achevée. Il avait emporté son mystère dans la tombe. Mais son nom brillait toujours au fronton de l'usine. La 4 CV voulue par lui portait cette usine au premier rang des entreprises françaises.

Elle vivait, l'usine.

Dans le procès toujours plaidé – Louis Renault contre l'Histoire – c'est Billancourt qui, chaque jour, gagnait.

VI

La fin mystérieuse des Romanov

Salbris est un petit village de Sologne perdu au milieu de bois où abondent les bouleaux. Au lendemain de la Première Guerre mondiale, un homme vint y habiter. Il avait été mêlé à une tragédie qui l'obsédait et demeurait soumis à des pressions qui assombrissaient sa vie. Il s'appelait Nicolas Sokolov et, en tant que magistrat, avait été chargé de l'enquête concernant la mort de Nicolas II, dernier tzar de Russie, et de toute sa famille.

Réfugié en France, il avait été séduit par la Sologne qui lui rappelait son pays natal. De plus, il était passionné de chasse et la Sologne, chacun le sait, est le paradis des chasseurs. Il avait donc acquis à Salbris une petite maison. C'est là qu'il vécut et qu'il mourut en 1924 d'une crise cardiaque*. Sa tombe s'élève dans le cimetière du village et, sur le marbre, on peut lire cette épitaphe : « Ta Vérité est la Vérité éternelle. »

La vérité du juge Sokolov ? C'est celle qu'il a soutenue tout au long de sa vie, envers et contre tous. Pour lui, la famille impériale russe avait été massacrée à Ekaterinbourg dans cette maison Ipatiev où on l'avait enfermée. Pendant

* Lettre à l'auteur de Mme R. Sokolov, 30 novembre 1985.

de longs mois, Nicolas Sokolov avait enquêté sur place. Il avait examiné les débris macabres qui, à ses yeux, représentaient ce qui demeurait de la famille impériale. Le rapport qu'il avait rédigé avait été publié et lu dans le monde entier. Personne ne l'avait mis en doute.

Pendant plus d'un demi-siècle, tous ont cru que la fin tragique de Nicolas II et des siens ne posait aucun problème : le Tzar, la Tzarine, le jeune Tzarévitch et les quatre grandes-duchesses avaient été fusillés à bout portant par douze bolcheviks dans un sous-sol de ladite maison Ipatiev, en compagnie d'un médecin et de domestiques : *onze personnes*.

Cette histoire était devenue un dogme, unanimement accepté par les historiens.

Or, il y a quelques années, deux journalistes britanniques, Anthony Summers et Tom Mangold, ont voulu rouvrir l'enquête du juge Sokolov. Ils se sont mis à la recherche des dossiers de l'instruction que l'on croyait perdus. Ils les ont retrouvés. Ce qu'ils y ont découvert leur a permis de remettre en question la vérité du juge Sokolov*.

Qu'affirment donc les deux Anglais ? Ceci : *une partie au moins de la famille impériale a échappé à l'exécution*. Qui a raison ? Qui a tort ? Le moment m'a semblé venu d'exposer les arguments des uns et des autres. De chercher à mon tour la vérité sur la fin de l'une des plus illustres des dynasties du monde : les Romanov.

Au début du mois de mars 1917, Nicolas II, qui commande en personne les armées russes, quitte Petrograd – nom nouveau de la ville, choisi délibérément parce que

* Anthony Summers et Tom Mangold : *Le Dossier Romanov*, traduit de l'anglais par G. A. Louédec (1980).

plus russe que Saint-Pétersbourg – pour rejoindre son Grand Quartier Général de Moghilev. Le 12 mars, des émeutes éclatent à Petrograd, suivies de mutineries dans l'armée. La garnison s'insurge. Avec Kerenski, c'est la bourgeoisie qui prend le pouvoir. Un Soviet n'en est pas moins proclamé dans la capitale, lequel bientôt exige l'abolition de l'autocratie.

Devant la révolution qui gronde, Nicolas II décide de regagner son palais de Tzarskoïe Selo. Comment pourrait-il imaginer qu'il roule vers le plus tragique des destins ? Ce qui l'attend, c'est l'abdication, la captivité, la mort. Pourtant ce souverain bientôt honni par des millions de Russes se révèle le plus aimant des maris et le meilleur des pères. De son train il télégraphie à sa femme : « En pensée toujours avec toi. J'espère que vous vous sentez bien et êtes tranquilles. Demain matin, espère être à la maison. Niki. »

L'itinéraire a dû être changé pour éviter la traversée de gares que l'on considère comme peu sûres. On se résigne à un détour considérable pour gagner Pskov qui se trouve très à l'ouest, sur la ligne Varsovie-Petrograd. Mais, à l'annonce que des troupes ralliées à la cause de la Révolution sont proches, le train doit s'arrêter à Dno. Le Tzar fait demander au président de la Douma – cette unique assemblée parlementaire qu'il avait dû concéder à ses sujets après la révolution avortée de 1905 – de le rejoindre pour faire le point de la situation. Mais, à Petrograd, le Soviet ne cesse d'affirmer son autorité. Il refuse un train pour Rodzianko, président de la Douma. Kerenski apprend ce refus, il surgit, littéralement écumant de colère :

— Qu'avez-vous fait ? Vous avez refusé le train ! Rodzianko partait demander à Nicolas d'abdiquer. Vous porterez la responsabilité de cet acte.

La rage de Kerenski redouble, si violente qu'il s'effondre sur le dallage, évanoui. Quand il revient à lui, il reprend son argumentation et cette fois fléchit le Soviet. Il est trop tard : le train du Tzar a quitté Dno.

Le 14 mars, à 20 heures, Nicolas II arrive à Pskov où l'attendent les généraux Alexeïev et Rousski. Dans la nuit, le président Rodzianko appelle au téléphone le général Rousski. Il expose que, dans la soirée, une rencontre s'est produite entre les représentants de la Douma et ceux du Soviet : en fait entre les bourgeois et le peuple. Rodzianko se montre sans illusion :

— L'abdication est inévitable. Mais rien n'a été décidé en ce qui concerne la dynastie. Un nouveau gouvernement vient d'être formé sous la présidence du prince Eugène Lvov.

Le lendemain matin, l'entourage impérial voit paraître le Tzar en uniforme de colonel des régiments caucasiens. Il s'entretient dans son train avec les généraux Alexeïev et Rousski. A 15 heures, il se recueille devant une icône. Il prie longuement, fait le signe de croix, se tourne vers sa suite et déclare :

— J'ai décidé.

Il abdique en faveur de son frère, le grand-duc Michel Alexandrovitch. Un tel acte est une violation des lois fondamentales de l'empire et du statut de la Maison des Romanov établi par Paul Ier, car il prive le Tzarévitch de ses droits légitimes. Mais Nicolas II en l'occurrence se montre lucide : le malheureux Tzarévitch, rongé par l'hémophilie, est incapable de régner. En même temps, Nicolas nomme généralissime son oncle, le grand-duc Nicolas Nicolaïevitch, destitué par lui en 1915.

On annonce les deux délégués de la Douma, Chouliguine et Goutchkov. Ils montent dans le train spécial du

Tzar. A minuit moins douze, Nicolas II leur remet l'acte d'abdication, déjà dactylographié, qu'il signe devant eux. Chouliguine déclare :

— Si Votre Majesté avait fait cela plus tôt, peut-être que…

Il n'ose aller plus loin. Alors le Tzar :

— Pensez-vous que cela aurait pu être évité ? Me serais-je trompé pendant vingt-deux ans ?

Les généraux Alexeïev et Rousski raccompagnent les émissaires de la Douma et présentent une requête :

— L'Empereur désirerait se rendre au QG de Moghilev saluer une dernière fois ses collaborateurs du grand état-major.

— Qu'il aille ! répond seulement Goutchkov.

Nicolas II se retire dans sa chambre du train spécial – ce convoi auquel on a donné officiellement cette appellation dérisoire : le *train zéro* – et note, à minuit, le 15 mars 1917 : « Rien d'autre autour de moi que trahison, honte et lâcheté. » A l'aube, le train impérial s'ébranle dans la direction du sud.

Le 16 mars, le grand-duc Michel abdique à son tour, transmettant ses droits à la future Assemblée constituante.

L'impératrice Alexandra réside depuis quelques semaines aux environs de Petrograd, à Tzarskoïe Selo, sa résidence d'été, en compagnie du Tzarévitch et de ses quatre filles. Elle a assisté, stupéfaite, au déchaînement de la révolution. Elle ne comprend pas. Comment le pourrait-elle ? Quand on lui apprend l'abdication de son mari, elle crie avec colère qu'elle n'y croit pas et que d'ailleurs elle n'y croira jamais. Elle doit bien se laisser convaincre lorsqu'elle voit autour d'elle les régiments de la garde impériale et même les cosaques de l'escorte acclamer avec de longs cris de joie la révolution. Elle ne peut plus douter quand, le 21 mars, le général Kornilov, commandant des troupes de la circonscription militaire de Petrograd, se présente auprès d'elle, dans une des chambres de l'appartement des enfants. Voici face à face cette impératrice encore belle, aux grands yeux noirs brûlant de fierté, et ce militaire rigide, l'incarnation même de la discipline. Kornilov salue et dit froidement :

— Majesté, la lourde mission m'est échue de vous faire connaître la décision du gouvernement provisoire. A partir de ce moment vous devez vous considérer en état d'arrestation.

La conversation ne dure que cinq minutes. Kornilov présente à la Tzarine le colonel Kobylinski qui sera désormais chargé de sa garde. Quand Kornilov se retire, Kobylinski demeure, en effet. Alexandra ne peut retenir ses larmes. Kobylinski tente de la calmer. Il lui affirme – sans doute est-il sincère – que rien ne menace sa famille.

Il est vrai que son mari et ses enfants comptent bien plus pour Alexandra – née allemande – que la Russie elle-même. Son fils gravement malade, ses quatre filles Marie, Tatiana, Olga et Anastasia, elle les aime avec une passion ardente, exacerbée par le péril si proche. Pour comble, à cette époque, ses enfants sont tous malades : une rougeole violente avec complications pulmonaires. Jour et nuit, Alexandra les soigne.

Le 22 mars, le Tzar venant du Grand Quartier Général de Moghilev – et officiellement arrêté lui aussi la veille – arrive à la gare de Tzarskoïe. Il descend du wagon, traverse rapidement le quai, ne semblant voir personne. Il monte dans l'automobile qui l'attend et se dirige vers le palais.

Il trouve les grilles fermées. La sentinelle refuse d'ouvrir. Il faut appeler l'officier de service qui crie :

— Ouvrez la porte à l'ex-Tzar !

Lorsque la voiture passe devant l'officier, celui-ci garde sa cigarette à la bouche et les mains dans les poches. Des officiers s'approchent, désœuvrés, curieux. Aucun ne répond au salut du Tzar. Tous portent sur la poitrine le ruban rouge, couleur de la révolution.

Nicolas rejoint Alexandra dans la chambre des enfants. Ils s'embrassent en souriant, bavardent calmement avec le Tzarévitch et les grandes-duchesses. Un peu plus tard, rentrés chez eux, ils se mettent à pleurer.

Le séjour à Tzarskoïe va durer cinq mois. Ce palais de conte de fées, qui regorge d'œuvres d'art, de meubles magnifiques, de collections uniques, est devenu une prison. Le gouvernement provisoire affirme au Tzar que c'est pour sa sécurité et celle de sa famille qu'il est privé de liberté. L'étrange de l'affaire est qu'il ne s'agit de rien d'autre que de la vérité.

Deux pouvoirs s'affrontent avec de plus en plus de violence : le gouvernement libéral issu de la Douma et celui des Soviets. Les Soviets accentuent de jour en jour leurs exigences. Ils réclament vengeance contre des siècles d'oppression. Dans les réunions publiques, on en appelle le plus souvent à la mise à mort des Romanov. Le Soviet de Petrograd demande *seulement* que le Tzar et sa femme soient conduits dans une prison ordinaire. Nouveau ministre de la Justice, Alexandre Kerenski refuse :

— Je ne serai pas le Marat de la Révolution russe. La Révolution russe n'exerce pas de vengeance.

Au cours du printemps et de l'été de 1917, les prisonniers impériaux semblent s'accommoder à peu près de la captivité. Dans le parc, ils bêchent la pelouse qu'ils transforment en potager. Le Tzar – qui aime les exercices physiques – scie et empile du bois de chauffage. Du fait de la révolution, il mène enfin cette vie qu'il avait toujours inconsciemment souhaitée. Son rêve secret était celui d'une existence tranquille et active de gentilhomme campagnard anglais, près de sa femme et de ses enfants.

Les deux plus fameux exilés de la révolution sont rentrés : Lénine et Trotski. Lénine s'est installé dans le palais d'une danseuse, premier amour du Tzar. Lui et Trotski réclament la radicalisation de la révolution et d'abord le renversement du gouvernement provisoire.

Kerenski, devenu Premier ministre, est lucide. Il fait avertir Nicolas :

— Les bolcheviks veulent ma peau et, après, ils voudront la vôtre.

Tzarskoïe Selo est décidément trop près. Pour éviter un mouvement populaire qui pourrait être fatal aux Romanov, le gouvernement, au mois d'août 1917, décide le transfert de la famille impériale à Tobolsk, en Sibérie.

Tobolsk, c'est la « première étape de la grande route sibérienne ». Une petite ville éloignée de tout, endormie dans une paix provinciale, que même la révolution n'est pas parvenue à troubler.

Comment Nicolas et Alexandra n'auraient-ils pas ressenti là davantage leur sort de captifs ? On a installé la famille dans la maison du gouverneur. Dérision, elle se dresse rue de la Liberté !

Le premier mois s'écoule dans un calme relatif. La garde de la famille impériale incombe toujours au colonel Kobylinski qui a suivi ses prisonniers depuis Tzarskoïe. On mène une vie monotone, uniforme. Le Tzar enseigne l'histoire à Alexis, l'Impératrice le catéchisme aux enfants et l'allemand à Tatiana. Les grandes-duchesses tuent le temps en apprenant et en jouant de petites pièces anglaises ou françaises. Quelques intimes ont obtenu de partager la vie des détenus : le général aide de camp Tatistchev ; le maréchal de la Cour prince Dolgorouki ; la demoiselle d'honneur comtesse Hendrikova ; la lectrice Mlle Schneider ; le médecin Botkine ; le précepteur du Tzarévitch, le Suisse Pierre Gilliard ; le professeur d'anglais Gibbes.

A proprement parler, les prisonniers ne subissent pas de mauvais traitements. Mais leur vie quotidienne est tissée d'ennui – et d'angoisse. On se découvre entièrement coupé du monde extérieur. On doit se contenter de nouvelles fragmentaires, contradictoires. Les rares billets que ses gardiens lui laissent écrire, l'Impératrice les signe : « la recluse ».

Un jour d'octobre, à Petrograd, les soldats, les marins et les gardes rouges se sont mis en marche. C'est l'événement capital, la révolution d'Octobre. Lénine a ordonné l'investissement total de la ville afin qu'elle passe tout entière sous son contrôle.

Au Palais d'hiver, les ministres du gouvernement provisoire ont siégé jusqu'au bout, protégés par les Junkers qui ont placé des mitrailleuses aux fenêtres cependant que le croiseur *Aurore* appuie les insurgés de ses canons.

Dans la nuit, la prise du Palais d'hiver a marqué le succès définitif de la Révolution bolchevique. Pour Lénine, la route est ouverte vers un Etat communiste. Le gouvernement bourgeois a été balayé. Ce qui vient de naître est le premier pouvoir prolétarien mondial : onze intellectuels et quatre ouvriers vont exercer collégialement la dictature du prolétariat. Le président s'appelle Lénine, le commissaire aux Affaires étrangères Trotski, le commissaire aux Nationalités Staline.

Désormais, il ne saurait plus y avoir de ménagements pour la famille impériale. Novembre et décembre apportent au Tzar la confirmation de la bolchevisation de la Russie. Alexandra, qui, en fait, n'a jamais admis l'abdication de son mari, reçoit l'amère confirmation de ses pressentiments. A quoi bon avoir tout cédé « dans l'intérêt de la Russie » ? A quoi bon avoir abdiqué une couronne qu'Alexandra jugeait tenue de Dieu seul ?

La paix de Brest-Litovsk, la défaite russe consacrée par un traité feront à Nicolas et Alexandra toucher le fond du désespoir. Les journaux impriment qu'une clause secrète envisagerait la remise de la famille impériale aux Allemands. Le Tzar s'écrie :

— Si ce n'est pas un artifice pour me déshonorer aux yeux de mon peuple, on ne pouvait me faire un pire outrage !

Et l'Impératrice :

— Devoir notre salut aux Allemands ! Cela non, jamais ! Plutôt mourir de la main des bolcheviks !

Le régime de la détention s'aggrave. On a élevé une haute palissade devant l'entrée de la maison. Le dur hiver sibérien s'est abattu sur Tobolsk, la nourriture manque. On distribue aux membres de la famille impériale des cartes de rationnement. Les soldats préposés à la garde ont été remplacés par des gardes rouges. Le colonel Kobylinski, strict mais respectueux, se voit à peu près évincé par les commissaires Pankratov et Nikolski – le premier un brave homme, le second un imbécile tatillon et mesquin.

Le 22 avril 1918, arrive de Moscou Vassili Vassilievitch Yakovlev, commissaire spécial désigné par les Soviets. L'apparence d'un employé courtois et méticuleux. L'accompagnent un détachement de 550 hommes, une suite de plusieurs personnes, un télégraphiste et un certain Avdeïev, aux fonctions mal définies.

Yakovlev exhibe trois ordres : il exige de Kobylinski et des soldats « une soumission absolue » à ses propres ordres.

Yakovlev aura le droit « de fusiller sur place quiconque désobéirait ». Le troisième ordre porte que Yakovlev est chargé « d'une mission importante ». Les documents sont signés Sverdlov et Ovanessov.

On saura bientôt ce qu'est cette mission « particulièrement importante ». Sans tarder, Yakovlev se fait annoncer au Tzar et lui déclare que lui, Yakovlev, est chargé d'emmener « Nicolas Romanov » avec les siens « pour un voyage de quatre ou cinq jours dont il ne pouvait lui révéler encore la destination »,

Or l'infortuné petit Alexis se trouve de nouveau alité. Une chute malencontreuse, survenue quelques jours plus tôt, a occasionné une totale paralysie des jambes. Quand Yakovlev informe Kobylinski de l'objet de sa mission, le colonel réagit vivement :

— Comment ! Et Alexis ? Il est malade ! Il ne peut voyager !

— C'est bien là la difficulté. J'en ai entretenu le Comité par fil direct. J'ai reçu l'ordre de laisser la famille mais d'emmener l'Empereur... je compte partir demain*.

Le Tzar, tout d'abord, se rebelle. Véhémentement, il lance à l'adresse du commissaire :

— Je ne partirai pas !

— Je vous prie de ne pas agir ainsi, répond Yakovlev. Je dois exécuter l'ordre donné. Si vous refusez de partir, je dois ou employer la force, ou renoncer à ma mission. Peut-être enverra-t-on à ma place un homme moins humain que moi. Vous pouvez être tranquille. Je réponds sur ma tête de votre vie. Si vous ne voulez pas partir seul, vous pouvez choisir les compagnons qu'il vous plaira. Soyez prêt : nous partons demain matin à 4 heures.

---

* Témoignage de Kobylinski.

Profonde perplexité de l'Empereur : où veut-on l'emmener ? Kobylinski, consulté, tenant compte des « quatre ou cinq jours » de voyage, croit que c'est à Moscou. Le Tzar s'emporte :

— Alors, ils veulent que je signe le traité de Brest-Litovsk ! Je me ferais plutôt couper la main* !

Alexandra, dès qu'elle est avertie, entre dans un violent état d'agitation. Le précepteur Gilliard s'en montre frappé : « Je me souviens parfaitement de cette pénible scène. L'Impératrice était dans son boudoir avec Tatiana. Elle était si agitée et si affreusement troublée que je ne l'avais jamais vue dans un pareil état, même à Spala pendant la maladie d'Alexis, même à la nouvelle de l'abdication de l'Empereur. Elle ne pouvait rester assise ni trouver une minute de tranquillité. Elle allait et venait les mains crispées, se parlant à elle-même... Soudain elle s'écria : "Eh bien, ma décision est prise ! Mon devoir est de partir avec lui. Je ne peux le laisser seul. Vous veillerez ici sur Alexis." Le Tzar revint de sa promenade. Elle alla à sa rencontre : "Je ne te laisserai pas aller seul. Je partirai avec toi !" L'Empereur lui répondit : "Que ta volonté soit faite !" Ils se mirent à causer en anglais et je sortis. Je descendis auprès de Doldorouki. Une demi-heure plus tard, nous remontâmes et Doldorouki demanda à l'Empereur qui partirait avec lui, Tatistchev ou lui ? L'Empereur se tourna vers l'Impératrice : "Quel est ton avis ?" L'Impératrice choisit Doldorouki. »

Un autre membre de la suite impériale, l'Anglais Gibbes, professeur des enfants, voit pénétrer la Tzarine chez le petit Alexis : « Elle entra, tout à fait calme. Mais sur son visage restait la trace de ses larmes. Pour ne pas effrayer Alexis, elle lui dit sur son ton accoutumé que l'Empereur devait

---

* *Ibid.*

partir avec elle et Marie Nicolaïevna, et qu'ensuite, après son rétablissement, nous partirions tous. Alexis ne put lui demander où ils allaient et je ne voulus pas le faire pour ne pas le troubler. Je sortis rapidement. »

Le 26 avril, à 3 heures et demie du matin, le Tzar se met en route avec Alexandra et leur fille cadette Marie. Il est entendu que les autres prisonniers les rejoindront ultérieurement. Le docteur Botkine accompagne ses maîtres.

L'étonnant voyage ! Il semble que Yakovlev lui-même ne soit pas bien certain de sa destination. D'abord, on se dirige vers Ekaterinbourg, grande ville industrielle du centre de l'Oural, puis, revenant en arrière, on fait route vers Omsk. Mais, avant de parvenir jusque-là, le convoi impérial est arrêté par des gardes rouges armés de mitrailleuses qui refusent catégoriquement de les laisser passer. Yakovlev s'entretient par fil direct avec Moscou. Il reçoit l'ordre de remettre le Tzar au Soviet d'Ekaterinbourg.

C'est le 30 avril que Yakovlev livre ses prisonniers aux bolcheviks d'Ekaterinbourg et, d'ailleurs, exige de ceux-ci un reçu en bonne et due forme. Plus tard, on retrouvera, gravée dans le plâtre de l'embrasure d'une fenêtre de la chambre de l'Impératrice, cette date du 30 avril. L'écriture – malhabile – était de la main de la Tzarine. Au-dessus, elle avait dessiné un signe qu'elle considérait comme un porte-bonheur : une croix gammée.

Le chauffeur qui a conduit le Tzar à la maison Ipatiev – sa dernière prison – a raconté comment s'était effectué le transport : « Nous nous arrêtâmes près d'un wagon de première classe entouré de soldats. L'Empereur en descendit avec l'Impératrice et une de leurs filles. Il était vêtu, je m'en souviens fort bien, d'une capote en drap de soldat, c'est-à-dire de la couleur du drap de soldat, comme en portaient les officiers pendant la guerre. Il n'avait pas d'épaulettes. Je me souviens aussi que les boutons de sa capote étaient kaki. Il avait une casquette d'officier en drap kaki avec une visière de couleur et une jugulaire semblable, mais ni la visière ni la jugulaire recouvertes de drap. L'Impératrice était en paletot noir, sur lequel je ne remarquai pas de boutons. De même, la grande-duchesse portait un manteau sombre. On les fit monter dans mon automobile. Nous nous dirigeâmes de nouveau vers la maison entourée d'une palissade dont j'ai déjà parlé. C'était Golostchekine qui commandait. Arrivé à la maison, il dit à l'Empereur : "Citoyen Romanov, vous pouvez entrer." L'Empereur entra. Il en fut de même pour l'Impératrice, la grande-duchesse et quelques serviteurs, parmi lesquels une femme, je crois. Un général se trouvait parmi la suite. Golostchekine lui demanda son nom ; et lorsque celui-ci se fut nommé, il lui déclara qu'il serait conduit en prison. Je ne me souviens pas du nom de ce général. Il fut emmené à l'instant dans l'auto de Polouzadov... Lorsque l'Empereur arriva, le peuple commença à se rassembler autour de la maison. "Que faites-vous donc, Tchékistes ?" cria Golostchekine. Et le peuple fut dispersé. »

Le général que l'on vient de conduire en prison n'est autre que Doldorouki.

La maison Ipatiev ! Le nom est entré dans l'histoire avec toutes les résonances d'un vocable maléfique. L'appellation lui venait de son propriétaire, un certain Nicolas Nicolaïevitch Ipatiev. La demeure se composait de deux étages, édifiés au coin de la « perspective » Voznessensky et de la ruelle du même nom, deux artères du centre d'Ekaterinbourg. C'était une robuste construction, de belle allure : la parfaite habitation d'un riche négociant. « Le sol, dit Nicolas Sokolov, s'inclinait assez fortement à cet endroit, formant une pente descendant le long de la ruelle Voznessensky. Toute la maison était construite sur cette pente, il s'ensuivait que le rez-de-chaussée prenait plutôt un caractère de sous-sol, les fenêtres ouvrant sur la perspective Voznessensky étant plus basses que la surface du sol. Une grande porte pour les voitures et un guichet donnaient accès à la cour dallée autour de laquelle étaient groupés les services communs, etc. La façade arrière de la maison donnait sur le jardin qui était disposé le long de la ruelle Voznessensky. Le jardin contenait quelques arbres et arbustes, peupliers, bouleaux, tilleuls, lilas, acacias... En somme, l'aspect extérieur de la maison Ipatiev donnait une impression plus favorable que celle des autres maisons de la région ; quant au jardin, il était assez misérable. »

La famille impériale et sa suite vont être logées au premier étage. Nous devons au juge Sokolov un autre détail : « Pendant qu'elle servait de prison à la famille impériale, la maison Ipatiev fut entourée de deux palissades. La première longeait les murs de la maison. La deuxième entourait complètement la maison et la première palissade, en passant à une certaine distance de cette dernière. Dans la palissade extérieure se trouvaient deux portes cochères et un guichet. Cette palissade cachait complètement la maison ; aux coins étaient disposées deux guérites pour les sentinelles. »

Bientôt, les autres enfants vont rejoindre leurs parents. Le 23 mai, toute la famille impériale est réunie. A Tobolsk, on regrettait Tzarskoïe. A Ekaterinbourg, on va regretter Tobolsk. Le changement se confirme total. Même Yakovlev avait traité la famille impériale avec respect et compassion. A Ekaterinbourg, il ne faut plus s'attendre aux moindres égards. On en est réduit à une captivité étroite, avec le maximum de rigueur dans l'application de la discipline.

En premier lieu, on a enlevé aux souverains cinq de leurs compagnons et presque tous leurs serviteurs ; les uns et les autres sont ou expulsés de la ville, ou jetés en prison.

Le commandement supérieur de la maison Ipatiev a été confié à deux commissaires, Jacob Yourovski et Chaïa Isaacovitch Golostchekine. Ils tiennent leurs ordres directement du Comité central exécutif de Moscou : pouvoirs illimités. Yourovski s'est installé au premier étage, celui de la famille impériale : ainsi pourra-t-il mieux exercer sa surveillance. Il a placé des factionnaires à toutes les portes. Vers cette époque, Alexandra tracera ces lignes pitoyables : « Reine du ciel et de la terre, ne détourne pas les yeux de notre martyre !... Seigneur qui nous vois aux portes de la tombe, accorde-nous la force surhumaine de prier humblement pour nos bourreaux ! »

Plus tard, lorsque les Blancs l'emportèrent provisoirement sur les Rouges, on interrogea certains des gardiens. L'agent de la police criminelle Alexeïev questionna par exemple l'accusé Medviedev. Celui-ci répondit : « Extérieurement, le Tzar parut toujours calme. Chaque jour, il allait se promener dans le jardin avec ses enfants. Son fils ne pouvait marcher, car il avait mal à la jambe. Le Tzar, qui s'occupait toujours de lui, le portait dans ses bras. La femme du Tzar ne sortait jamais dans le jardin, mais seulement sur le perron, près de la palissade entourant la maison. Parfois elle s'y asseyait avec son fils qui était toujours dans une chaise roulante. Le Tzar paraissait bien portant et ne vieillissait pas. Il n'avait pas de cheveux blancs, tandis que sa femme en avait et était amaigrie. Les enfants se conduisaient comme “à leur ordinaire” et riaient avec les sentinelles. Il était défendu de leur parler. Il lui arrivait à lui, Medviedev, de causer avec le Tzar en le rencontrant dans le jardin. Un jour, le Tzar lui demanda :

“Comment vont les affaires ? Comment va la guerre ? Où va-t-on mener les troupes ?” A quoi il répondit : “Maintenant c’est la guerre civile, des Russes se battent avec des Russes.” Les conversations étaient brèves... La nourriture était d’abord apportée d’un restaurant soviétique sur la perspective Glayny, par des femmes et des jeunes filles qui la remettaient aux sentinelles à la porte d’entrée : elles ne pénétraient pas dans la maison. C’était du lait, du pain blanc, de la soupe et des côtelettes. Puis on permit à leur cuisinier de préparer les repas. Souvent on amenait un prêtre pour dire la messe. Pendant tout le temps que lui, Medviedev, fit partie de la garde, le Tzar et sa famille n’eurent à souffrir d’aucun mauvais traitement. Toute insulte et toute insolence étaient interdites. La famille impériale couchait dans deux chambres... »

Rien de plus vrai : le problème essentiel de la nouvelle Russie est devenu celui de la guerre civile. Une grande partie de l’ex-empire s’est révoltée contre le pouvoir des Soviets. L’amiral Koltchak à l’est et le général Denikine au sud foncent vers Moscou. Ils remportent victoire sur victoire. Le gouvernement de Lénine est un gouvernement assiégé. Trotski organise fiévreusement la défense.

Alors, à la maison Ipatiev, le climat s’alourdit, les conditions de vie se détériorent. Les gardes se mettent à voler, d’abord des objets de valeur, ensuite du linge et des chaussures. La colère du Tzar éclate ; on lui répond que les prisonniers ne donnent pas d’ordre. Jusque-là, la famille avait droit à vingt-cinq minutes de promenade. Elles sont réduites à cinq. Le couple impérial et ses enfants, pour aller aux toilettes, doivent traverser un couloir et passer devant deux sentinelles qui réservent aux jeunes filles leur verve ordurière.

Sur les murs des toilettes s’étalent des graffiti obscènes.

Si ces gardes sont grossiers, ils ne sont pas toujours méchants. Ils sont jeunes, certains de belle allure. Les jeunes filles, elles, sont séduisantes. Ce qui croît, c'est une « sournoise atmosphère sexuelle ». Le soir, fréquemment, les gardes forcent Olga et Tatiana à jouer du piano.

Le responsable de cette nouvelle situation n'est autre que le chef des gardes, Avdeïev, trente-cinq ans, ajusteur de son métier. Un « vrai bolchevik ».

Le consul britannique Thomas Preston se rend auprès des autorités et signale la préoccupation du gouvernement britannique quant au sort que l'on réserve à la famille impériale russe. On l'assure que les Romanov jouissent d'une très bonne santé, qu'ils sont bien traités et ne courent aucun danger. Peut-être est-ce à la suite de cette démarche que le docteur Dierevienkov, médecin du Tzarévitch, resté en ville, sera autorisé plusieurs fois à voir Alexis. Il signale la nécessité d'une alimentation particulière pour le jeune malade. Des religieuses d'un couvent de la ville sont alors autorisées à porter régulièrement à la maison Ipatiev des œufs, du beurre, un peu de viande et des pâtisseries. Ceci dès le 15 juin.

Le prêtre autorisé à partir de la même date à célébrer des messes pour la famille impériale est frappé par la ferveur de toute cette famille. Les filles chantent et le Tzar les accompagne d'une voix basse. Avdeïev, redoublant de vigilance, assiste à tous les services.

Il faut parler de cet Avdeïev. Visiblement, la tâche qui lui est confiée dépasse ses moyens. Alors il s'enivre. Souvent, ses subordonnés le ramassent dans un couloir : ivre mort. Se sentant libérés de toute autorité, les gardes se livrent à un pillage sans limite. On vole les biens de la famille impériale par sacs entiers que l'on emporte en automobile. Même le crucifix est volé : il est en or. Imitant l'exemple de son chef, la garde se livre chaque soir à des beuveries.

Tout cela parvient aux oreilles du Soviet local. Une inspection inopinée confirme que des désordres intolérables se produisent à la maison Ipatiev. Le 4 juillet, Avdeïev est révoqué puis arrêté. On ne peut douter que Moscou ait été alerté et que les autorités responsables n'aient manifesté leur inquiétude quant aux lubies dues à la fureur alcoolique d'Avdeïev. D'où ce télégramme rassurant envoyé par le président du Soviet local : « Aucune crainte à avoir, Avdeïev révoqué. Son adjoint arrêté. Yourovski en remplacement Avdeïev. Gardes intérieur tous changés. »

Qui est ce Yourovski qui va jouer un rôle dont, peut-être, il ne soupçonne pas encore lui-même l'importance ? Il est membre du Soviet local et commissaire régional de la Justice. Il a quarante ans, il a exercé successivement le métier d'horloger puis de photographe. Pendant la guerre il a été désigné comme infirmier dans l'infanterie. C'est un homme que l'on peut considérer comme instruit, voire fort cultivé.

Avec son arrivée, beaucoup de choses ont changé à la maison Ipatiev. Yourovski se montre beaucoup moins dur avec la famille impériale, surtout il paraît bien plus conscient de ses responsabilités. C'est lui qui va changer tous les gardes, se préoccupant d'éloigner systématiquement les amis d'Avdeïev.

Les nouveaux gardes sont des hommes sûrs et ne dépendent que de lui. Curieusement, nous découvrons parmi eux surtout des étrangers, avec une majorité de Lettons, mais aussi un Hongrois et un Autrichien. Il faut savoir qu'au mois de juillet 1918 des milliers de prisonniers austro-hongrois, enthousiasmés par la révolution, ont choisi de combattre aux côtés des bolcheviks.

En même temps, Yourovski renforce la sécurité. Les religieuses qui venaient apporter le lait doivent maintenant le remettre aux gardes et se voient interdire l'entrée de la maison. Yourovski a placé une nouvelle sentinelle dans la cour et fait installer une mitrailleuse dans le grenier.

Au début de juillet, Golostchekine, commissaire régional à la Guerre et ami de Lénine avec qui il a vécu en exil, est convoqué à Moscou pour une consultation sur la situation militaire et le sort éventuel des Romanov.

Le 14 juillet, il est de retour à Ekaterinbourg. Nous savons qu'il est porteur d'instructions émanant des hauts dirigeants.

Car nul n'ignore à Moscou qu'il se pose un grave problème militaire : appuyées par deux divisions d'élite tchèques, les troupes russes blanches encerclent peu à peu la ville. Quant aux troupes rouges, il serait vain de se leurrer : elles reculent en désordre.

On en est à ce point que, de la maison Ipatiev, on entend le bruit de la bataille toute proche.

Dans la nuit du 14 au 15 juillet, la Tchéka locale (police secrète) se réunit. Sont présents : le président du Soviet local Bieloborodov, Golostchekine et Yourovski. Tous se rallient à la même certitude : Ekaterinbourg va tomber d'un moment à l'autre.

L'urgence d'une décision quant aux Romanov saute aux yeux. Que va-t-on faire de la famille impériale ? Nous-mêmes, Français, avions connu ce problème au cours de la Révolution. Quand on avait su à Paris, en septembre 1792, que les ennemis avaient pris Verdun et qu'ils marchaient sur Paris, des massacres avaient éclaté dans les prisons parce que les « patriotes » ne voulaient pas que les Prussiens viennent délivrer ceux que l'on appelait les « ennemis de l'intérieur ».

Le 14 juillet est un dimanche. Les Romanov assistent à une nouvelle messe. Le pope et son diacre ont laissé à cet égard un témoignage précieux, soulignant qu'ils avaient été accueillis poliment par Yourovski. Cette fois, Alexis a pu s'asseoir dans un fauteuil et il paraît mieux. Quant à la Tzarine, les prêtres lui ont trouvé meilleure mine.

Ce qui a cependant étonné le pope, c'est que l'Empereur ait coupé une partie de sa barbe. Il constate également « quelque chose de changé » dans les coiffures des grandes-duchesses.

Le lundi 15 juillet, Yourovski fait appeler devant lui le petit aide-cuisinier et lui ordonne d'aller s'installer, avec un certain nombre de gardes, dans la maison d'en face. Aucune explication n'est donnée à cet adolescent à peine sorti de l'enfance. Les religieuses apportent leur lait. Yourovski leur en commande une quantité égale pour les jours suivants avec, en plus, un panier de cinquante œufs. Il leur remet un billet de l'une des filles du Tzar qui souhaite qu'on lui fournisse du fil à coudre.

Au matin du 16 juillet, les religieuses apportent le lait, les œufs et le fil. Des gardes raconteront avoir vu, cet après-midi-là, l'ex-Tzar se promener comme à l'accoutumée.

Vers le soir, le bruit de la bataille devient obsédant. Impossible d'y échapper. Les forces anticommunistes se rapprochent dangereusement. Les autorités locales en tirent une première conséquence : l'heure du couvre-feu est avancée.

Que se passe-t-il ensuite ? C'est toute la question, justement.

Le 25 juillet, Ekaterinbourg est tombé au pouvoir des armées de l'amiral Koltchak. Il ne faut que quelques heures aux Blancs pour apprendre que la famille impériale tout entière a été massacrée, dans la nuit du 16 au 17 juillet

1918, dans l'une des salles du rez-de-chaussée de la maison Ipatiev.

Or c'est au nom de cette famille impériale que la plupart des Blancs se battent. Le Tzar était en quelque sorte leur drapeau vivant. Les Rouges auraient donc été jusqu'au bout ? Auraient-ils osé anéantir la famille impériale dans son intégralité, y compris les femmes et un enfant ?

Une enquête s'impose. Le commandement des armées blanches ordonne sur-le-champ qu'elle soit ouverte. On désigne d'abord un certain Namiotkine qui va procéder aux premières constatations à la maison Ipatiev. Namiotkine sera remplacé par le juge Sergheïev qui obtiendra des résultats non négligeables. Le dernier enquêteur sera Nicolas Sokolov à qui incombera de continuer les recherches et d'en établir la synthèse.

Par chance, assez vite, on va pouvoir mettre la main sur des témoins de grande valeur. Le premier récit que l'on recueille est celui d'un certain Fiodor Grochkov qui est venu spontanément raconter ce qu'il avait appris des autorités bolcheviques elles-mêmes :

« Toute la famille fut rassemblée dans la salle à manger où on leur annonça qu'ils allaient être fusillés. Peu après, les “Letts” [Lettons] tirèrent et toute la famille s'écroula. Après quoi, en vérifiant que tout le monde était bien mort, des gardes s'aperçurent que la grande-duchesse Anastasia vivait encore. Lorsqu'ils la touchèrent, elle poussa un cri horrible. On lui donna un coup de crosse sur la tête et elle fut percée de trente coups de baïonnette. »

Certes, il s'agissait d'un témoignage indirect. Grochkov n'avait pas assisté à l'exécution. Malgré tout, l'information était si précise qu'on pouvait l'admettre pour exacte. D'autant que d'autres témoins se révélaient. Le premier ? Un officier blanc qui, à une vingtaine de kilomètres d'Ekaterinbourg, recueille des bruits particulièrement inquiétants. Il s'est passé là *quelque chose* à l'aube du 17 juillet. Des villageois en déplacement avaient été brutalement repoussés par des soldats rouges. La zone a été interdite pendant plusieurs jours. Quand les villageois ont pu s'y rendre de nouveau, ils ont découvert, près d'une mine de fer abandonnée en pleine forêt – on l'appelait les Quatre Frères parce que quatre pins y avaient poussé en bouquet – « des traces de feu et des lambeaux de vêtements brûlés qui, manifestement, avaient appartenu à des gens riches – et aussi des bijoux brisés ».

Le premier enquêteur désigné, Namiotkine, s'est donc aussi rendu aux Quatre Frères. Il s'est fait accompagner par l'ancien valet du Tzar et le médecin d'Alexis, qui avaient survécu au départ des bolcheviks. En arrivant aux abords de la mine, ils ont senti une forte odeur de pétrole. Alentour, ils ont découvert, épars, un sac de dame à demi carbonisé, des fragments de vêtements brûlés, des bijoux, des éclats d'émeraude, de perles et un diamant intact. Sans hésiter, le valet et le médecin ont déclaré que tout cela avait appartenu à la famille impériale.

On apprendra aussi que les autorités bolcheviques avaient commandé, dans la nuit du 16 au 17 juillet, 190 kg d'acide sulfurique et 200 litres de pétrole qui avaient été portés à la mine des Quatre Frères. On avait retenu l'exclamation d'un paysan : « Christ miséricordieux, ont-ils osé brûler toute la famille ! »

Une vérité se précise peu à peu, devant laquelle tremblent les Russes blancs. Le juge Sergheïev va se charger des constatations dans la pièce de la maison Ipatiev – celle du rez-de-chaussée appelé improprement sous-sol – désignée par les témoignages. Un examen long et détaillé. Dans les murs, les portes et le plancher, il va compter vingt-sept trous produits par des balles. Dans certains de ces trous, il va découvrir que la balle se trouve encore. Au-dessous de la fenêtre, il compte également six trous dans le plancher et deux dans le mur. Au fond de la pièce, une porte donne sur une resserre. Le juge constate qu'il y a un trou dans chacun des deux panneaux de cette porte et d'autres trous correspondants dans le mur de la resserre, preuve que les coups tirés de l'intérieur de la pièce ont traversé cette porte et frappé au-delà.

Des balles se sont fichées dans le plancher et d'autres ont glissé entre la boiserie et le plâtre du mur. Le mur faisant face à la porte a été le plus criblé : seize balles, dont trois seulement à plus de soixante centimètres du sol. Sergheïev en a déduit que l'on avait continué à tirer sur des gens à terre.

Il était visible que les bolcheviks, avant d'évacuer la maison Ipatiev, avaient procédé à un nettoyage « sérieux », à l'eau, au sable et à la chaux. Malgré cela, on trouve sur le sol et sur les murs des traces de sang. L'analyse des prélèvements effectués a prouvé qu'il s'agissait de sang humain*.

Comment la certitude peu à peu ne se serait-elle pas imposée ? La famille impériale a été tout entière fusillée dans cette pièce de la maison Ipatiev, les cadavres transportés près de la mine des Quatres Frères ont été décomposés, brûlés et jetés dans le puits. On va douter de moins en moins de cette sinistre réalité lorsque l'on saura que les Soviétiques eux-mêmes ont rendu publique la nouvelle de la mort du Tzar.

Le Conseil exécutif révolutionnaire du 18 juillet a en effet enregistré la communication du Soviet régional de l'Oural annonçant l'exécution de Nicolas II. Le procès-verbal contenait ces lignes sans ambiguïté :

---

* Anthony Summers et Tom Mangold, *op. cit.*

« Les derniers jours, la capitale de l'Oural rouge était sérieusement menacée par l'approche des bandes tchécoslovaques. En même temps, on découvrit un nouveau complot des contre-révolutionnaires pour enlever aux mains du pouvoir soviétique le bourreau couronné. Pour toutes ces raisons, le présidium du Soviet de l'Oural décida de fusiller Nicolas Romanov, décision exécutée. La femme et le fils de Nicolas ont été évacués en lieu sûr. Les documents découverts sur le complot ont été adressés à Moscou par courrier spécial. Après avoir fait cette communication, Sverdlov rappelle l'histoire du transfert de Romanov de Tobolsk à Ekaterinbourg lorsqu'on découvrit une organisation de gardes blancs pour préparer la fuite de Romanov. Pendant ces derniers temps, on songeait à traduire devant le tribunal l'ex-Tzar pour tous ses crimes contre le peuple. Mais les événements présents ont empêché la constitution de ce tribunal. Le Présidium, après avoir discuté des raisons qui ont poussé le Soviet de l'Oural à fusiller Romanov, a voté la motion suivante : "Le Comité exécutif représenté par son Présidium reconnaît comme juste la décision du Soviet de l'Oural." Puis le Présidium fait connaître que le Comité exécutif possède des documents importants ayant appartenu à Romanov : son journal, ceux de sa femme et de ses enfants, sa correspondance. Il possède en particulier les lettres de Raspoutine à Romanov et à sa famille. Tous ces documents vont être examinés et publiés très prochainement. »

Ce que le Comité exécutif taisait soigneusement, c'est qu'il avait reçu dès le 17 juillet le télégramme chiffré suivant :

Faites savoir à Sverdlov que toute la famille a eu le même sort que son chef. Officiellement, elle périra pendant l'évacuation.

Est-ce l'ignorance de ce dernier texte – que déchiffrera le premier Nicolas Sokolov – et l'impression produite par le communiqué officiel qui affirmait que seul le Tzar avait été exécuté qui conduisirent les deux premiers enquêteurs à douter d'une exécution en masse de la famille impériale ? C'est fort possible. Le capitaine Malinovski, membre de la première commission d'enquête, va déclarer : « Mon travail sur l'affaire m'a amené à la conviction que la famille impériale était *vivante*. Il semblait que les bolcheviks avaient fusillé quelqu'un dans la pièce pour *simuler* le meurtre de la famille impériale puis avaient emmené celle-ci, de nuit, vers la mine des Quatre Frères, toujours dans l'intention de faire croire à un meurtre, qu'ils l'avaient habillée à la paysanne et emmenée ailleurs après avoir brûlé ses vêtements. Voilà ce que mes observations et mes réflexions m'ont conduit à penser. Il me semble que la maison impériale allemande ne pouvait absolument pas permettre un tel forfait. Elle ne le pouvait pas. Voilà ce que je me suis dit et il m'a aussi semblé que tout ce que j'avais observé pendant l'enquête tendait à simuler un assassinat. »

Prise de position fort curieuse, en vérité. Elle retiendrait peu notre attention si elle n'était confirmée par une autre déclaration, celle du second enquêteur Sergheïev, qui semble avoir penché vers une opinion semblable à celle de Malinovski. Interviewé en décembre 1918 par un journaliste américain, il aurait montré à celui-ci un épais dossier bleu sur lequel était écrit : « Affaire Nicolas Romanov », et il aurait déclaré : « J'ai là tout ce qui se rapporte à l'affaire. J'ai examiné le rez-de-chaussée de la maison où vivait la famille où l'on dit que le crime a été commis. Je ne crois pas que tous ces gens, le Tzar, sa famille et ceux qui les accompagnaient aient été fusillés ici. Ma conviction est que l'Impératrice, les grandes-duchesses et le Tzarévitch n'ont pas été tués dans cette maison. Mais je crois que le Tzar, le professeur Botkine, médecin de la famille, deux valets et la femme de chambre Demidova ont bien été tués dans la maison Ipatiev. » Voilà qui nous semble plus curieux encore. D'autant que le rapport officiel de Sergheïev, en date du 1er février 1919, concluait catégoriquement au massacre de toute la famille et de sa suite.

Alors ?

Les gardes rouges qui se trouvaient, pendant la nuit tragique, dans la maison Ipatiev s'étaient bien entendu éclipsés avant même que les Blancs n'entrent dans Ekaterinbourg. Ils avaient repris leur rang dans l'Armée rouge. La fatalité – en ce qui les concerne – permit que plusieurs d'entre eux fussent faits prisonniers par les Blancs au cours des combats qui allaient suivre.

Dès qu'ils furent identifiés, on commença à les interroger. Nous disposons donc de témoignages remarquablement et tristement explicites recueillis auprès d'acteurs et de témoins exceptionnels.

Le mieux me semble de mettre sous les yeux du lecteur les déclarations de ces derniers. Leur valeur semble d'autant plus indéniable que, tombés entre les mains des Blancs, ils avaient tout intérêt à minimiser leur rôle. Ce qu'ils ont fait d'ailleurs.

Voici par exemple ce que déclare le témoin Prokouriakov :

« Je me souviens très bien que André Strékotine était à la mitrailleuse du rez-de-chaussée au moment du meurtre. Il vit tout, forcément. J'interrogeai Strékotine et Medviedev. Tous les deux me firent le récit suivant :

« Le 16 juillet, au soir, Yourovski dit à Medviedev que la famille impériale serait fusillée pendant la nuit et lui ordonna d'avertir les ouvriers et de retirer leurs revolvers aux factionnaires. Medviedev exécuta l'ordre, remit les revolvers à Yourovski et annonça au détachement que les détenus seraient fusillés à 11 heures du soir.

« A minuit, Yourovski réveilla la famille impériale et lui ordonna de s'habiller et de descendre au rez-de-chaussée. D'après Medviedev, Yourovski lui expliqua que la nuit serait dangereuse, c'est-à-dire que le premier étage serait peu sûr au cas où on tirerait dans les rues. La famille impériale exécuta l'ordre de Medviedev et descendit au rez-de-chaussée. Il y avait l'Empereur, l'Impératrice, le Tzarévitch, les quatre filles, le docteur, le valet de chambre, la femme de chambre et le cuisinier. Quant au petit domestique, Yourovski, un jour et demi avant, je crois, l'avait fait installer au corps de garde où je l'avais vu avant le meurtre.

« On amena les détenus dans la pièce communiquant avec le débarras. Ils étaient tous debout sur deux rangs et un peu en forme d'angle le long des deux murs. Yourovski se mit alors à lire lui-même un papier. Le Tzar ne comprit pas et demanda à Yourovski : “Quoi ?” Celui-ci leva son revolver et répondit en le lui montrant : “Voilà !”

« Medviedev m'a raconté qu'il tira lui-même deux ou trois balles sur le Tzar et les autres condamnés. Je dis l'exacte vérité.

« Sitôt après l'exécution on enleva aux cadavres leurs bijoux, Yourovski les réunit et les emporta en haut. Puis on chargea les cadavres sur un camion automobile, un seul, je crois, et on les emmena. Le chauffeur était un ouvrier de la fabrique Zlokazov, Lioukhanov.

« Je ne sais pas dans quelle direction on emmena les cadavres. Medviedev lui-même ne devait pas le savoir, car Yourovski garda la chose secrète. »

Le garde Yakimov s'était couché à 11 heures. Vers 4 heures, au petit jour, il fut réveillé par son camarade Klestchev, ainsi que d'autres gardes : « "Debout, camarades, criait-il tout ému. Je vais vous raconter une nouvelle. Venez dans l'autre chambre." Nous nous levâmes et passâmes dans la pièce voisine où il y avait plus de monde.

« Lorsque nous fûmes tous réunis, Klestchev, Dériabine, Liesnikov et Broussianine nous racontèrent alors ce qui suit. C'était surtout Klestchev et Dériabine qui parlaient, s'aidant l'un l'autre dans leur récit. Liesnikov et Broussianine disaient aussi ce qu'ils avaient vu.

« A 2 heures de la nuit, Medviedev suivi de Dobrynine s'approcha d'eux et les avertit que leur faction durerait plus de deux heures, parce qu'on allait fusiller le Tzar. Klestchev et Dériabine s'approchèrent alors des fenêtres, Klestchev de celle du vestibule donnant sur le jardin, Dériabine de celle qui éclaire la chambre du meurtre, du côté de la perspective Voznessensky.

« Bientôt, et c'était à 1 heure du matin, d'après l'ancienne heure ou 3 d'après la nouvelle, des gens pénétrèrent dans le rez-de-chaussée et dans la chambre du n° 1. Klestchev les vit bien. Ils venaient de la cour par la porte du vestibule. En avant marchaient Yourovski et Nikouline. Derrière venaient le Tzar, la Tzarine et ses filles, puis Botkine, Demidova, Troupp et le cuisinier Kharitonov. L'Empereur portait lui-même son fils dans ses bras. Par-derrière étaient Medviedev et les Lettons, c'est-à-dire ces dix hommes qui vivaient au rez-de-chaussée et avaient été amenés par Yourovski de la Tchéka. Parmi eux, deux portaient des fusils. Lorsque les détenus furent entrés dans la pièce, on les disposa ainsi : au milieu se tenait le Tzar, auprès de lui à sa droite, assis sur une chaise, le Tzarévitch, et à droite de ce dernier, Botkine.

« Derrière eux se tenaient l'Impératrice, ses filles et tous les autres.

« Dériabine vit à travers la fenêtre que Yourovski dit quelque chose en faisant un geste de la main. Dériabine ne put l'entendre. Klestchev affirmait qu'il l'avait entendu dire au Tzar et de cela je me souviens très bien : "Nicolas Alexandrovitch, les vôtres ont essayé de vous sauver, mais ils n'y ont pas réussi. Nous sommes dans l'obligation de vous fusiller !"

« A ce moment, quelques coups de feu retentirent. C'étaient exclusivement des coups de revolver.

« Après les premiers coups on entendit gémir et crier des voix de femmes. Les victimes tombaient l'une après l'autre. La première qui tomba fut le Tzar et le Tzarévitch après lui. Demidova essaya de fuir : elle se couvrait d'un coussin. Fut-elle blessée ou non par des balles, je ne sais. Klestchev et Dériabine disaient qu'elle seule fut percée de coups de baïonnette. Lorsque les victimes furent toutes tombées, elles furent palpées et quelques-unes achevées à coups de feu ou de baïonnette.

« Quelqu'un descendit du premier étage quelques draps dans lesquels on mit les cadavres qu'on emporta dans la cour à travers les mêmes pièces que les victimes avaient traversées pour venir. De la cour on les chargea sur une auto stationnant à la porte d'entrée du premier, entre la façade et la palissade. On prit du drap dans la chambre de débarras, on le mit sur l'auto sous les cadavres, et on le replia dessus. Le chauffeur de l'auto était Serge Lioukhanov. L'auto sortit sur la perspective, puis suivit la ruelle Voznessensky, le long de la maison Popov.

« Après le départ des cadavres, deux Lettons, un jeune à lunettes, et un autre jeune aussi, de vingt-deux ans, blond, se mirent à balayer le sang et à le laver avec de l'eau mêlée à de la sciure. Kletschev et Dériabine disaient que le sang fut poussé avec la sciure dans quelque cave.

« Les récits de Klestchev, de Dériabine, de Broussianine et de Liesnikov étaient si vraisemblables, ils étaient eux-mêmes si émus et troublés par ce qu'ils avaient vu, que personne ne douta de la vérité de leurs paroles. Dériabine surtout et Broussianine étaient violemment troublés. Dériabine appelait les meurtriers “des bouchers” et en parlait avec dégoût. Broussianine ne put supporter le spectacle de l'enlèvement des corps lorsqu'on les tira dans des draps blancs pour les charger sur l'auto : il s'enfuit de son poste dans la cour de derrière.

« Le récit du meurtre du Tzar et de sa famille m'agita fortement. Je restai assis tout tremblant. Je ne me recouchai pas, mais vers 8 heures du matin j'allai chez ma sœur Capitoline. J'avais de bonnes relations avec elle. J'allai chez elle pour lui faire part de mes pensées. J'avais sur le cœur un poids très lourd. J'avais besoin de parler à quelqu'un de très proche… »

Jusqu'ici nous n'avons disposé que de récits indirects. Cependant ils se recoupent parfaitement et ils contiennent des détails si précis qu'ils s'imposent à nous comme des vérités : le coussin de Demidova par exemple, les draps dont on se sert comme brancards.

Voici maintenant un témoignage capital, celui de l'homme qui commandait le détachement de la maison Ipatiev, Spiridonovitch Medviedev :

« Le soir du 16 juillet, je pris mon service. Yourovski, vers 8 heures, m'ordonna de lui apporter tous les revolvers, système Nagan. J'enlevai aux sentinelles et à d'autres gardes leurs Nagan à tous, et je les apportai dans le bureau du commandant. Celui-ci me déclara alors : “Aujourd'hui on les fusillera tous, avertis le détachement de ne pas s'alarmer s'il entend des coups de feu." Je devinai que Yourovski voulait parler de tous les détenus, mais je ne lui demandai pas par qui et quand avait été prise la décision de les fusiller. Je dois vous dire que, depuis le matin, le petit aide-cuisinier, sur l'ordre de Yourovski, avait été conduit au corps de garde de la maison Popov.

« Au rez-de-chaussée étaient cantonnés les Lettons de la "commune lettonne" arrivés après la nomination de Yourovski comme commandant. Ils étaient dix en tout. Je ne connais ni les noms ni les prénoms d'aucun.

« A 10 heures du soir, suivant les prescriptions de Yourovski, j'avertis le détachement de ne pas s'alarmer, s'il entendait des coups de feu.

« A minuit, Yourovski réveilla les détenus.

« Une heure après, toute la famille était prête. Avant son réveil étaient arrivés dans la maison Ipatiev deux Tchékistes, l'un dont j'appris plus tard le nom, Pierre Ermakov, et l'autre dont j'ignore le prénom et le nom.

« A 2 heures, tous les détenus sortirent de leurs chambres. Le Tzar portait Alexis dans ses bras. Tous deux étaient en vareuse et en casquette. L'Impératrice et ses filles n'avaient ni manteau ni chapeau. L'Empereur et son fils marchaient les premiers, derrière eux venaient l'Impératrice et ses filles, puis la suite, Yourovski, son aide et les deux Tchékistes les accompagnaient. J'étais là.

« Ils descendirent dans la cour, puis pénétrèrent au rez-de-chaussée. Yourovski montrait le chemin. Il les conduisit dans la pièce voisine de la chambre de débarras et fit apporter des chaises. Son aide en apporta trois, qu'il donna à l'Empereur, à l'Impératrice et à Alexis. L'Impératrice s'assit près du mur où il y a une fenêtre, près du pilier de l'arc. Derrière elle, se tenaient trois de ses filles. (Je les connaissais parfaitement toutes de visage, car presque chaque jour je les voyais à la promenade, mais je ne savais pas bien le nom de chacune.) L'Empereur et son fils étaient assis à côté l'un de l'autre presque au milieu de la pièce. Botkine était debout derrière Alexis. La femme de chambre (j'ignore son nom, c'était une femme de haute taille) était debout contre le montant gauche de la porte donnant dans la chambre de débarras, avec, à côté d'elle, la quatrième des grandes-duchesses. Deux domestiques se tenaient dans le coin gauche à l'entrée, près du mur mitoyen avec la chambre de débarras.

« La servante tenait dans ses mains un coussin. Les grandes-duchesses avaient apporté aussi avec elles de petits coussins. Elles en mirent un sur la chaise de l'Impératrice et un autre sur celle du Tzarévitch.

« En même temps entrèrent dans la chambre onze hommes, Yourovski, son adjoint, les deux Tchékistes et sept Lettons. Yourovski me dit : "Sors dans la rue voir s'il n'y a personne et si on entend les coups de feu." Je sortis dans la cour et, avant d'être dans la rue, j'entendis des détonations. Je revins tout de suite (il s'était passé en tout deux ou trois minutes) ; et je vis le Tzar, la Tzarine, leurs quatre filles et le Tzavéritch étendus sur le plancher, portant de nombreuses blessures, leur sang coulait à flots.

« Le docteur, les deux domestiques et la femme de chambre étaient morts aussi : quand j'arrivai le Tzarévitch respirait encore et gémissait. Yourovski s'approcha de lui et lui tira deux ou trois coups à bout portant.

« Le spectacle et l'odeur du sang me donnèrent la nausée. Avant le meurtre, Yourovski répartit les Nagan, il m'en donna un aussi, mais je le répète, je ne pris pas part à l'exécution. Outre son Nagan, Yourovski avait un Mauser. Après le meurtre, il m'envoya chercher des hommes pour laver le plancher. En me rendant à la maison Popov, je rencontrai les chefs de poste Starkov et Dobrynine qui accoururent. “On a fusillé Nicolas II ? me demanda Dobrynine. Fais attention qu'on n'en ait pas fusillé un autre à sa place. Tu en réponds.” Je répondis que le Tzar et tous les siens avaient été tués.

« J'amenai douze à quinze hommes dont les noms m'échappent maintenant. Ils transportèrent d'abord les cadavres, au moyen de civières faites avec des draps de lit, tendus sur les brancards d'un traîneau de la remise, sur le camion automobile amené à l'entrée de la maison. Les cadavres furent enveloppés dans du drap de soldat pris dans la chambre de débarras. Le chauffeur de l'auto était Lioukhanov, ouvrier de l'usine Zlokazov. Dans l'auto montèrent Pierre Ermakov et l'autre Tchékiste. Je ne sais pas quelle direction ils prirent, ni ce qu'ils ont fait des cadavres.

« On lava le sang de la chambre et de la cour et on remit tout en ordre. Tout était fini à 3 heures du matin. Yourovski partit dans son bureau et moi auprès de mes hommes. Je me réveillai à 9 heures du matin et allai au bureau du commandant. Il y avait le président du Soviet régional, Bielovborodov, le commissaire Golostchékine et Ivan Starkov, le chef de poste de service. Un grand désordre régnait dans toutes les chambres ; tous les effets étaient jetés çà et là, les valises et les malles étaient ouvertes, sur toutes les tables étaient amoncelés des bijoux d'or et d'argent. »

Medviedev, comme on voit, s'est providentiellement « absenté » au moment de l'exécution. C'est du moins ce qu'il a affirmé. Sa femme, elle, a livré un récit bien différent, mais beaucoup plus plausible : « La dernière fois où j'allai trouver mon mari en ville, ce fut dans les premiers jours de juillet (ancien style)... Lorsque nous fûmes seuls, il m'expliqua que, quelques jours auparavant, le Tzar et sa suite avaient été massacrés. Il ne me donna, cette fois-là, aucun détail. Le soir, il envoya son détachement à la gare et le lendemain nous partîmes ensemble chez nous, car il avait reçu une permission de deux jours pour aller distribuer de l'argent aux familles des gardes rouges.

« Lorsque nous fûmes à la maison, Paul me donna quelques détails sur le meurtre. Il me dit que la famille impériale fut réveillée à 2 heures du matin. Les détenus se levèrent, firent leur toilette, s'habillèrent et furent conduits au rez-de-chaussée où on les plaça dans une même pièce. Là on leur lut un papier, dans lequel était dit : "La Révolution va périr, vous devez périr vous aussi !"

« La fusillade commença aussitôt ; *mon mari tira aussi**. Il me dit que, de tous les ouvriers de Syssert, seul il prit part à l'exécution.

« Les cadavres furent emportés loin dans la forêt et jetés dans des fosses.

« Il me raconta cela tout à fait tranquillement. Pendant les derniers temps, il était devenu difficile, ne voulait connaître personne et avait même cessé d'avoir de bons sentiments pour sa famille. »

Comment devant de tels rapports, aussi concordants, aussi précis, pourrait-on encore éprouver quelque doute sur le sort qui fut réservé à la famille impériale russe ? Nous les voyons, ces onze cadavres sur le plancher qui, lentement, s'empourpre de sang. Nous voyons ces corps transportés sur des draps de lit, chargés dans un camion, encore chauds et gluants de sang. Nous le voyons s'éloigner à grande vitesse, ce camion, vers la forêt de Koptiaki. Il s'arrête dans une clairière près du puits d'une mine abandonnée.

---

* Souligné par nous.

On décharge le camion. On ôte aux cadavres les objets, « bagues, icônes, pendeloques, médaillons », qu'ils portent sur eux. Des hommes brandissent de grands couteaux de boucher. On découpe les corps. On les démembre. Sur ces morceaux sanguinolents, on verse 190 kg d'acide sulfurique, puis on brûle ce qui subsiste, au moyen de 200 litres de pétrole.

Il ne demeure plus de la famille impériale qu'une sorte de résidu boueux. C'est à la pelle qu'on jette cette boue dans le puits de mine.

Tout cela paraît si clair, si évidemment exempt d'ambiguïté que l'on comprend aisément la position des historiens pendant plus de soixante ans. Le rapport de Nicolas Sokolov, réunissant les témoignages de tous ceux qui, de près ou de loin, savaient quelque chose de la tragédie de la maison Ipatiev, avait pris figure de monument. Le mérite des deux journalistes britanniques Anthony Summers et Tom Mangold ne doit en apparaître que plus grand. Car, pour eux, il convient de mettre en doute tout ce qui nous a été raconté jusqu'ici. Ils affirment qu'on nous a menti sur la nuit tragique d'Ekaterinbourg. Rien ne s'est déroulé comme les Russes blancs et les Russes rouges – pour une fois paradoxalement unis – ont voulu nous le faire accroire.

Ce qui a commencé à troubler nos deux journalistes lorsqu'ils préparaient pour la BBC une émission sur la fin de la famille impériale russe, ce sont les constatations faites à la mine des Quatre Frères par Nicolas Sokolov. L'enquêteur a en effet présidé à la fouille du puits de la mine et celle-ci s'est effectuée avec le plus grand soin. On en a tiré quelques fragments d'os, dont les experts de l'époque ont déclaré qu'ils pouvaient être humains – mais il y en avait bien peu, quarante-deux. On a retrouvé un dentier qui était celui du docteur Botkine, un doigt qui aurait pu être l'un des doigts du docteur Botkine – toujours lui. Rien de plus. Nos Britanniques se sont dit qu'en tout état de cause il n'était pas possible de faire disparaître aussi complètement les cadavres de onze personnes. Certes, ils disposaient du rapport officiel spécifiant que les cadavres avaient été d'abord détruits à l'acide sulfurique et ensuite brûlés au pétrole. Mais l'acide et le pétrole réunis pouvaient-ils à ce point venir à bout de onze cadavres ? Nos deux Anglais se sont adressés à des experts. Ils ont été formels. Le docteur Edward Rich, de l'Académie militaire de West Point, a déclaré notamment :

« En trois jours [les bolcheviks n'en avaient eu que deux], il était impossible de faire disparaître onze cadavres d'adultes ou d'adolescents. Le feu détruirait la peau, une partie des muscles, les cheveux, les poils et la structure extérieure. En se bornant à verser de l'acide sur les corps, on ne causerait pas de grands dégâts : seule la surface serait endommagée… A l'Université d'Indiana, nous avons essayé de dissoudre des os de différentes sortes. Des os d'agneau, de bœuf et même ceux d'un chat. Bien sûr, ils formaient d'affreux magmas au fond du bocal mais il y avait fallu trois jours – et ils ne furent jamais complètement dissous. »

Question. – A la fin de l'expérience, restait-il assez d'os pour qu'on pût dire qu'il s'agissait d'un os ?

Rich. – Oui.

Question. – Serait-il tombé en poussière si on l'avait touché ?

Rich. – Le toucher causait une sensation désagréable. Certaines parties étaient encore dures et d'autres, bien sûr, tombaient en poussière.

Question. – Voulez-vous dire qu'on pourrait vraiment se débarrasser de l'essentiel d'un os avec de l'acide ?

Rich. – S'il y avait assez d'acide et une cuve assez grande (grande comme le chaudron d'un cannibale), peut-être pourrait-on tout dissoudre. Mais pas en trois jours. »

Les deux journalistes britanniques se souvenaient que les bolcheviks n'avaient disposé, près de la mine, d'aucun récipient pour y faire « fondre » les cadavres. Tout juste avaient-ils pu déverser de l'acide sur ces corps. Quant aux 200 litres de pétrole, il n'était nul besoin de consulter des experts pour se convaincre que cette quantité était notoirement insuffisante pour brûler les onze cadavres. Lorsque Bormann, le 30 avril 1945, voulut faire brûler les cadavres d'Hitler et d'Eva Braun avec l'essence dont on disposait au Bunker – 180 litres – on parvint à un résultat dérisoire : seule la peau et une partie des chairs brûlèrent. Il fallut enterrer les cadavres presque intacts dans un trou d'obus.

Sur ce point de départ, indiscutablement troublant, Summers et Mangold ont décidé de reprendre toute l'enquête. Si on avait menti sur l'affaire du puits de la mine, n'avait-on pas dissimulé la vérité sur le reste ?

Avant toute chose, ils se sont posé une question bien intéressante : le livre de Nicolas Sokolov contenait des témoignages. Un grand nombre de témoignages. Mais renfermait-il tous les documents de l'affaire ? Le dossier original de l'enquête existait-il encore ? Et s'il existait, où se trouvait-il ? Summers et Mangold l'ont cherché partout, ceci pendant de longs mois. Toujours on leur indiquait des pistes qui tournaient court. Leur obstination s'est enfin trouvée couronnée de succès. Le dossier avait été vendu en 1937, chez Sotheby, à Londres.

Je tiens à cet égard de la fille de Nicolas Sokolov une bien intéressante explication : « Après le décès de mon père, le prince Orloff (dont la femme, Romanov et nièce du Tzar, était la marraine de mon frère) se fit confier par ma mère trois valises contenant des pièces d'archives constitutives de l'enquête, des minutes du procès, des correspondances diverses dont celles avec la famille impériale, etc. Le prétexte était la sauvegarde de ces "précieux documents", maman n'ayant que vingt-trois ans et seule en France. A la suite de son divorce avec la princesse, il [le prince Orloff] se rendit aux Etats-Unis, s'y remaria avec une Américaine et monnaya le contenu auprès d'antiquaires, collectionneurs, sociétés historiques… sans plus de vergogne, ce qui explique l'origine de documents possédés par des universités. »

En l'occurrence, c'est un Américain, président de la Compagnie des Téléphones de Cincinnati, qui avait acheté le dossier de l'enquête pour en faire don à la bibliothèque de l'université Harvard.

On imagine la joie de nos deux Anglais depuis si longtemps sur le sentier de la guerre et parvenus au but. Ils allaient s'enfouir dans le dossier Sokolov et s'apercevoir qu'un grand nombre de témoignages recueillis par le dernier enquêteur avaient été conservés par lui sous le boisseau : il n'avait pas publié les documents – fort nombreux – qui semblaient pouvoir contredire la thèse de la mort de la famille impériale à la maison Ipatiev.

Un autre dossier allait tomber entre les mains de Summers et Mangold, celui-ci conservé à l'université californienne de Stanford, et contenant des documents que n'avait pas non plus publiés Sokolov.

Arrêtons-nous un instant. Pour Summers et Mangold, les choix de Nicolas Sokolov ne peuvent qu'avoir été délibérés. Il a *choisi* de défendre une thèse : celle de l'exécution de la famille impériale russe à la maison Ipatiev. Pourquoi ? Il semble aux deux journalistes britanniques que la raison en est claire : la disparition de la famille impériale à la maison

Ipatiev « arrangeait » singulièrement le camp des Russes blancs, très partagés politiquement à cette époque, certains ayant pris les armes pour une restauration du régime monarchique, d'autres se battant au nom d'une république libérale.

C'est parfaitement le droit de Summers et Mangold de penser ainsi. On peut aussi leur opposer une explication beaucoup plus simple et peut-être plus logique : l'enquête a duré longtemps, très longtemps. Les personnes interrogées ont été nombreuses, très nombreuses. Les procès-verbaux des interrogatoires représentent une masse considérable, où l'ivraie étouffe bien souvent le bon grain. Nicolas Sokolov, en publiant son livre, n'a jamais prétendu livrer au public la totalité des documents de son enquête : tâche impossible parce que démesurée. Se conduisant là en historien plus qu'en magistrat instructeur, il a publié un *récit* fondé sur les dossiers en sa possession. Mais, comme tous les historiens, il n'a retenu de ces documents que ceux qui lui semblaient sérieux et indiscutables.

Summers et Mangold, eux, se sont bien évidemment jetés sur les documents non publiés. Reconnaissons qu'ils en ont tiré des informations qui ne laissent pas de nous troubler parfois. Ce qu'ils ont découvert de plus inattendu, c'est toute une série de témoignages qui ne se situent nullement à Ekaterinbourg mais à Perm, ville de soixante mille habitants, située au sud-est et à trois cents kilomètres d'Ekaterinbourg.

Or plusieurs personnes, dont l'identité nous est donnée et dont les témoignages ont été signés par elles-mêmes, affirment avoir vu vivants des membres de la famille impériale, ceci plusieurs semaines, voire plusieurs mois après la date de leur mort officielle à la maison Ipatiev.

Ne nous le dissimulons pas : ces témoignages sont étrangement concordants. C'est ainsi que la sœur du président du Comité régional de la Tchéka déclare tenir de son frère que seul l'ex-Empereur « avait été tué à Ekaterinbourg et que le reste de la famille, y compris l'ex-Tzarine, avait été transféré d'Ekaterinbourg à Perm ».

Bien mieux, ce président de la Tchéka – auquel son seul titre permet d'accorder une autorité incontestable – a confié à sa sœur que la Tzarine et ses enfants étaient venus d'Ekaterinbourg à Perm dans un train où ils se trouvaient toujours au moment où il parlait. Il a précisé que ce train stationnait à la gare n° 2 de Perm où il était sévèrement gardé.

Nathalie Moutnykh, infirmière, autre témoin, est la sœur d'un personnage non moins important : le secrétaire du Soviet régional. Elle affirme que son frère lui a révélé que Nicolas II et le Tzarévitch avaient été fusillés, leurs cadavres brûlés, « mais que le reste de la famille, c'est-à-dire les quatre filles et Alexandra Féodorovna, avait été emmené à Perm ». Passionnée par de telles confidences – ce qui se comprend – Nathalie Moutnykh a supplié son frère de lui révéler où l'Impératrice et ses filles étaient détenues. Le secrétaire du Soviet l'a alors emmenée à la maison Berezine. *Témoignage de Nathalie Moutnykh* : « Nous sommes descendus au sous-sol et, dans une chambre faiblement éclairée par une bougie, j'ai aperçu l'ex-Impératrice, Alexandra Féodorovna, et ses quatre filles, qui étaient dans un état lamentable ; mais je ne les ai que trop bien reconnues. » Par trois fois Nathalie Moutnykh a été interrogée. On lui a demandé de préciser ses souvenirs. On ne peut se retenir d'être ému par les détails qu'elle donne : « En entrant, j'ai vu les visages pâles assez fatigués des jeunes femmes. Je ne me rappelle pas exactement combien elles étaient. Mais j'ai vu qu'on ne les avait pas installées luxueusement. Elles dormaient sur des paillasses posées à même le sol, sans draps ni couvertures. La pièce n'était faiblement éclairée que par une chandelle de suif. Une des grandes-duchesses était assise et sifflotait. Il m'a semblé que c'était la grande-duchesse Olga, et j'avais entendu dire par mon frère que la grande-duchesse Olga était une des arrogantes filles du Tzar. Je suis restée dans la même pièce qu'elles pendant quelques minutes… Par la suite, j'ai appris que la famille de l'ex-Tzar avait été emmenée dans un couvent et était gardée plus strictement parce que l'une des grandes-duchesses avait essayé de s'enfuir. »

Autre témoignage de la même Nathalie : « Il y avait quatre matelas par terre, sur lesquels étaient allongées la Tzarine et trois de ses filles, dont deux avaient les cheveux coupés et portaient des fichus. L'une des filles était assise sur sa paillasse. J'ai noté qu'elle regardait mon frère avec mépris. Sur les matelas, en plus des oreillers, il y avait des capotes militaires et, sur celui de la Tzarine, il y avait un petit coussin en plus de la capote… »

Nathalie Moutnykh nous dit encore qu'à son arrivée à Perm « la famille impériale avait habité dans le bâtiment de la Perception au coin de la rue Obvinskaïa et de la rue Pokrovskaïa, où elle vivait dans de bonnes conditions et pas trop étroitement surveillée. Mais après que l'une des grandes-duchesses (peut-être Tatiana) eut tenté de s'évader, la famille fut transférée dans le sous-sol de la maison Berezine, et c'est là que je l'ai vue ».

C'est précisément à la Perception qu'une certaine Glafira Malicheva, épouse d'un membre du parti communiste de Perm, rencontre une jeune fille qu'elle pense être l'une des grandes-duchesses. A la recherche de son mari, elle a appris qu'il était de garde à la Perception et l'y a rejoint : « J'ai demandé à mon mari ce qu'il faisait là, il m'a répondu qu'il était de service pour garder les filles de l'ex-Tzar. J'ai dit que j'aimerais bien en voir une, alors mon mari m'a dit d'attendre que l'une d'elles redescende des étages où les bagages des détenus étaient rangés. Et, en effet, un instant plus tard, j'ai vu une jeune fille descendre l'escalier : pas grande, plutôt de taille moyenne, avec les cheveux coupés et des lunettes à monture en or, des cheveux blonds avec un reflet roux. Elle était maigre, pâle, elle semblait éreintée et en mauvaise santé. Elle est passée très vite. J'étais à une certaine distance et je ne l'ai vue qu'un instant. Je n'en ai pas reparlé à mon mari. »

Détail qu'il est impossible de négliger : les enquêteurs blancs ont découvert chez Glafira Malicheva des serviettes de table portant l'insigne impérial. Glafira a fini par avouer : « Je les ai ramassées par terre, à la Perception, le jour où j'ai vu la fille qui, d'après mon mari, était cette grande-duchesse. Les serviettes traînaient dans le corridor. On m'avait dit que personne n'en avait besoin et qu'on les avait jetées. »

Le plus troublant des témoignages retrouvés par Summers et Mangold est certainement celui du docteur Paul Ivanovitch Outkine, quarante-quatre ans, qui, en septembre 1918, à Perm, a été appelé auprès d'un malade : « Quand j'entrai dans la pièce, un des bolcheviks qui m'escortaient me dit : “Voyez si vous pouvez faire quelque chose pour elle.” Je commençai à examiner la femme allongée sur le lit. Je me rappelle très bien que, sur la joue, la gauche, je crois, elle avait une longue ecchymose qui partait du coin de l'œil et traversait la pommette. Elle avait aussi une coupure au coin gauche de la lèvre supérieure. Toutes ces blessures étaient superficielles et donnaient l'impression que la malade avait été battue : elle avait d'abord reçu un coup de poing sur la pommette, puis s'était fait mettre un œil au beurre noir et un ongle lui avait déchiré la lèvre.

Après avoir examiné ces dégâts, j'examinai la poitrine : elle ne portait aucune trace de violence. Pendant tout ce temps, la malade était manifestement inconsciente. Elle tremblait terriblement. Quand j'avais commencé à l'examiner, tous les hommes étaient sortis de la pièce et la femme dont j'ai parlé était restée. Un peu après que j'eus commencé mon examen, la malade a repris connaissance. Elle m'a regardé et je lui ai demandé : "Qui êtes-vous ?" D'une voix tremblante mais très distinctement, elle m'a répondu, mot pour mot, ceci : "Je suis la fille du Tzar, Anastasia." Je voulais continuer mon examen mais, comme j'allais soulever le drap, la Tchékiste qui était restée tout le temps près de moi appela : "Camarades !" Aussitôt plusieurs hommes rentrèrent dans la pièce et l'on me dit : "Docteur, vous n'avez pas à examiner le reste" et on m'empêcha de continuer. Je suis alors passé dans l'autre pièce et j'ai demandé du papier pour rédiger une ordonnance. Ils me donnèrent une formule à en-tête du docteur Ivanov et je prescrivis, pour la malade, de la teinture d'iode, de l'eau Goulard, du bromure, de la valériane et de quoi faire un pansement. »

Plusieurs autres témoignages font état du bruit qui a couru à Perm de la tentative d'évasion de l'une des filles du Tzar. Certains précisent qu'il s'agit d'Anastasia. L'ordonnance du docteur Outkine ne porte pas le nom de la malade. Les policiers le lui ont interdit. Seulement une initiale : N, lettre qui correspond à Nicolaïevna. Le médecin n'en a pas moins confirmé avec force la certitude qu'il avait éprouvée de se trouver en présence de la grande-duchesse Anastasia : « Je ne doutais pas une seconde qu'elle fût la fille de l'Empereur et je n'en doute toujours pas. Pourquoi une personne hâterait-elle sa fin en donnant son vrai nom alors qu'on est tombé sur elle par hasard ? Sur le moment, je me suis fait mon opinion d'après ce que me disait la malade. De ma vie je n'avais vu Anastasia Nicolaïevna – je n'en avais jamais eu l'occasion. De la famille impériale, je n'avais rencontré que l'Empereur, l'Impératrice et Alexis Nicolaïevitch en 1913. J'avais aussi, la même année, aperçu Tatiana et Olga Nicolaïevna. A mon avis, Anastasia Nicolaïevna ressemblait à Elisabeth Féodorovna, que j'avais vue à Moscou en 1913. C'est à Moscou que j'ai rencontré la famille impériale. »

Ce qui nous incite à ne pas douter de l'honnêteté du docteur Outkine, c'est qu'après avoir relu son témoignage le médecin demanda une rectification au procès-verbal : « Je ne vous demande qu'une modification à la rédaction que vous avez faite de ma déposition. Anastasia ne m'a pas dit exactement ce que vous avez écrit : "Je suis la fille de l'Empereur (*imperatora* en russe), Anastasia." Elle m'a dit : "Je suis la fille du maître (en russe : *gosoudaria)*, Anastasia." »

Comment ne pas, en face de telles révélations, se sentir de plus en plus perplexe ? Rappelons que tous ces témoignages ont été recueillis après la prise de Perm par les Russes blancs de l'amiral Koltchak. Car l'armée blanche continuait son irrésistible avance vers Moscou. La prise de Perm avait même revêtu une importance capitale : les soldats de Koltchak pouvaient envisager désormais de donner la main aux autres armées blanches, celles du Nord. Une telle jonction marquerait la fin de la révolution soviétique.

Ce qu'il faut savoir aussi, c'est que les enquêteurs qui avaient recueilli ces dépositions avaient agi sans aucun lien avec le juge Sokolov. Les témoignages n'en avaient pas moins été soumis plus tard à Sokolov qui n'y avait pas même fait allusion dans son livre. Pourquoi ? Summers et

Mangold pensent que ces dépositions, qui contredisaient totalement ses propres conclusions, avaient conduit Sokolov à n'en tenir aucun compte – et ceci délibérément.

Mais ne pouvons-nous pas estimer, de notre côté, que le juge Sokolov n'a éliminé les témoignages recueillis à Perm que parce qu'il les trouvait inacceptables ? Comment aurait-il pu les admettre puisqu'ils étaient contredits par d'autres témoignages, si forts que d'eux seuls découlait la vérité de l'Histoire ?

Notre avantage sur la génération d'historiens qui nous a précédés, c'est que cette génération-là ne pouvait choisir. On ne lui avait présenté qu'une seule version des faits, celle de Sokolov. Nous en avons deux maintenant à notre disposition – et donc nous avons le choix.

Mais quel choix ?

J'ai salué la patience, l'obstination de Summers et Mangold. J'ai apprécié l'importance de leurs découvertes. Je manquerais à mes devoirs d'historien si je ne soulignais pas également le caractère souvent tendancieux de leur travail. Nous sommes en présence de l'œuvre de deux hommes qui encourent très exactement le reproche qu'ils ne cessent d'adresser au juge Sokolov. Ils répètent que Sokolov avait décidé une fois pour toutes que la famille impériale était morte à la maison Ipatiev et que, de là, il a repoussé tout ce qui venait contredire son explication. Summers et Mangold, eux, ont décidé que la famille impériale n'était pas morte à la maison Ipatiev et ils nient tout ce qui pourrait leur donner tort.

Souvenons-nous des avis des deux premiers enquêteurs, le capitaine Malinovski et le juge Sergheïev. Tous les deux ont déclaré qu'ils ne croyaient pas que la famille impériale avait été exécutée à la maison Ipatiev, sauf peut-être le Tzar et Botkine. Summers et Mangold font un sort considérable à ces deux prises de position. Ils les présentent comme l'une des pierres angulaires de leur raisonnement.

C'est tout simplement ne pas tenir compte de la mère de l'Histoire, c'est-à-dire la chronologie.

Malinovski n'a exprimé son opinion que quelques jours après l'entrée des Blancs à Ekaterinbourg. Sergheïev s'est exprimé, lui, en décembre 1918.

De telles hésitations s'expliquent parfaitement car, à cette époque, l'on n'avait pas encore capturé les gardes rouges acteurs et témoins du massacre. Medviedev n'a témoigné que le 12 février 1919 et les autres gardes à une époque postérieure. Il est bien évident que Malinovski et Sergheïev, s'ils avaient connu les récits des gardes rouges, n'auraient nullement exprimé les hésitations dont ils ont fait état avant la fin de l'année 1918.

C'est là ce qui gêne le plus les deux journalistes britanniques. Le lecteur comprend pourquoi j'ai tenu à citer de longs passages des récits de ces gardes rouges. Après les avoir lus, comment imaginer que ce qu'ils ont raconté ait été inventé de toutes pièces ? Et pour quelles raisons ? De faux témoins, les gardes rouges ? Summers et Mangold croient pouvoir nous expliquer qu'on leur a fait jouer un rôle. Ceci pour satisfaire quelque obscure raison d'Etat. J'avoue ne pas comprendre de quelle raison d'Etat il pourrait bien s'agir, et comprendre encore moins comment en l'occurrence Russes blancs et Russes rouges auraient collaboré dans la confection d'une version préfabriquée et fallacieuse de l'Histoire.

Je relis les dépositions des gardes rouges et je ne cesse de me convaincre de leur sincérité. Ce qui ajoute à ma conviction, c'est que Medviedev, par exemple, est mort un peu trop rapidement au cours des derniers interrogatoires que les Blancs lui ont fait subir. Un témoin nous a révélé que les enquêteurs y étaient allés un peu fort. Nous avons compris : Medviedev est mort sous la torture. Lorsqu'on tient un faux témoin, il me semble qu'on le ménage soigneusement. On ne le tue pas.

Il n'existe entre les témoignages des gardes rouges aucune contradiction essentielle. S'il s'agissait de fabrication délibérée, pourquoi ferait-on dire à un garde que la femme de chambre Demidova portait un coussin ? Et pourquoi un autre redonnerait-il le même détail ? Dans le cadre de la raison d'Etat, ces « anecdotes » ne pourraient paraître que ridicules dans leur inutilité.

L'un des magistrats instructeurs a confié plus tard avoir assisté à l'interrogatoire au cours duquel Medviedev racontait comment il avait vu mourir la famille impériale. Il se souvenait que Medviedev était blanc comme linge, qu'il parlait d'une voix faible : comme un homme qui a la certitude qu'il va lui-même bientôt mourir. Quel intérêt aurait à mentir un homme qui voit la mort en face ?

Ce qui les embarrasse, Summers et Mangold l'expédient avec une désinvolture que l'on est tenté de qualifier plus sévèrement. Ainsi en est-il pour le télégramme très explicite du Soviet de l'Oural annonçant à Moscou que *toute la famille impériale* avait suivi le sort du Tzar et que l'on annoncerait officiellement qu'elle était morte au cours de l'évacuation. Summers et Mangold imaginent qu'il pourrait bien exister un code dans ce télégramme, lui-même codé. Ce code pourrait faire dire au texte le contraire de ce qu'il exprime. Est-ce bien là un exemple de méthode historique ?

Si nous admettons – et nous l'admettons – que la famille impériale tout entière a bien été exécutée à la maison Ipatiev, que devons-nous penser alors des témoignages recueillis à Perm ?

Il faut tenir compte ici d'un état d'esprit que l'historien découvre tout au long de l'Histoire, quand une mort s'est produite sur laquelle on sait peu de chose, ou encore quand il s'agit de la mort de grands de ce monde. L'inconscient populaire refuse ces morts et se raccroche de toutes ses forces à tout indice qui permettrait d'évacuer leur réalité. En Lorraine, on a cru longtemps que Charles le Téméraire avait survécu alors même que l'on avait découvert son cadavre. Comme la mort du jeune Louis XVII au Temple choquait à juste titre la sensibilité des Français, ils se sont empressés de donner des partisans à tous les faux Louis XVII qui parurent dans notre pays pendant près d'un demi-siècle. Les Russes de ce temps-là – y compris les communistes – ressentaient confusément l'envie que la Tzarine et les grandes-duchesses fussent vivantes. Des hommes et des femmes de Perm ont eu l'occasion de voir ou entrevoir des prisonnières – il y en avait beaucoup dans la ville à cette époque. Ces hommes et ces femmes découvrirent des ressemblances. Des frères ou des maris, gênés par l'horreur de la vérité, les ont encouragés dans l'acceptation d'un espoir. L'espoir s'est mué en hypothèse, l'hypothèse en certitude.

Prenons l'exemple de cette Anastasia qui a soulevé la juste compassion du docteur Outkine. L'évasion de la jeune fille, sa poursuite par les gardes rouges, son arrestation et les coups qu'elle a reçus, tout cela est relaté par d'autres témoins. Mais nous apprenons, par d'autres témoignages qui figurent dans le dossier, que si on l'a poursuivie, c'est parce qu'elle avait volé un manteau de fourrure. Son véritable nom était Anastasia Gracheva. Ce qui, convenons-en, change tout.

Un argument présenté par Summers et Mangold garde sa valeur. Ils estiment qu'une raison capitale explique que l'on ait laissé la vie sauve à l'Impératrice et aux grandes-duchesses. A l'époque du massacre, l'Allemagne vient en effet de signer avec la Russie la paix de Brest-Litovsk. En vertu de ce traité, le vainqueur occupe des territoires considérables en Russie, notamment l'Ukraine. Un représentant allemand siège en permanence à Moscou. Gardons-nous d'oublier que l'Impératrice Alexandra est allemande et que le Kaiser a fait part à plusieurs reprises de sa préoccupation en ce qui concerne les princesses allemandes et le sort qui leur serait réservé.

On a pu penser à Moscou qu'il valait mieux garder vivantes la Tzarine et ses filles, comme une éventuelle monnaie d'échange. D'où leur transfert à Perm et, lorsque Perm a été menacé par les Blancs, leur départ vers une destination inconnue.

Tout cela est cohérent. Mais a-t-on le droit de rayer d'un trait de plume les témoignages des gardes rouges qui se trouvaient, au cours de la nuit du 16 au 17 juillet 1918, dans la maison Ipatiev, et qui ont vu massacrer aussi bien le Tzar, le Tzarévitch que l'Impératrice et les grandes-duchesses ?

L'affaire de la mine des Quatre Frères ? Ici l'on ne peut plus douter. Nicolas Sokolov s'est trompé. Il faut donner raison aux experts d'aujourd'hui. Les quelques débris qui ont été retrouvés dans la mine ne peuvent pas être les restes de onze cadavres.

De cette contradiction, une explication existe peut-être. Et c'est un historien russe qui l'a fournie. Les Soviétiques demeurent très discrets sur Ekaterinbourg. Quand on les interroge, ils répondent qu'il s'agit d'un épisode qui, au regard de l'Histoire, n'offre aucune importance.

Cependant, en 1926, un certain Paul Bikov, président du Soviet de l'Oural, a publié un livre qui raconte le massacre d'Ekaterinbourg, d'après les renseignements qu'il a pu recueillir sur place. Un passage me paraît singulièrement important :

« Après qu'on les eut brûlés, on a emporté les restes des cadavres très loin de la mine et on les a enfouis dans un marais où les enquêteurs et les détectives amateurs n'ont pas fait de recherches. Alors les cadavres sont restés là et depuis ils se sont décomposés. »

Ces lignes prennent d'autant plus de prix que, lorsque Paul Bikov écrivait, nul n'avait songé à remettre en cause les conclusions de Sokolov, nul n'avait pensé à interroger les experts.

La vérité ne serait-elle pas là ? La famille tout entière est exécutée. On transporte les cadavres à la mine des Quatre Frères. On fait couler sur eux de l'acide sulfurique. On s'aperçoit que les corps sont demeurés à peu près intacts. On tente de les brûler avec du pétrole, on n'y parvient pas davantage. Comme les Blancs approchent et que l'on tient absolument à leur soustraire des corps qui pourraient devenir des reliques, on s'en va les enfouir en grand secret dans un marais où personne ne les trouvera jamais.

Voilà ce que l'on est libre de croire ou de ne pas croire.

Si elles avaient survécu, l'Impératrice et ses filles auraient connu un sort abominable. Souvenons-nous du témoignage de Nathalie Moutnykh : des femmes dans un sous-sol misérable, des paillasses, le manque de soin, la nourriture insuffisante, les brutalités, le mépris et la haine. Cela pendant des mois et des mois. Et la peur pour les prisonnières et l'angoisse, et le désespoir. Et le départ de Perm quand les Blancs menacent la ville. Et d'autres départs vers des destinations que l'on ne connaît pas. Et, au bout de la route, finalement, une exécution d'autant plus affreuse qu'elle aura si longtemps tardé.

Car il a bien fallu que l'on finisse par les exécuter, puisque aucune de ces femmes ne réapparaîtra plus tard. Celle qui, pendant tant d'années, s'est prétendue Anastasia n'était qu'une pauvre démente qui, en s'abusant elle-même, a fini par abuser les autres.

La mort dans la maison Ipatiev fut horrible. C'est précisément parce que l'idée nous en est intolérable que nous devons souhaiter à ces cinq femmes qu'un autre destin, plus abominable encore, leur ait été épargné.

VII

L'étrange mort de Stavisky

Un homme devant une porte. Il frappe le battant à grands coups de poing. A l'intérieur, une voix qui répond, une voix où l'on devine la peur :

— Qui est là ?

— Ouvrez ! Police !

Dans l'instant, le bruit assourdi d'un coup de feu traverse la porte. Un autre bruit plus sourd, celui d'un corps qui s'abat.

Cela se passe à Chamonix, le 8 janvier 1934, au milieu de l'après-midi. Dans un chalet enfoui dans la neige : le *Vieux Logis*. Le policier qui a frappé à la porte s'appelle Charpentier. L'homme qui se trouve à l'intérieur se nomme Stavisky. Un nom encore ignoré de la plupart des Français mais qui, en quelques jours, sera dans toutes les bouches. Un nom qui, identifié à une gigantesque escroquerie, va ébranler le régime parlementaire et aller jusqu'à mettre en péril la République. Il ne faudra que quelques semaines pour qu'un immense mouvement d'indignation soulève toute la France. Ceci à cause de l'homme qui, enfermé dans sa chambre, gît sur le sol, la tête baignant dans le sang.

Le Tout-Paris le connaissait sous le nom de Serge Alexandre. Un mois plus tôt, il habitait encore le Claridge, aux Champs-Elysées, en attendant que fût totalement aménagé son hôtel particulier de la rue de Berri. Il tenait le haut du pavé. A ses réceptions se pressaient les ministres, les parlementaires, les généraux, les magistrats. Il était propriétaire d'un théâtre, l'Empire, d'une écurie de courses. Sa femme, Arlette, remportait les concours d'élégance automobile. Il fréquentait les casinos où il hasardait des bancos de plusieurs millions. Il laissait dans son sillage comme une traînée de puissance et de gloire, celles que procure la grande richesse. Partout, on saluait avec obséquiosité M. Alexandre. On ne savait pas très bien d'où lui venait l'argent qu'il répandait, tels ces nababs d'autrefois dont parle la légende. A ceux qui posaient des questions, les gens bien informés se contentaient de répondre avec assurance :

— Il fait des affaires.

Ses bureaux se trouvaient place Saint-Georges. Joseph Kessel, à qui M. Alexandre avait proposé de publier avec lui un journal, s'y était rendu. Il y avait vu des « chambres sévères et ternes », un « mobilier lourd et triste », des « étages retentissant du cliquetis des machines à écrire », de « grandes salles avec des tables massives, pour conseils d'administration ». Tout cela avait frappé – ô combien ! – Joseph Kessel : « Il n'y avait même pas, dans cette maison, l'affectation d'éclat et de luxe qui, parfois, éveillent la méfiance. Tout paraissait pesant, sérieux, et un peu poudreux. On eût dit qu'Alexandre montrait là le sérieux de son personnage, contrepoids nécessaire à ses sorties frivoles, à ses parties enragées… Des dactylographes, des secrétaires passaient à travers le bureau, recevaient des ordres, repartaient. Des avocats, qui semblaient là en permanence, répondaient à des questions, éclaircissaient des points de droit. Les propos étaient assourdis par le fracas des autobus qui roulaient sur le pavé de Montmartre, mais tout montrait la santé, la bonne humeur, l'élan d'une affaire importante*. »

Kessel, attendant M. Alexandre qui téléphonait à Budapest, n'avait pas manqué de compagnie : M. Dorn y de Alsoa, un diplomate sud-américain, la boutonnière ornée de l'insigne de grand-croix de la Légion d'honneur, était venu le saluer suivi par un vieux général barbu. Décidément, rien que du beau monde. Enfin, on avait introduit Kessel chez M. Alexandre lui-même.

A cette époque, il avait quarante-sept ans, mais en paraissait moins de quarante. Ce qui frappait, c'était le contraste entre le haut du visage, énergique et ferme, presque beau, et la moitié inférieure, marquée surtout par la mollesse du menton et l'inflexion rusée de la bouche. Kessel allait dire que tout, dans cette figure et dans ce corps, témoignait de la finesse et de l'agilité : « Flexible et souple, pris dans des vêtements sans un pli, il avait des mouvements d'une jeunesse légère… Son teint poli témoignait de soins assidus. Ses dents régulières, serrées, aiguës, éblouissantes, il les montrait volontiers en retroussant ses minces lèvres. Sous le front bien fait, quoique d'une coupe légèrement fuyante, brillaient des yeux noirs et comme lustrés. Ses étroites narines frémissaient toujours un peu. » A cela s'ajoutait la voix « impérieuse et douce, claire et réticente, conduite prudemment et soudain rompue par quelque éclat vulgaire ».

M. Alexandre allait souscrire 25 000 francs au journal que préparaient les frères Kessel. Une poignée de main, un sourire, un conseil :

— Faites-moi signe au moment où vous appellerez le reste du capital et où vous constituerez la société. Je m'y connais certainement mieux que vous.

---

* Joseph Kessel : *Stavisky, l'homme que j'ai connu* (1934).

Qui, à part quelques policiers malchanceux, aurait eu l'idée – et l'audace – de se souvenir que M. Alexandre s'était appelé Sacha Stavisky et que la police l'interrogeait déjà en 1909 ?

Il a vingt-trois ans, cette année-là, puisqu'il est né le 20 novembre 1886 à Slobodka, en Ukraine. Les Stavisky ont fui les pogroms qui, à cette époque, frappaient quasi rituellement les Juifs de Russie. Ils sont venus s'installer à Paris en 1900. On leur a accordé la naturalisation. Le père, dentiste, a installé son cabinet au 5 de la rue de la Renaissance, dans le quartier des Champs-Elysées. Son fils, Sacha, habite chez lui. Et s'il paraît devant le commissaire de police, c'est qu'il a fait imprimer des cartes de visite au nom de M. Lemerre, éditeur, et qu'il a utilisé ces cartes pour obtenir des places de faveur dans certains théâtres. Le jeune Sacha Stavisky n'aura droit, cette fois-là, de la part du commissaire, qu'à des paroles sévères. M. Lemerre, en effet, n'a pas porté plainte.

Qui est-il, ce Sacha Stavisky ? Le père est un homme d'une honnêteté irréprochable, un grand travailleur. Pourquoi le fils se situe-t-il aux antipodes ? Mystère de l'hérédité. La vérité est qu'il aime la vie facile, à grandes brides. Il se sent des envies de luxe, il voudrait gagner beaucoup d'argent. Mais voilà, il est ennemi du moindre effort. Sacha Stavisky est un incoercible paresseux. Travailler ? Il n'y songe pas. Alors, déjà, il a dérobé de l'or conservé par son père pour ses prothèses. Il l'a revendu à des boutiquiers de la rue des Blancs-Manteaux. Bien sûr, le père n'a pas déposé plainte. A vingt ans, Sacha s'est cru une vocation artistique. Il est de ceux qui croient – à tort – que le métier d'artiste rapporte beaucoup pour peu d'efforts. Il s'est fait engager comme comique dans un café-concert de l'avenue des Ternes. Le public le boude, crie qu'il n'est pas drôle. Il renonce.

Peut-être s'en serait-il tenu là s'il n'y avait eu le grand-père. Il est aussi venu de Russie, le grand-père. Ce vieux monsieur au regard trop vif aurait plutôt tendance à penser que tous ces Français sont particulièrement stupides et qu'avec un peu de malice on pourrait très facilement leur faire admettre n'importe quoi. C'est la devise du grand-père Stavisky : rouler tous ceux qui se laisseront faire. L'hérédité dont je parlais, elle est peut-être là. Sacha ne jure que par ce merveilleux grand-père qui se croit toujours dans un bazar oriental. En 1909, précisément, le grand-père et le petit-fils s'associent. Jusqu'à présent, les Folies-Marigny – l'actuel théâtre Marigny – n'ont abrité de spectacles qu'en hiver. Abraham Stavisky a une idée : louer le théâtre pour la saison d'été. L'ennui, c'est que ni Abraham ni Sacha n'ont devant eux un sou vaillant. Ils vont donc recruter par petites annonces des concessionnaires pour le bar, le programme, la publicité. A chacun, ils réclament un cautionnement. Ils encaissent de la sorte 12 000 francs – des francs-or ! Après quoi, ils résilient le bail et partent avec le magot. Pensaient-ils qu'aucune de leurs dupes ne réagirait ? Voilà qui est difficile à admettre, mais en tout cas, ils ont agi comme s'ils le pensaient.

Nous sommes en présence d'une constante qui est à la base même du comportement des escrocs. Ce qui leur importe, c'est d'encaisser tout de suite de l'argent. Après ? Ils ferment leur esprit à la seule évocation de cet avenir pourtant irrémédiable.

Naturellement, les plaintes pleuvent. On ouvre une information judiciaire. Le grand-père Abraham meurt à point nommé. Voilà le jeune Sacha, seul, dans la nécessité de faire face. Et là, il marque un coup d'audace. Il choisit un grand avocat, Albert Clemenceau. Un avocat qui est aussi le frère d'un homme politique de très haut rang, Georges Clemenceau. Ce qui prouve que le petit-fils dépasse de cent coudées le grand-père. A vingt-trois ans, Sacha Stavisky a compris l'importance des relations et surtout des influences. Albert Clemenceau obtiendra remise sur remise. L'affaire du Marigny ne sera plaidée qu'en 1912, plus de deux ans après l'ouverture de l'information. Stavisky sera condamné à quinze jours de prison avec sursis et 25 francs d'amende. Grande leçon pour Sacha. Que serait-il advenu de lui sans Albert Clemenceau, qui non seulement avait usé de toutes les ressources juridiques, mais avait mis en avant l'autorité que lui donnait son nom ?

Entre-temps, ce beau garçon mince et brun ne compte plus les conquêtes féminines. Ses maîtresses l'hébergent quand il ne sait où coucher. Il leur doit son argent de poche. Il en profite mais reste lucide. Ces succès médiocres ne correspondent en rien à ses rêves de fortune et de puissance. Il se marie en 1910, divorce presque aussitôt. Il ouvre en 1912 un cabinet de contentieux rue Caumartin, se lance dans des entreprises qui tournent court. De nouvelles plaintes sont déposées contre lui. Il doit s'enfuir à Bruxelles, on le condamne deux fois pour abus de confiance.

Quand la guerre éclate, il s'engage. Enfin une bonne note ! Il part dans le train des équipages. Cependant, en janvier 1915, il est réformé. Il a trente ans. Il ne sait pas encore s'habiller, il n'est guère soigné : cheveux longs dans le cou, petite moustache, regard assez veule.

En tant qu'ancien combattant, il est maintenant amnistié de ses précédentes condamnations. Fort de ce casier judiciaire vierge, le voilà face à Paris, les dents plus longues que jamais. Il obtient du gouvernement italien une commande de vingt mille bombes en tôle. Il sous-traite le marché à une entreprise de Suresnes et empoche 300 000 francs de bénéfices. Cette somme va lui servir à désintéresser les victimes de ses précédentes escroqueries et à obtenir la mainlevée des poursuites.

Il s'affine, oublie ses habitudes de vulgarité, s'habille maintenant chez les bons faiseurs. Et il plaît, il plaît. Une certaine Jeanne Darcy – de son vrai nom Fanny Bloch – qui a, avant la guerre, parcouru une assez jolie carrière de chanteuse se déclare folle de lui. Nous sommes au plein de ce curieux Paris de la guerre, où l'on meurt si cruellement à l'avant et où l'arrière se partage trop souvent entre la vie de plaisir et la course à l'argent. Dans un tel contexte, devons-nous nous étonner que Stavisky et Fanny Bloch aient voulu unir leurs destinées ? Ils ouvrent ensemble des salles de jeux clandestins dont le croupier n'est autre que Sacha. Ils gagnent assez d'argent pour inaugurer un cabaret-dancing rue Caumartin.

Les permissionnaires affluent, la caisse se remplit. Mais Sacha est las de Fanny. Il la trompe. D'où des scènes particulièrement pénibles. D'autant plus que Sacha puise dans la caisse. Les barmen évoqueront les algarades des deux amants, les cris suraigus de Fanny, les injures de Sacha, parfois ponctuées de coups. Fanny ira même se plaindre à la police des sévices que lui a infligés Stavisky. On se sépare, on liquide. Sacha est à la tête de 800 000 francs*.

Quelque chose doit nous frapper : à plusieurs reprises nous allons voir s'ouvrir devant Stavisky d'évidentes portes de sortie. Au lendemain de la guerre de 1914, 800 000 francs représentent une très grosse somme. Sacha a été amnistié,

* Maurice Garçon : *Histoire de la justice sous la IIIe République*, tome II, *Les Grandes Affaires* (1957).

ses imprudences sont effacées. Ce capital peut représenter une excellente base de départ pour des affaires honnêtes qu'il pourrait parfaitement réussir, si l'on songe à son réel entregent et à son indiscutable intelligence. Il ne semble pas même y penser. On découvre dans cette vie la fatalité des entreprises en marge, des affaires louches. Il semble que celles-ci attirent Stavisky comme la flamme capte le papillon de nuit.

Sacha s'associe avec un certain Himmel, crée une compagnie de cinéma : la Franco-American Cinematograph Corporation. Une société par actions pour laquelle 8 millions sont souscrits. Le pot aux roses ne tarde pas à se révéler : les associés américains n'existent pas. Une instruction est ouverte.

On verra Stavisky à Istanbul, à Budapest, à Athènes. Il touche au monde de la drogue. Mais il n'aime pas ce milieu où la vie humaine est si souvent mise en cause. Il abandonne, se lance dans une affaire d'alimentation, *le P'tit Pot*, qui vend des consommés de viande en cubes. Faillite frauduleuse. « De 1922 à 1924, dit Me Maurice Garçon, Stavisky fonda une série de sociétés qui disparurent aussi vite qu'elles étaient nées. » Une nouvelle constante qui poursuivra Stavisky jusqu'au bout : il dépense toujours plus d'argent qu'il n'en gagne. D'où la nécessité – dirait M. de La Palice – d'en gagner toujours davantage.

En 1923, il franchit une étape. Un gros paquet de titres a été volé à bord d'un paquebot entre Marseille et l'Amérique du Sud. On a la preuve que la plus grande partie de ces titres, vendus pour un million de francs à Paris, est passée entre les mains de Stavisky. Or il n'est pas inquiété. Etrange longanimité de la justice. Douze ans plus tard, la commission d'enquête se demandera si Sacha ne jouissait pas déjà à ce moment-là de la protection d'un commissaire. Mais l'impunité engendre la témérité. Une nuit, à Montmartre, au dancing le Zelly's, un Américain éméché a signé un chèque de 600 francs. Stavisky l'a « lavé » et en a transformé le montant en 48 200. Un complice, Popovici, présente le chèque à l'American Express qui paye. Sur le conseil de Stavisky, Popovici file à l'étranger. Sacha en profite pour se lancer dans de nouvelles affaires : tissus, gabardines, soieries. Après quoi, Popovici regagne Paris. Il est arrêté sur-le-champ. Or une seule personne connaissait son retour : Stavisky. Persuadé qu'il a été « donné » par Stavisky, Popovici le dénonce. Voilà Stavisky en prison.

Quand le juge d'instruction ouvre le dossier dans le but d'inculper Stavisky, il cherche en vain le chèque falsifié, seule pièce à conviction. Il a disparu ! Comment ? Nul ne le sait. En tout cas, Stavisky est libéré. Peu à peu, c'est une singulière morale personnelle qu'il se forge. Il avait compris l'utilité des influences. Il comprend maintenant que la corruption peut aussi représenter un formidable levier.

Ces quelques jours de prison lui ont-ils servi de leçon ? Pas même. On découvre chez lui la passion du joueur. Il fait monter sans cesse ses enchères personnelles. Le voici plongé dans une affaire de faux. Avec un « spécialiste » embauché en Roumanie, il a décidé d'imprimer de faux bons du Trésor. Il est dénoncé par la femme de l'un de ses complices. La police découvre le matériel dans un pavillon de Brunoy. Un coup de filet a permis d'arrêter les complices, pas Stavisky. Il se terre, puis reparaît à Paris au bras d'un ravissant mannequin de chez Chanel, Arlette, vingt-deux ans.

On dirait qu'il a fait peau neuve, Sacha. Arlette et lui habitent bourgeoisement un appartement de la rue Edouard-Detaille, ils ont loué une villa en banlieue. On les voit très épris l'un de l'autre. Bientôt, on saura qu'Arlette attend un enfant. Sacha, lui, *s'occupe.* Il organise le vol, chez deux agents de change, de 7 millions de titres. On les liquide à Londres, mais, au passage, Stavisky rafle 5 millions.

Est-ce la grande réussite ? Non. L'édifice est par trop bâti sur le sable. En quelques heures, il s'écroule. Les complices de l'affaire de faux le mettent en cause. Cette fois, la police sort à son égard de sa singulière inaction. On arrête Stavisky. On l'introduit dans le cabinet du juge d'instruction. Sous le regard stupéfait du magistrat, il s'évade* !

Contre lui, les plaintes pleuvent : la Banque nationale de Crédit, sur laquelle il a tiré plus de 1 500 000 francs en chèques sans provision. Suit la Banque spéciale de Crédit, refaite, elle, de 1 150 000 francs. Stavisky ? Il a pris la fuite. Nul ne sait où il se trouve. La police opère une descente chez son père, le dentiste Emmanuel Stavisky, que l'on emmène. Très digne, le vieux monsieur annonce qu'il possède un million d'économies et qu'il entend bien indemniser les dupes de son fils. Il regagne son domicile. Là, il s'enferme dans son cabinet – et se donne la mort.

A la fin de juillet 1926, la Sûreté générale reçoit une dénonciation : Stavisky se cache dans une villa de Marly-le-Roi, rue Madame. On vérifie : c'est vrai. Sous les ordres du commissaire Pachot, une nuée de policiers envahissent la villa pleine d'invités. On finit par découvrir Stavisky caché dans les toilettes.

Cette fois, c'est sérieux. Stavisky est écroué à la Santé. Fidèle à lui-même, il engage des avocats vedettes, dont deux sont des célébrités de la politique : Paul Boncour,

* Jacques Robichon : *L'Affaire Stavisky*, dans *Le Roman vrai de la IIIe République, Les Années difficiles* (1958).

Campinchi, deux autres des ténors de la barre : Gaulier, Henry Torrès.

Arlette a accouché. Stavisky est maintenant père d'un petit garçon. Il est décidé à retrouver bientôt sa femme et son fils. Ce qu'il prépare, avec une ingéniosité qui s'apparente à du génie, c'est sa libération. Il a compris qu'il lui fallait avant tout ne pas être jugé : il risque une très lourde peine. Il sait qu'il lui serait impossible de sortir de la prison – ou peut-être du bagne – où cette condamnation le conduirait. Il a compris que sa seule chance était de profiter des possibilités de la prévention. Donc, il faut être libéré avant le procès.

Ce qui le sert, c'est l'extraordinaire complexité des affaires pour lesquelles il est inquiété. Tout se mêle. Les complices qui l'accusent ne connaissent que l'une des affaires auxquelles ils ont été associés. Quand on les interroge sur une autre, les accusations qu'ils lancent contredisent celles de partenaires mieux informés. Le juge s'y perd : les pistes sont fausses, les fonds volés ne se retrouvent plus. Stavisky, avec un regard candide et une voix mouillée d'émotion, jure qu'il ne sait rien.

Peut-être est-ce à ce moment, comme le pense Jacques Robichon, qu'il a effectué un retour sur lui-même. En quinze ans, on avait déposé contre lui vingt-quatre plaintes. Deux fois on l'avait arrêté. Et finalement pour quel résultat ? Oui, être libre. Pas seulement pour éviter cette prison dont il ressent l'horreur. Mais pour faire autre chose de sa vie. Ses avocats sollicitent sa mise en liberté provisoire. Le juge, sans doute impressionné par la qualité de ces maîtres du barreau – et de la politique –, accepte. Aussitôt, de la part des parties civiles, c'est un tollé. Le juge fait machine arrière. Stavisky restera en prison.

Alors, Sacha tombe malade. Ses gardiens, entrant dans sa cellule, le trouvent secoué par des vomissements. Les médecins appelés diagnostiquent une appendicite. On va donc l'opérer à l'infirmerie de Fresnes. Mais Stavisky exige que l'intervention soit pratiquée dans une clinique privée. Le parquet refuse. Nous assistons à une véritable partie de bras de fer, Stavisky contre le parquet. Entre les deux, le juge oscille. Les semaines passent. La santé de Stavisky paraît de plus en plus préoccupante. On commet un expert, le docteur Paul. Il produit un rapport propre à inquiéter : le prisonnier risque l'abcès, la péritonite, la mort. Le parquet cède. Le 22 décembre 1927, Stavisky bénéficie d'une liberté médicale sous caution de 50 000 francs. Le 28 décembre, il sort de prison. Dans la voiture qui l'attend devant la Santé, il trouve Arlette, son complice Hayotte... et Me Gaulier.

Trois jours après, ce quasi-mourant fête le nouvel an dans un cabaret de Montparnasse. Les inspecteurs commis à sa filature manifestent leur étonnement : Stavisky sort deux fois par jour. Il marche d'un bon pas. En somme, la grâce médicale l'a guéri. Un véritable miracle.

Le 20 janvier 1928, Stavisky se marie. Voilà le petit Claude légitimé. Plus tard, le couple aura une fille. Ce couple qui s'appelle désormais Alexandre parce que Stavisky s'est juré de changer de peau. Et il y est parvenu. Il se présente maintenant sous le nom de Serge Alexandre. Stavisky ? Connaît pas. Cette métamorphose, même avec le recul du temps, présente à nos yeux quelque chose qui fascine. Stavisky a joué sur la faculté d'oubli des Parisiens. Il a compris que la puissance va aux puissants, l'argent aux fortunés. Il met en scène sa propre personne, sa propre fortune, il est seul à savoir qu'il s'agit d'un trompe-l'œil. Désormais, il ne fréquentera plus que les palaces, les restaurants les plus huppés. Il se fera conduire dans les plus somptueuses voitures. Les femmes envieront les toilettes et les bijoux d'Arlette.

Tout cela coûte cher. D'où vient l'argent ? Au départ, d'une firme, *Alex*, fondée par Stavisky, qui vend des bijoux, de l'orfèvrerie, des objets d'art. La maison Alex aura des succursales au Touquet, à Biarritz, à Cannes. Qui a fourni la mise de fonds ? Stavisky dira simplement à Kessel : « Un homme m'a aidé. Il est mort. » Avouons-le franchement : il reste encore bien des mystères dans l'histoire de Stavisky.

Il lance un réfrigérateur qu'il baptise *Phébor*. Il crée une société d'alimentation générale – et, à Cannes, le Palais des Sports. Il recrute des conseils d'administration éblouissants. On y rencontre un conseiller d'Etat, un général, un préfet. Il donne des dîners fantastiques. Ses photos et celles d'Arlette paraissent dans les journaux.

Cet homme-là n'en reste pas moins l'objet d'une instruction pour plusieurs affaires dont chacune peut lui valoir bien des années de prison. Il est toujours en liberté provisoire. Comment, sous cette épée de Damoclès, parvient-il à édifier cette nouvelle et colossale carrière ? La réponse nous conduit tout droit au nœud de l'affaire Stavisky. L'une des instructions va se clore par non-lieu. Les autres ? Chaque fois qu'il sera convoqué devant la justice, ses avocats obtiendront une remise. On gagne quelques mois. L'affaire est appelée de nouveau. On demande une nouvelle remise. On l'obtient ! De toute façon, dans l'esprit du public – et peut-être dans celui des magistrats – quel rapport pourrait-il y avoir entre le petit escroc Stavisky et l'homme d'affaires Serge Alexandre qui mène la vie à si grandes guides ?

Décidément, M. Alexandre est partout. Il a signé un contrat avec la ville de Paris pour l'édification d'immeubles entre la porte Dauphine et la Muette. Afin de mener à bien l'opération, il lance un emprunt de 100 millions et aussitôt les titres de la Foncière s'arrachent. Ils n'arrêtent pas de monter. En 1930, le ménage Alexandre dépense 5 millions. On peut légitimement voir en Arlette la chargée de relations publiques du couple. On ne voit qu'elle à Biarritz, à Deauville, à Cannes, à Saint-Jean-de-Luz. Les Alexandre ont des amis, beaucoup d'amis. Ceux-ci boivent les paroles de leur hôte quand il répète avec componction :

— Les relations, c'est le secret de tout.

Dans son portefeuille, M. Alexandre serre un sauf-conduit délivré par le commissaire Bayard : « Le nommé Stavisky peut se recommander de mon nom devant les représentants de la force publique et recourir à eux le cas échéant. »

En fait, M. Alexandre est en train d'édifier la plus colossale escroquerie du siècle.

Tout commence à Orléans. On trouve dans cette ville, comme dans beaucoup d'autres, un Crédit municipal, autrement dit un mont-de-piété. On connaît le principe de ces établissements : ils accordent des prêts sur des objets qui leur sont déposés en gage. Si au bout d'un certain délai, le prêt n'est pas remboursé, l'objet est vendu au profit de l'emprunteur.

Tout crédit municipal, pour assurer le roulement de ses opérations, a besoin d'argent frais. Aussi ces établissements sont-ils autorisés à émettre des bons de caisse, emprunts producteurs d'intérêts. Système qui n'a pas manqué d'attirer l'attention de M. Alexandre.

Il va jeter son dévolu sur le Crédit municipal d'Orléans pour la raison que le directeur, Desbrosses, est bien connu de lui et que M. Alexandre le sait prêt à tout. Il a raison : Desbrosses obéira aveuglément à ce qu'il exigera de lui.

Puisque M. Alexandre est joaillier – la maison Alex – il ne lui est pas difficile de se procurer de fausses émeraudes.

Celles-ci sont portées au Crédit municipal d'Orléans et acceptées pour vraies par Desbrosses. Cela vaut beaucoup d'argent, des émeraudes authentiques. Les millions vont glisser dans les poches de Stavisky : en trois ans 43 millions !

D'évidence, cela ne peut durer toujours. Mais même au milieu de ses splendeurs, M. Alexandre conserve les réflexes du petit escroc qu'il était au temps des Folies-Marigny. Celui qui se répète : « On verra bien. » Le commissaire Pachot – celui qui avait arrêté Stavisky à Marly – n'a pas perdu de vue celui en qui il continue à voir un simple malfaiteur. Les rapports de M. Alexandre avec le Crédit municipal d'Orléans attirent son attention. D'autant plus qu'un complice vient à point nommé dénoncer la fraude. L'inspecteur Cousin enquête sur l'affaire. Il rédige un rapport qui révèle tout le mécanisme de l'opération. Le rapport est transmis au parquet.

Le plus lucide, en l'occurrence, c'est Desbrosses. Il sent que le filet se resserre, il meurt de peur. Il court à Paris, supplie M. Alexandre. Le Crédit municipal d'Orléans va être l'objet d'une inspection imminente. Alors, que deviendront-ils ? Ici Stavisky joue le plus gros coup de sa carrière. Il rembourse les 43 millions !

Quand les inspecteurs surviennent à Orléans, quand ils se penchent sur les comptes du Crédit municipal, ils trouvent éteinte la dette de M. Alexandre. Et l'enquête s'arrête d'elle-même.

Où Stavisky a-t-il trouvé les 43 millions ? En partie dans les caisses de la Foncière. Elle a aussi attiré l'attention de la police, cette entreprise de promotion immobilière. De nouveaux rapports soulignent la présence inquiétante de Stavisky à sa tête. Des demandes d'enquête sont déposées par le ministère du Travail, par celui des Finances. Certains journaux financiers expriment leur inquiétude. Un ancien ministre, avocat d'affaires, intervient. L'enquête s'arrête. La Foncière continue.

N'importe, c'est un gros paquet, 43 millions. Il faut les retrouver. Le système des crédits municipaux offre tant de simplicité qu'il enchante M. Alexandre. On a dit adieu à Orléans. On ira donc à Bayonne.

Les vacances à Biarritz d'Arlette – son mari la rejoignant pendant les week-ends – ont permis au couple de se lier avec Garat, député-maire de Bayonne, qui leur a été présenté par le député Boyer. A Garat, M. Alexandre vante les bienfaits d'un crédit municipal. Convaincu, Garat dit oui au mont-de-piété. Mais il faut trouver un directeur. Aussitôt, M. Alexandre, toujours prompt à rendre service, s'empresse. Il connaît quelqu'un sur qui l'on peut compter : un certain Tissier, qui se voit engagé sur-le-champ.

Et la valse des millions recommence. De nouveau, de fausses pierres précieuses sont dirigées sur Bayonne. Un faux bijou valant 1 500 francs est estimé 600 000 francs, et, là-dessus, on prête à M. Alexandre 500 000 francs.

A ce train, il y a de quoi ruiner le Crédit municipal. Heureusement, il y a les bons de caisse. A peine imprimés, on les place dans les meilleurs établissements financiers. On est aidé par une lettre de M. Dalimier, ministre du Travail : « Etant donné les avantages de sécurité que présentent de tels placements, je ne doute pas que les conseils d'administration, et plus particulièrement ceux de la région de Bayonne, ne réservent un bon accueil aux offres qui leur seront faites. » Encouragées par une telle caution, plusieurs compagnies d'assurances vont souscrire aux bons de Bayonne.

Naturellement, les sommes obtenues glissent en grande partie vers la caisse de M. Alexandre. Les souches des carnets portent des chiffres qui ne correspondent nullement à la valeur des bons. La différence, c'est M. Alexandre qui l'empoche. Au budget du Crédit municipal de Bayonne, on trouve 40 millions en 1931, 100 millions en 1932. La plus grande partie de ces fonds a été encaissée par M. Alexandre.

M. Garat ne s'étonne pas. De la main à la main, il a touché par deux fois 200 000 francs. Il ne faudrait surtout pas dire du mal de M. Alexandre devant le député-maire Garat.

Une des dernières relations de M. Alexandre, c'est l'avocat Bonnaure. Au printemps 1932, celui-ci se présente à la députation dans le IIIe arrondissement de Paris. Stavisky lui apporte son soutien, ce qui veut dire un financement non négligeable. Bonnaure est élu. Or Bonnaure est radical. La majorité étant radicale, il est clair que Stavisky a joué la bonne carte. *La Volonté*, son journal – car il a un journal –, soutient la politique radicale. On n'a plus rien à lui refuser.

M. Alexandre regarde de plus en plus loin devant lui. Il veut étendre ses affaires au stade européen. Il pense que, dans ces conditions, il serait plus sage de penser à rembourser Bayonne. Comme il a remboursé Orléans. Il lui faut donc songer à une nouvelle grande affaire qui lui procurerait les capitaux nécessaires.

L'affaire, il la trouve. C'est celle des « optants » hongrois. Qu'est-ce à dire ? Le traité de Trianon avait retiré à la Hongrie des territoires mais avait prévu que les habitants de ces régions auraient la liberté d'opter pour la nationalité hongroise. Afin de compenser l'abandon des biens qu'ils laisseraient derrière eux, on avait prévu à leur intention des indemnités sous forme d'obligations amortissables à paiements échelonnés jusqu'en 1966. C'est l'Allemagne qui devait payer. Bien entendu, l'Allemagne n'a pas payé, pas plus en ce cas que dans bien d'autres. Les bons ont fini par perdre toute valeur. Accompagné de Bonnaure, M. Alexandre se rend à Budapest et acquiert, pour très peu d'argent, un énorme paquet de ces fameuses obligations. Il crée alors la *Caisse autonome des règlements internationaux*. Nom superbe. L'objet, c'est de financer les travaux de l'Etat et des communes. Il s'agit en réalité de drainer de nouveaux et énormes capitaux vers les caisses de M. Alexandre. Alors on voit celui-ci à Genève, à la Société des Nations. Il fréquente les diplomates. Ce séducteur inné déploie tous ses dons. Il est bien près de réussir.

Il rêve. Il va donc rembourser Bayonne. Après quoi, c'en sera fini de la voltige. Les vieilles affaires ? Ses amis ministres et députés l'aideront à les faire oublier. La vie sera belle.

Ce n'est qu'un rêve, justement.

Le vendredi 22 décembre 1933, le téléphone sonne chez M. Alexandre. Au bout du fil, M. Tissier, épouvanté. La voix tremblante, il dit que M. Sadron, receveur des Finances de Bayonne, a découvert que des bons figurant dans la comptabilité pour 100 000 francs ont été en réalité émis pour une valeur d'un million. Sadron, stupéfait, a interrogé là-dessus Tissier qui a bafouillé lamentablement. On en est là. C'est à ce moment précis que Tissier appelle Stavisky.

En fait, la visite de Sadron est un aboutissement. Une plainte a été déposée par la société Urbaine-Vie auprès du ministère des Finances. Une enquête a été ouverte. On est tombé des nues en constatant l'importance des bons émis par le Crédit municipal de Bayonne. En fait : 239 millions de faux bons ont été mis en circulation ! On a demandé à M. Sadron d'obtenir des explications de Tissier. D'où sa visite.

M. Alexandre a écouté tout cela sans broncher. Il en faut plus pour l'impressionner. Il rassure Tissier : celui-ci a-t-il oublié que nul n'avait le bras plus long que M. Alexandre ? Le lendemain, Tissier perd pied, il avoue toute la combinaison au sous-préfet de Bayonne. Il révèle qu'Alexandre, c'est l'escroc Stavisky. On arrête Tissier. Un mandat d'amener est lancé contre Stavisky.

Cette fois, M. Alexandre ne plastronne plus. De temps à autre, il a pensé que ses audaces auraient peut-être une fin. Il s'est alors juré de ne plus retourner en prison. Une cellule, pendant des années ? Jamais.

Une terrible catastrophe ferroviaire vient de se produire à Lagny. Deux cents morts, trois cents blessés. Un instant, Stavisky songe à monter une extraordinaire mise en scène : clandestinement il enverrait un complice à Lagny et ferait déposer ses propres papiers sur l'un des cadavres. Le temps lui fait défaut. On se prend à regretter que la manœuvre n'ait pas réussi : elle manque à l'incroyable carrière de cet escroc génial.

Stavisky passe voir son avocat, Me Guiboud-Ribaud. Il lui annonce qu'il va fuir. S'il ne peut passer la frontière, lui déclare-t-il, il se donnera la mort. Il appelle Arlette, la convoque dans une brasserie de la Chaussée-d'Antin. Elle lui apporte une valise de linge et sa trousse de toilette. Il passe la nuit dans un petit hôtel. Le lendemain, veille de Noël, Alex fait ses adieux à ses amis les plus proches. Il lui faut de l'argent. Justement, une valise de bijoux vient d'arriver de Bayonne. De ces joyaux, il va obtenir 100 000 francs alors qu'ils valent 10 millions.

C'est Pigaglio, un comparse, qui, au volant de sa Peugeot, accompagnera Alex jusqu'au chalet que le premier possède à Servoz, en Haute-Savoie. A 1 heure du matin, ils partent de la porte Champerret. La voiture s'arrête au coin des rues François-Ier et Pierre-Charron. Arlette l'attend dans le restaurant où la veille ils ont dîné ensemble. Avec quelle émotion elle le quitte ! Elle regagne le Claridge. Elle croise Joseph Kessel. Celui-ci questionne :

— Vous montez sans doute vous habiller pour réveillonner ?

— Mais non, répond-elle en souriant, je vais me coucher, c'est plus sage.

« Sa figure était aimable et sereine, sa voix ne portait la trace d'aucune altération. »

La voiture de Stavisky et Pigaglio s'arrêtera à Sens. Impossible, par la neige et le verglas qui envahissent les routes, de continuer. Les deux hommes vont prendre le train. Ils mettront deux jours, passant la nuit à Culoz, à gagner Servoz. Là, Stavisky se rend compte qu'il ne peut habiter chez Pigaglio, le froid ayant gelé toutes les conduites d'eau. On va donc louer un chalet : les Argentières. Sur soi, Stavisky porte toujours le revolver que lui a remis l'un de ses amis et collaborateurs, Romagnino.

Henry Voix, garçon de bureau de la Foncière, va arriver à Servoz pour relayer Pigaglio, lequel repart pour Paris. Voici Stavisky et Voix seuls dans ce chalet investi par la neige. Unique distraction, les interminables parties de cartes auxquelles se livrent les deux hommes. Et puis aussi la lecture des journaux. Ceux du 29 décembre annoncent que le juge de Bayonne a lancé un mandat d'arrêt contre le sieur Stavisky.

Voix s'ennuie. Il demande à aller chercher à Paris sa maîtresse, Lucette Almeras. Comment l'ex-M. Alexandre pourrait-il refuser ? Pendant quarante-huit heures, il va rester seul. Absolument seul. Quel bilan alors a-t-il pu dresser de sa vie ? Les jours suivants, ce qui éclate, c'est *l'affaire*. Stavisky fait les gros titres des journaux. Partout on publie sa photo. Impossible désormais de se déplacer sans qu'on le reconnaisse.

Et puis, Pigaglio revient, suivi de Voix avec Lucette. Stavisky ne tient pas en place. Il ne se sent plus en sécurité à Servoz. A sa demande, Pigaglio va louer à Chamonix un autre chalet, le Vieux Logis, au pied du Brévent. Un endroit idéal. Les chalets voisins sont inoccupés. Une vue superbe face au mont Blanc. On s'installe au Vieux Logis dans la nuit du 31 décembre au 1er janvier.

Dès lors, Stavisky va passer le plus clair de ses journées claquemuré dans sa chambre aux volets clos. Il se lève tard, vers 1 ou 2 heures de l'après-midi, déjeune à 4 heures, dîne vers 11 heures du soir. Il ne se rase plus, ses traits sont devenus bouffis.

C'est Lucette qui prépare les repas, presque toujours des pâtes. Toujours les parties de belote, toujours la lecture des journaux.

Le 17 janvier, Pigaglio repart pour Paris. Or la police a été alertée, par le père de la propriétaire du chalet abandonné à Servoz, du comportement étrange de ces locataires enfuis quasi clandestinement. A un moment où l'on ne parle que de Stavisky et de sa fuite, la police de Paris flaire une piste intéressante. Elle désigne immédiatement le commissaire Charpentier qui part accompagné des inspecteurs Girard et Le Gall. Le 7 janvier, les trois hommes sont aux Argentières. Les habitants reconnaissent Voix sur les photos qu'on leur présente. Les policiers couchent à Chamonix. Le lendemain, ils repartent pour les Argentières. Ils n'y trouvent que le beau-frère de Pigaglio.

Pendant ce temps, à Paris, Pigaglio a livré à Bonnaure le numéro de téléphone du Vieux Logis. Aussitôt, Bonnaure se rend à la présidence du Conseil. Il est reçu par le sous-secrétaire d'Etat à l'Intérieur, Marcombes. Les deux hommes s'entretiennent pendant une heure trente. Une heure trente ! Que s'est-il dit dans le silence de ce cabinet ? Quelle décision a-t-on prise ?

Là-bas, aux Argentières, Charpentier et les inspecteurs, convaincus d'avoir été attirés sur une fausse piste, font leurs bagages. D'ailleurs, leurs chefs les ont rappelés. A 11 h 50, on leur téléphone de Paris : restez ! Il faut reprendre la piste, elle est bonne.

Charpentier rappelle donc les gendarmes, on se met à compulser les fiches des meublés. A 12 h 07, un gendarme met la main sur la fiche du Vieux Logis. Les policiers reconnaissent l'écriture de Voix. Telle est du moins l'explication que donnera Charpentier pour faire comprendre la décision d'investir le Vieux Logis.

Mais la démarche de Bonnaure n'est-elle pas aussi pour quelque chose dans cette nouvelle évolution de l'opération ? On a dit aussi que Voix aurait pu renseigner l'inspecteur Le Gall. Pourquoi pas ?

Le filet se resserre autour de Stavisky.

Sacha s'est levé à midi. Il n'est pas beau à voir. Il paraît dix ans de plus. Il a passé un pantalon de ski sur sa chemise de soie. Allongé sur son lit, il lit les journaux à la lumière de la lampe de chevet. A côté de lui, le browning 6,35 qui ne le quitte pas. Quand il a fini de lire un journal, il le jette sur la descente de lit. Sa porte est verrouillée.

A 14 heures, Henry Voix et Lucette quittent le chalet pour une promenade.

Quant aux policiers, ils ont tranquillement déjeuné. A 14 heures, ils se rendent chez M. Chatou, soixante-douze ans, antiquaire et propriétaire du Vieux Logis qui accepte de se prêter à une comédie soigneusement mise au point.

A 14 h 40, M. Chatou arrive au Vieux Logis. Il frappe. Aucune réponse. Il fait le tour du chalet. Il aperçoit la fenêtre d'une chambre – celle qu'occupent les Voix – entrouverte. Le couple Voix ne l'aurait-il pas laissée *volontairement* ouverte ? J'ai dit déjà que beaucoup de choses restent inexpliquées dans cette affaire.

Il y a là une échelle. Chatou la dresse contre la façade, grimpe, pénètre dans la chambre des Voix. De là, il gagne la porte d'entrée. Il ouvre à Charpentier, à Girard et à Le Gall. Ceux-ci, suivant un plan convenu, jouent une comédie : ils se présentent comme de futurs locataires. Chatou leur fait visiter le chalet. On va, on vient, on parle très haut. Sur une table, des cartes à jouer et une feuille de calepin avec trois colonnes surmontées des initiales des joueurs. Charpentier se penche, déchiffre : un L comme Lucette, un H comme Henry et un S… comme Sacha ! Mais où est-il, ce Sacha ? Au Vieux Logis, on ne discerne aucun bruit.

La visite est vite terminée. Il reste une pièce à voir. La chambre précisément où se terre Stavisky. Chatou tourne la poignée. La porte résiste. Nous savons, nous, qu'elle est fermée de l'intérieur.

Charpentier se penche. Chacun fait silence. On écoute. Aucun bruit. Pas même un souffle. Légitimement, certains s'étonneront que Charpentier n'ait pas alors enfoncé la porte. Il a dans sa poche un mandat d'arrêt. Son devoir n'est-il pas d'arrêter sur-le-champ l'homme dont il est sûr maintenant qu'il se trouve dans la chambre ? Charpentier, non sans véhémence, s'expliquera devant la commission d'enquête :

— C'était mon intérêt de le prendre vivant ! Il en serait résulté un éclat beaucoup plus vif pour ma carrière. Mais sincèrement, je continue à me demander ce que j'aurais pu faire d'autre ? J'avais certes, dès ce moment, la certitude que Stavisky était dans cette pièce close, que, de l'autre côté de la porte, il écoutait tout ce qui se passait, et je savais qu'il était armé… Aussi, avant d'agir, ai-je préféré avoir une liaison avec Paris. Dans une affaire de cette importance, on aime recevoir les conseils d'un supérieur !

Ce n'est pas bien grand, le Vieux Logis : quatre pièces, une cuisine, un cabinet de toilette. Tout cela de plain-pied. Pourquoi Charpentier, Le Gall et Girard ont-ils « visité » ce minuscule domaine pendant près d'une heure et demie ? Je dis *une heure et demie*. Pourquoi Charpentier envoie-t-il Le Gall explorer, en compagnie de Chatou, la petite cave de la villa, une cave qui ne mesure que quelques mètres carrés ? Interrogés, l'antiquaire et l'inspecteur déclareront qu'ils y sont restés vingt minutes. Vingt minutes !

Durant tout ce temps, Charpentier est resté seul devant la porte de la chambre de Stavisky. Seul.

Un dialogue s'est-il engagé ? Charpentier a-t-il dépeint à Stavisky ce qui l'attend, l'immanquable passage à tabac – Stavisky garde un souvenir horrifié de celui qui a suivi son arrestation à Marly –, les longues années de prison, l'irrémédiable déchéance ? Vingt minutes ! Et si la porte s'était ouverte ? Et si les deux hommes s'étaient trouvés face à face ? Un *autre* n'a-t-il pu être introduit par Charpentier dans le chalet ? J'ai reçu à cet égard une bien étrange lettre de M. Joseph V., inspecteur divisionnaire honoraire de police. Celui-ci a recueilli les confidences de l'inspecteur Le Gall, « Petit Louis », comme l'appelaient ses intimes : « Malheureusement, je ne pourrai, par écrit, vous révéler ce que je sais. Sachez cependant que c'est Le Gall – seul – qui reçut, le 5 janvier 1934, le pli scellé du directeur de la Sûreté nationale (je crois M. B.), pli qui ne devait être ouvert que par le commissaire central de Chamonix, en présence du commissaire Charpentier, de la direction de la

Sûreté nationale à Paris et de Le Gall. C'est encore "seul" que Le Gall chercha, "sans succès", dans la journée du 6, la villa repaire où se cachait Stavisky, qu'il dut endosser toute la responsabilité des opérations et pour cause ! Que c'est Le Gall "seul" qui dénicha, le 7, à la pointe du jour, la fameuse villa, et cela était et fut un exploit, car les villas inoccupées étaient nombreuses. Il fallait d'abord ne pas se faire remarquer, et puis la chance : le "pot" l'aida en ce sens qu'un événement surgit brusquement d'une villa. Le Gall avait la villa ! Il téléphona à Paris et ayant reçu l'ordre de brusquer l'opération, il l'appliqua. Je ne puis aller plus loin… Il y a le "feu rouge". Lorsqu'ils pénétrèrent dans la villa, ils étaient quatre ! »

En 1975, après avoir reçu cette lettre, j'ai répondu à M. V. que je souhaitais en savoir davantage et que j'étais prêt à le rencontrer. Je n'ai pas eu de réponse de sa part. Je crois qu'il faut attacher une grande importance à la dernière phrase de cette lettre : « Ils étaient quatre. » N'oublions pas qu'*officiellement* trois policiers seulement ont pénétré au Vieux Logis : Charpentier, Le Gall et Girard. Qui serait le quatrième ?

Je dois faire état ici d'une lettre du général Ducousso-Tassel. Celui-ci a connu, en 1937, à Beyrouth, où il exerçait les fonctions de chef du 2e Bureau, le directeur des Sûretés libanaise et syrienne, un certain Colombani : « C'était un homme petit, à la mine patibulaire, aux allures de truand ; on éprouvait vraiment en le voyant un sentiment de gêne, je dirais même de répulsion. La première fois que je suis allé le voir dans son bureau de directeur, il me fit une démonstration précise sur la façon de tuer un homme d'un coup de revolver dans la nuque ! Puis, passant à un autre aspect de ses compétences, il me désigna le divan sur lequel – m'a-t-il dit non sans une certaine fierté – toutes les entraîneuses des boîtes de nuit de Beyrouth (qui venaient généralement de l'Europe centrale) lui payaient en nature et d'avance leur permis de séjour au Levant... Chacun se demandait comment un tel homme avait pu accéder à un poste aussi important. Sachez, en effet, que, dans l'ordre protocolaire, il se situait immédiatement après le haut-commissaire et le général commandant supérieur. Il était le troisième personnage de la République française dans les Etats sous mandat. Quand on apprit qu'il avait été mêlé à l'affaire Stavisky en tant qu'inspecteur de police (avait-il même jamais eu vraiment ce titre ?), la conviction s'ancra dans les esprits que sa nomination avait été la récompense de services rendus au gouvernement français en cette occasion... Colombani, d'ailleurs, non seulement ne fit jamais rien pour dissiper cette croyance, mais il parut plutôt chercher à l'accréditer en racontant qu'il possédait un dossier particulièrement compromettant pour certaines hautes personnalités politiques, ce qui le mettait à l'abri de tout ennui éventuel. Voilà donc, en gros, le personnage. Faites un effort d'imagination pour vous le représenter un certain soir, évoluant dans les salons d'une vieille et grande dame de la haute société à Beyrouth. M'apercevant en conversation avec une jeune femme libanaise, il se faufile parmi les invités et vient me rejoindre. Je fais les présentations. Ma voisine, recevant ses hommages avec le plus gracieux sourire, lui dit textuellement ceci : “Je suis ravie, M. le Directeur, de faire votre connaissance. On dit que c'est vous qui avez tué Stavisky ?” Je fus stupéfait de son audace et m'inquiétai de la réplique, mais sans manifester la moindre surprise ni la plus petite hésitation, le plus calmement du monde, avec son accent de gouape et un sourire équivoque, Colombani répondit du tac au tac : “Disons simplement, Madame, que c’est moi qui suis entré le premier dans le chalet de Chamonix.” »

Ce Colombani était-il un simple hâbleur ? Ou bien n’aurait-il pas été le *quatrième* signalé par l’inspecteur divisionnaire Joseph V. ?

En tout cas, à propos de ces vingt minutes, le commissaire Charpentier s’est borné à déclarer ceci :

— Je suis demeuré, vingt minutes environ, face à la porte close. Est-il besoin de dire que beaucoup de choses, alors, me sont passées par la tête !

Quelles choses ? A sa fille, il a laissé un mémoire qui ne contient aucune déclaration sur cet épisode capital de sa vie.

Elles sont achevées, les vingt minutes. Le Gall et Chatou remontent de la cave. Eux non plus ne diront rien. Charpentier fait signe à Chatou de sortir. Il place Le Gall en faction devant la porte. Lui-même quitte le chalet et, en compagnie du gendarme Brun, s’en va téléphoner chez un tapissier, un nommé Lechat. Il appelle la Sûreté générale, à Paris. Le gendarme Brun témoignera :

— J’ai entendu le commissaire annoncer qu’il avait visité la villa où habitaient Voix et sa maîtresse, qu’il avait trouvé une pièce fermée, et qu’il croyait bien que l’individu recherché était à l’intérieur. Bien entendu, j’ignore ce qu’on lui a répondu.

Cette fois, c’est Le Gall qui, au Vieux Logis, est seul devant la fameuse porte verrouillée. Le Gall, qui dira avoir retenu sa respiration pour faire croire à Stavisky – s’il s’agissait bien de Stavisky – qu’il n’y avait personne dans la maison, ce qui aurait pu l’inciter à ouvrir sa porte. Un peu plus tard, des journalistes l’interrogeront : n’a-t-il rien entendu ? Il confiera qu’il entendait parfaitement le souffle de l'occupant de la chambre, un souffle « court et oppressé ».

Il est 15 h 45 quand Charpentier remonte vers le Vieux Logis. En route, il croise un reporter du *Journal*, Armand-Henry Flassch. A son adresse, il lance :

— Ça y est ! On le saute !

Flassch ne se le fait pas dire deux fois. Il suit le policier. Le soir tombe.

Quelques minutes plus tard, Lucette Aimeras et Voix reviennent de leur promenade. D'assez loin, ils aperçoivent des ombres autour de la villa. Précipitamment, ils rebroussent chemin.

Il va être 16 heures quand Charpentier et Brun rejoignent Le Gall à l'intérieur du chalet. Le Gall qui leur fait signe qu'il n'y a rien de nouveau. Fort des ordres qui viennent de lui être donnés, Charpentier décide de pénétrer de force dans la pièce. Il glisse un passe-partout dans la serrure. Aucun résultat : la clé est restée à l'intérieur. Mais, pour la première fois, de l'autre côté de la porte, les policiers constatent une réaction : comme un frôlement, un froissement de journaux. Et une voix apeurée :

— Qui est là ?

C'est alors que Charpentier frappe à grands coups de poing le panneau de bois :

— Allez, ouvrez ! Police !... La maison est cernée !

A l'intérieur, une détonation. L'écroulement d'un corps. Pourtant le gendarme Brun affirmera :

— On n'a même pas entendu le bruit de chute. Seulement un bruit métallique. Peut-être celui qu'a fait la montre de Stavisky en tombant par terre, où on l'a retrouvée*...

---

* Jean-Michel Charlier et Marcel Montarron : *Stavisky. Les secrets du scandale* (1974).

Inutile maintenant de prendre des précautions. Un coup d'épaule, on tente d'enfoncer le panneau. Rien n'y fait. On décide de faire le tour par la porte-fenêtre. On fait sauter le verrouillage des volets, on brise un carreau, on entre. Le Gall, pistolet au poing, s'élance le premier. Il contourne le lit, aperçoit une masse noire, là, sur le plancher. Il se penche. Dans la main de Stavisky, un revolver. Le Gall affirmera l'avoir arraché de la main gauche de l'escroc. Pourtant, c'est la tempe droite qui a été trouée par une balle !

On va laisser agoniser Stavisky pendant deux heures. Lentement, irrémédiablement, il se vide de son sang. Pourtant l'hôpital de Chamonix n'est qu'à deux kilomètres de là et on dispose d'une ambulance.

On va arrêter Voix, venu finalement aux nouvelles. On convoque un photographe qui prend des clichés de l'homme agonisant. A 18 heures seulement, on emmène Stavisky à l'hôpital de Chamonix. Les médecins constatent qu'il ne lui reste qu'un litre de sang dans l'organisme. A l'époque la transfusion sanguine n'est pas entrée dans les mœurs. On se bornera donc à le panser – et à attendre.

Stavisky s'éteindra à 3 h 15 du matin, le 9 janvier 1934.

Ce qui va se lever maintenant, c'est le scandale, une tempête qui secouera toute la France, compromettra tant d'hommes politiques que les Français finiront par en avoir la nausée.

Le 6 février 1934, place de la Concorde, les Parisiens marcheront contre le Palais-Bourbon. Le dimanche suivant, communistes et socialistes, frères ennemis depuis 1920, se réconcilieront et bientôt jetteront les bases d'une alliance qui aura pour conséquence, en 1936, le Front populaire.

Tout cela parce que le fils d'un dentiste ukrainien n'aimait pas travailler. Quel paradoxe ! Par-delà la mort, Sacha Stavisky avait monté son plus gigantesque « coup »*.

---

* Sur les suites de l'affaire Stavisky, voir : *Alain Decaux raconte*, I (*L'Affaire Prince*), et, du même auteur, *L'Histoire en question*, II (*Le 6 février 1934*).

VIII

Les cagoulards

Le samedi 11 septembre 1937, à 22 h 15, une bombe explosa au n° 4 de la rue de Presbourg, là où s'élevait l'immeuble de la Confédération générale du patronat français. Quatre étages s'effondrèrent ; deux agents en faction furent tués. A la même heure exactement, une seconde bombe détruisait le siège de l'Union des industries métallurgiques, 45, rue Boissière.

Trois mois plus tôt, le 9 juin, deux antifascistes italiens, Carlo et Nello Rosselli, avaient été abattus sur une route conduisant à Bagnoles-de-l'Orne. Au début de la même année, le 24 janvier 1937, un Russe, Dimitri Navachine, avait été assassiné à Paris, avenue du Parc-des-Princes.

Qui aurait voulu chercher – et trouver – un lien entre ces deux attentats et ces deux assassinats ? D'ailleurs, pour l'affaire de la rue de Presbourg, on avait arrêté un anarchiste italien. Pour le meurtre des frères Rosselli, la police avait dénoncé les services secrets de Mussolini et, à propos de la mort de Navachine, on s'était rallié à la thèse selon laquelle il s'agissait d'une affaire d'espionnage.

Erreur. Une seule organisation était coupable de tout. Il s'agissait de la plus redoutable des sociétés secrètes qui eût depuis longtemps vu le jour en France. On était en présence d'une conjuration qui avait réussi à nouer de tels fils qu'elle menaçait l'existence même de la République. A l'origine de tout cela, ce que l'on trouvait, c'était la Cagoule.

Ceux qui sont en âge de se souvenir n'auront pas oublié la vague d'incrédulité goguenarde qui s'éleva en France lorsque les pouvoirs publics annoncèrent qu'un complot venait d'être déjoué, que ses artisans avaient été écroués et qu'ils appartenaient tous à un mystérieux groupement clandestin appelé CSAR (Comité secret d'action révolutionnaire). Quand le ministre de l'Intérieur, Marx Dormoy, déclara que le CSAR s'appelait aussi la Cagoule, on en vint à une franche hilarité. Les caricaturistes s'en donnèrent à cœur joie, affublant de cagoules, plus baroques les unes que les autres, les héros de leurs dessins. Les chansonniers se taillèrent de faciles succès en brodant sur ce thème rêvé. On donna même des bals auxquels il fallait se rendre le chef dûment dissimulé sous une cagoule blanche ou noire !

Les commentateurs les plus sérieux n'allaient pas jusque-là. Ils se bornaient à souligner que cette affaire venait à point nommé pour faire oublier les difficultés économiques que traversait le gouvernement issu du Front populaire : les grèves interminables, les dévaluations, l'inflation, le déficit de la balance commerciale. Par essence, les Français se veulent sceptiques. Cette affaire des cagoulards leur semblait par trop répondre à l'image d'une conspiration telle qu'on l'imagine dans les romans-feuilletons. Tout y était, les ingrédients prévisibles aussi bien que ce nom invraisemblable. Les plus bienveillants daignaient convenir qu'il n'y a pas de fumée sans feu, mais concluaient en tout état de cause que le gouvernement avait délibérément « gonflé » ce qui n'était d'évidence qu'une conjuration d'opérette.

Quand, l'été de 1939, soixante et onze personnes furent appelées à comparaître, ce fut au milieu de l'indifférence générale. Un certain Hitler menaçait d'absorber la Pologne et c'est de ce côté-là que tous regardaient. Quand la guerre éclata, on ajourna le procès qui ne devait reprendre qu'en 1948. Mais, après le conflit mondial, la plupart des protagonistes étaient morts ou disparus – ou en fuite. Une nouvelle génération se trouvait au pouvoir au Parlement comme dans la presse, pour laquelle les menées hypothétiques de la Cagoule ne signifiaient plus rien, si tant est qu'elles eussent jamais signifié quoi que ce fût pour quelqu'un. Les comptes rendus des audiences s'amenuisèrent bientôt à tel point qu'il fallait à chacun s'acharner pour les dénicher dans son journal habituel et, les ayant découverts, y comprendre quelque chose. Ce fut la deuxième mort de la Cagoule et en même temps, pour elle, une incontestable victoire : que peut souhaiter une société secrète, sinon de rester secrète ? Ou au moins de passer inaperçue ?

C'est très exactement ce qu'il lui advenait. Aujourd'hui, qui sait encore ce que fut la Cagoule ? Qui même se souvient qu'elle a existé ?

Il a fallu plus de trente ans aux historiens pour tenter de démêler le vrai du faux, analyser les archives – ce qu'il en reste – interroger les témoins – ceux qui veulent bien parler – et peu à peu parvenir à une conclusion aussi extraordinaire qu'incontestable : si, le 10 juillet 1940, la IIIe République est morte à Vichy, elle a failli périr bien plus tôt : dans la nuit du 15 au 16 novembre 1937 *sous les coups de la Cagoule*. Pendant quelques heures, plusieurs milliers de clandestins formidablement armés n'attendirent que les ordres de leur chef pour anéantir l'appareil de l'Etat républicain et prendre le pouvoir. Si la République fut sauvée, c'est que ce chef n'osa pas donner cet ordre.

La Cagoule était donc si puissante ? Elle l'était. Comment avait-elle pu développer en secret une telle influence ? C'est toute la question.

Un banquet d'anciens combattants, comme il s'en réunit tant à l'époque. Il s'agit cette fois, à la fin de l'hiver de 1936, d'une réunion de l'Association des « Décorés au péril de leur vie ». A la table d'honneur, voici un vieux cavalier, l'un de ceux qui ont commandé les dernières charges au galop contre l'ennemi : le général Lavigne-Delville. A la retraite depuis 1928, il est membre du comité directeur. Respectable et respecté, le général Lavigne-Delville.

Près de lui, le hasard a placé un homme « plutôt court sur pattes, à la silhouette épaisse », avec un visage à la mâchoire lourde et au front dégarni, une tête romaine qui rappelle un peu le Duce : il s'appelle Eugène Deloncle*. Il ne passe pas inaperçu quand il fixe son interlocuteur avec « des yeux de braise ». Plus tard, il glissera volontiers à l'oreille de ceux qu'il rencontre, en martelant les syllabes : « Vous savez, nous sommes méchants... »

Fils d'un capitaine au long cours, mort en mer pour avoir refusé d'abandonner son navire, et d'une mère corse, il est sorti « dans la botte » de Polytechnique et a été major de sa promotion au Génie maritime, ce qui, on le reconnaîtra, n'est pas mal. Il a servi pendant la Grande Guerre dans la marine, puis, pour être plus près du combat, s'est fait affecter dans l'artillerie de campagne. Grièvement blessé, il a été décoré de la Légion d'honneur.

La guerre achevée, redevenu civil, il a additionné les réussites professionnelles. On l'a vu ingénieur-conseil des

* Julien Lebel : « Deloncle, le condottiere de l'ombre », dans *Historia*, hors série, n° 39.

chantiers de Penhoët, expert au Tribunal de la Seine, président de la Caisse hypothécaire maritime et fluviale, membre de plusieurs conseils d'administration : ceux du Comité technique du Bureau Véritas ; du Comité central des Armateurs de France ; du groupe des Constructeurs français de réservoirs ; de la Standard française des pétroles ; des Chantiers de Hollande et de Besbach ; de la Pêche au large ; de la Société nouvelle de gérance maritime ; de la Compagnie des constructeurs d'ouvrages métalliques. On conçoit que tous ces jetons de présence lui aient permis de mener grande vie. Marié, il a deux fils et s'est pris d'amitié pour un jeune homme, Jacques Corrèze, décorateur de profession, qu'il héberge. Naturellement, les mauvaises langues répètent que l'affection que porte Mme Deloncle à Corrèze dépasse de très loin celle que lui a vouée son mari. Médisance, jurent les familiers du ménage qui ne nient pas cependant qu'après la mort de Deloncle Corrèze ait épousé sa veuve.

Un personnage, ce Deloncle. Qu'est-il au juste ? Un ambitieux, un aventurier, un condottiere ? Sans doute tout cela à la fois. Vingt ans plus tard, on aurait dit de lui : un activiste. Au fond de lui-même coexistent deux passions : celle de l'intrigue et l'amour de Baudelaire dont il peut réciter, avec la même extase, d'innombrables vers*.

Brillant autant que coléreux, il est doté d'une extraordinaire mémoire et d'un cerveau toujours en ébullition, « comme s'il avait deux cervelles », a noté le commandant Loustaunau-Lacau qui l'a bien connu, ajoutant : « Deloncle, Corse violent, à la volonté de fer, hypnotisait ses troupes. » Le même Loustaunau-Lacau parlera encore de « Deloncle,

---

* J.-R. Tournoux : *L'Histoire secrète* (1962).

avec ses yeux noirs de magnétiseur, sa poignée de main qui broyait les phalanges... »

Comme pour beaucoup de ses contemporains, c'est le 6 février qui a décidé de son destin politique. Il a cru d'abord que la vérité était du côté de Charles Maurras. Il a rejoint les Camelots du roi du XVIe arrondissement, dirigés par un certain Jean Filliol, et il est même devenu vice-président de cette section, la 17e, la plus dure. Mais, fatigué d'attendre, impatient d'agir, il quitte l'Action française en décembre 1935, entraînant avec lui la 17e section presque au complet, notamment Jean Filliol, Jacques Corrèze et un certain Aristide Corre, l'un de ses amis de toujours, né à Brest comme lui. Bien que Deloncle ait cinq ans de plus que Corre, les deux garçons ont passé ensemble toutes leurs vacances d'enfants. Le « matheux » Deloncle et Corre le littéraire – licences de littérature ancienne et d'histoire – sont restés inséparables. Si Deloncle a plongé dans le tourbillon des affaires, Corre vit comme un dilettante, habitant à plus de quarante ans chez sa mère et bénéficiant des rentes de celle-ci. Politiquement, Deloncle, Corre, Filliol et Corrèze sont à l'unisson. Ce qu'il faut livrer maintenant, pensent-ils, c'est un véritable combat contre les impardonnables abandons de la démocratie haïe et le péril communiste de plus en plus alarmant. Ensemble ils vont donc fonder le « Parti national révolutionnaire et social » (PNRS). Ils lancent même une publication : *L'Insurgé*.

Tel est donc ce Deloncle assis ce soir-là à côté du général Lavigne-Delville. Naturellement, on parle politique. Deloncle confie au général sa certitude que le Front populaire entraîne la France vers un gouffre où elle risque de se perdre. Il sait qu'à travers tout le pays existent des centaines de mouvements nationaux, déclarés ou non. Quelle force cela représenterait si on parvenait à les fédérer ! Mais, pour que l'efficacité se révélât totale, il faudrait que cette fédération demeurât secrète.

Visiblement, le général est frappé par ce raisonnement. La preuve : à peine sorti de ce dîner, il prend contact avec le colonel Groussard, et lui fixe un rendez-vous chez lui, rue de la Bienfaisance, à Paris.

A la vérité, le général Lavigne-Delville se situait très exactement dans la même perspective que Deloncle. Il est même possible que ce dernier ait fort bien su à qui il s'adressait. Depuis plusieurs mois, le vieux cavalier s'était lui-même engagé dans une action personnelle. Tout avait découlé d'une rencontre avec un autre personnage peu banal : le docteur Henri Martin. Alors âgé de quarante et un ans, ce médecin réputé, engagé volontaire pendant la Grande Guerre, plusieurs fois cité pour actes de bravoure, hanté depuis longtemps par les menées de l'appareil du parti communiste et des agents soviétiques dans notre pays, avait quitté l'Action française en 1930, persuadé que les abstractions de Maurras resteraient toujours impuissantes face aux dimensions et aux buts d'une telle entreprise souterraine. Lui non plus ne supportait pas de voir la Chambre des députés investie par les communistes et reprochait violemment à Blum ses campagnes pacifistes alors que l'Allemagne hitlérienne réarmait. Depuis, avec un surprenant esprit de méthode, Martin accumulait les renseignements sur les activités communistes en France.

Quelque temps avant sa mort, survenue en 1969, le docteur Martin devait accepter de répondre aux questions de son gendre et de sa fille sur le régime de la Cagoule. L'enregistrement inédit de cet entretien m'a été communiqué. Il apporte sur la fondation de la Cagoule des lumières d'un indéniable intérêt. Ecoutons donc le docteur Henri Martin :

— En fait, j'étais en cheville constante avec le général Lavigne-Delville qui était, lui, correspondant des « Décorés au péril de leur vie ». Aux environs du 15 juin 1935, j'ai dit un jour à Lavigne-Delville qu'il serait opportun que chaque organisation puisse détacher un type de chez eux qui s'intéresse aux renseignements. Ainsi pourrions-nous regrouper et recouper les informations sur les activités communistes. Je lui ai dit : « Vous en prendrez, au nom du Comité général, la direction, moi j'en prendrai le secrétariat. » Alors, cela a fonctionné pendant plusieurs mois régulièrement, une fois par semaine. Je raconte cela parce que ce fut le point de départ d'un contact poussé avec Lavigne-Delville que je connaissais depuis longtemps. Enfin, un jour, Lavigne-Delville me dit : « Vous ne voudriez pas venir tel jour, à telle heure, chez moi ? J'ai rencontré un type au dîner des Décorés au péril de leur vie. C'est un ingénieur du Génie maritime et il fait un certain nombre de choses. J'ai, d'autre part, des contacts avec un officier qui a aussi une organisation, je crois qu'il est utile de les mettre en rapport. Mais je voudrais avoir un témoin. » Je suis donc allé rue de la Bienfaisance chez le père Lavigne-Delville au jour dit, et l'on a vu arriver Eugène Deloncle que je ne connaissais pas et le colonel Groussard, que je ne connaissais pas. Présentations... Alors Lavigne-Delville leur a dit : « Ecoutez, vous avez le même objectif, le même but, vous travaillez sur des plans différents, je crois qu'il est utile que vous vous connaissiez. »

Sans risque d'erreur, l'historien peut affirmer que c'est à ce moment précis qu'est née l'idée de la Cagoule.

Cent fois on a analysé le désenchantement des Français, grandi peu après la victoire de 1918. Un phénomène neuf, l'inflation, avait peu à peu ruiné les petits rentiers. Il ne restait rien aux porteurs d'emprunt russe, que leurs larmes pour pleurer. La crise née à Wall Street en 1929 avait déferlé sur l'Europe et, deux ans plus tard, rejoint la France.

On avait vu la production industrielle s'effondrer, les faillites se multiplier, le coût de la vie atteindre des niveaux inégalés, le plein-emploi faire place au chômage. Pour les jeunes, notamment, l'horizon semblait bouché – irrémédiablement.

Le sourd malaise qui minait la société française s'est changé en colère quand l'affaire Stavisky a compromis un trop grand nombre d'hommes politiques. La journée insurrectionnelle du 6 février 1934 a précipité 30 000 manifestants contre le Palais-Bourbon*. Deux ans plus tard, c'était le Front populaire. Disons que, sans celui-ci, il n'y aurait probablement pas eu de Cagoule. La victoire de la gauche – les socialistes passent de 97 à 146 sièges, les communistes de 10 à 72 – a servi de révélateur à la conspiration.

Depuis le 6 février, l'extrême droite se survit dans les ligues : l'Action française, les Jeunesses patriotes, la Solidarité française, les Croix de Feu. Le gouvernement de Léon Blum va dissoudre ces ligues. Seul, le colonel de La Rocque, chef des Croix de Feu, accepte le fait accompli. Fort de la cohorte de ses fidèles – un million ! –, il décide de rester dans la légalité en fondant un mouvement politique officiel, le Parti social français, dont le but déclaré est de conquérir le pouvoir aux élections de 1940. Un nombre non négligeable d'opposants d'extrême droite va dériver ses fureurs vers la clandestinité.

Fureurs, pourquoi ? Nous avons du mal à comprendre, cinquante ans plus tard, qu'une partie des Français refu-

---

* Voir, dans *L'Histoire en question*, 2e série, du même auteur, *Le 6 février 1934* (Perrin, 1983).

sait encore en 1936 la République. Pour Maurras et les siens, elle était « la gueuse » et le devoir de tout patriote était de l'abattre. Sans aller jusque-là, beaucoup d'autres s'en prenaient au parlementarisme, imputant la crise économique et les désordres de la rue à la faiblesse de l'Etat. Volontiers on regardait du côté de l'Italie où Mussolini savait si bien faire régner l'ordre. Ces Français s'affligeaient aussi des innombrables crises ministérielles qui, à leurs yeux, ternissaient l'image que les étrangers pouvaient se faire de la France. On dira que de tels sentiments n'avaient rien d'exceptionnel. Depuis toujours, la droite traditionnelle les éprouvait et les manifestait. Rien de plus vrai. Mais si tant d'hommes allaient en venir à se mobiliser dans la perspective d'un putsch, c'est pour deux raisons à la fois contradictoires et complémentaires : la crainte d'un coup de force communiste et la volonté de lutter contre la montée du péril hitlérien. Il faut reconnaître que la grande majorité de ceux qui allaient se jeter dans la conspiration donnaient le pas aux sentiments antiallemands sur les attraits qu'aurait pu présenter à leurs yeux le régime national-socialiste. Ajoutez à cela un mépris quasi originel de beaucoup pour les classes populaires, le refus instinctif de voir « des ouvriers » s'avancer sur les chemins du pouvoir ou même bénéficier d'avantages jusque-là réservés à la bourgeoisie : la loi sur les congés payés ne suscitera-t-elle pas un tollé chez certains, beaucoup plus nombreux que nous ne pourrions le croire aujourd'hui ?

De tout cela est née la Cagoule, comme l'a lucidement décelé son premier historien, J.-R. Tournoux : « Les occupations d'usines en France, le réarmement hitlérien de l'autre côté, puis, outre-Pyrénées, les développements de la guerre civile allaient favoriser les desseins de ceux qui, à Paris, cherchaient à atteindre un objectif essentiel : renverser la Troisième République*. »

A cette analyse on peut utilement confronter celle de Pierre de Villemarest qui, gendre du docteur Félix Henri Martin, l'un des fondateurs de la Cagoule, a recueilli à la source même l'explication de l'entrée en lutte des premiers cagoulards :

« En 1934 et 1935, la gauche française a refusé l'accroissement des crédits militaires et le service de deux ans face à une Allemagne qui réarme intensivement. L'armée s'inquiète. Une multitude d'espions s'infiltrent dans notre pays.

« Parallèlement les réseaux "Rabcors" animés par Jacques Duclos dans les arsenaux, les casernes, les laboratoires, les usines, à l'ombre du PCF "légaliste", décuplent d'ardeur. Une propagande pacifiste et défaitiste déferle sur le pays tandis qu'Hitler a réoccupé sans coup férir la Rhénanie et prépare l'Anschluss.

« Depuis les journées de février 1934, le désarroi, la division, la confusion règnent dans les milieux nationalistes. En mai 1936, les élections sont le triomphe du Front populaire. Elles ont permis le retour en France de Jacques Duclos, qui s'était enfui quelques années auparavant en Allemagne puis en URSS, car il était compromis dans une affaire d'espionnage prosoviétique. L'un des hommes clés de cette affaire, Léopold Trepper, l'animateur de ce qu'on appellera "l'Orchestre rouge", revient en même temps s'installer en France. Et Duclos devient vice-président de la Chambre. Manifestations de rues, mouvements revendicatifs, occupations d'usines se succèdent. Sur les tribunes, Maurice Thorez répète : "Avant peu, je dis bien avant peu, nous serons au pouvoir !"

---

* J.-R. Tournoux : *op. cit.*

« En juin 1936, le gouvernement décrète la dissolution des ligues, coupant ainsi l'herbe sous le pied des organisations nationalistes. En juin suivant, c'est la guerre d'Espagne. La France devient le centre de triage et de transit des volontaires républicains et des armes qui les alimentent.

« Telle est "l'ambiance". Alors, dans toute la France, des hommes se cherchent et se groupent par affinités, en associations, groupes, comités "d'autodéfense" qui ne vont plus chercher leurs mots d'ordre dans les partis de la droite traditionnelle, déjà vaincue, déjà pourrie, ou déjà résignée au combat à coups de porte-plume avant de se coucher devant "le Vent de l'Histoire". Ce sont d'anciens combattants valeureux, de toutes les couches de la société. Ils sont rejoints par une jeunesse qui croit encore en son pays et qui sacrifie volontiers ses maigres écots aux combats politiques*. »

Donc, des ultras mais, disons-le, des patriotes. Le drame, c'est que les premiers seront trop souvent rejoints par ces aventuriers qui surgissent toujours à point nommé lors des situations troubles, voire par des asociaux ou des sanguinaires qui s'ignorent, tout heureux de trouver un prétexte patriotique pour assouvir leur goût de tuer. S'y ajouteront aussi les enragés de l'antisémitisme, déjà fort nombreux dans les ligues, et ceux qui voient partout la main de la franc-maçonnerie. Leur dogme : délivrer la France de la coalition judéo-maçonnique. Pour tous ceux-là, l'homme à abattre, c'est Léon Blum.

N'oublions pas les excès de plume ou de langage auxquels se portaient alors les journalistes politiques. Pour

---

* Pierre de Villemarest : « La Cagoule sans légende », dans *Le Charivari*, numéro spécial : « Sectes et sociétés secrètes en France aujourd'hui » (juillet 1969).

bien comprendre les engagements de certains, il faut relire ce que Charles Maurras a écrit de Léon Blum :

« Ce Juif allemand naturalisé ou fils de naturalisé, qui disait aux Français, en pleine Chambre, qu'il les haïssait, n'est pas à traiter comme une personne naturelle. C'est un monstre de la République démocratique. Et c'est un hircocerf de la dialectique *heimatlos*. Détritus humain à traiter comme tel...

« L'heure est assez tragique pour comporter la réunion d'une cour martiale qui ne pourrait fléchir. M. Reibel demande la peine de mort contre les espions. Est-elle imméritée des traîtres ?

« Vous me direz qu'un traître doit être de notre pays : M. Blum en est-il ?

« Il suffit qu'il ait usurpé notre nationalité pour la décomposer et la démembrer. Cet acte de volonté, pire qu'un acte de naissance, aggrave son cas.

« C'est un homme à fusiller, mais dans le dos*. »

C'est aussi le temps où les Camelots du roi chantent sur le passage du même Blum :

Tout va très bien, M. le Rabbin !

De l'antisémitisme fondamental des chefs cagoulards, un étonnant document, le Journal intime de l'un de ses plus éminents animateurs, le chef du 2e Bureau, Aristide Corre, apporte la preuve à chaque page**.

Le décor est planté. L'action peut s'engager.

Parallèlement aux préoccupations de Deloncle et de ses amis, un mouvement clandestin vient de naître au sein de

---

* *L'Action française*, 9 avril 1935.

** Christian Bernadac : *Dagore. Les carnets secrets de la Cagoule* (1977).

l'armée*. Avant même l'arrivée au pouvoir du Front populaire, des cellules communistes se sont implantées dans les casernes. Or nombre d'officiers et de sous-officiers se souviennent que c'est ainsi qu'a commencé la révolution bolchevique de 1917. Ils ont mis sur pied, avec le concours de soldats du contingent soigneusement choisis, des « groupes d'autodéfense ». Le colonel Groussard est de ceux-ci. De taille moyenne, les yeux gris clair, Groussard – qui commandera Saint-Cyr en 1938 – va même se faire mettre en congé d'un an et parcourir les régions militaires afin de constituer, avec l'accord de ses supérieurs directs, « une sorte d'armée dans l'armée ».

— Il s'agit, dit Pierre de Villemarest, d'organiser entre eux les officiers et les sous-officiers qui ne se coucheront pas devant l'ennemi, si survient la guerre, et qui refuseront aussi bien que leur pays bascule dans un système copié sur le totalitarisme stalinien.

De par la volonté du général Lavigne-Delville, voici donc réunis chez lui, rue de la Bienfaisance : Groussard, Deloncle et Martin. Ils constatent qu'ils poursuivent exactement les mêmes buts, même si Deloncle et Martin sont maurrassiens, même si le colonel Groussard pencherait plutôt du côté du mouvement créé par Jacques Doriot.

Curieusement, ce jour-là, le plus remonté ne semble pas avoir été Deloncle, mais Groussard qui se serait écrié :

— Si tout continue ainsi, nous serons contraints de faire comme les officiers japonais !

---

* J'ai sous les yeux l'exemplaire de l'ouvrage de J.-R. Tournoux, *L'Histoire secrète*, qu'a annoté le docteur Martin. Infiniment précieuses, ces notes, pour établir la vérité historique. C'est ainsi que, Tournoux écrivant que le mouvement militaire a vu le jour le premier, le docteur Martin précise : « Inexact. Il y a contemporanéité. »

Il faut rappeler que tout un groupe d'officiers nippons, « écœurés de la pourriture et de la pusillanimité de leur haut état-major et de leur président du Conseil », a un beau jour envahi le ministère de la Défense ainsi que le palais du gouvernement et aussitôt passé par les armes ceux qu'ils considéraient comme responsables de la décadence de leur pays.

Le colonel Groussard veut-il imiter cet exemple draconien ? Il est difficile de le croire. Pourtant, dans l'entretien inédit qui m'a été communiqué, le docteur Martin prête au colonel des propos encore plus catégoriques :

— Moi, je connais des jeunes officiers qui veulent lutter contre le communisme. Ça correspond à mes idées. Mon idéal, c'est ce qu'ont fait les Japonais.

Commentant la liquidation du président du Conseil et du ministre de la Guerre du Japon, le docteur Martin ajoute d'ailleurs, sans inutiles circonlocutions : « Ça, c'était une opération parfaite. »

De tels propos, s'ils ont été prononcés, étaient faits pour enchanter Deloncle. Groussard et lui tombent d'accord pour entreprendre quelque chose ensemble, à une seule condition : chacun gardera son autonomie et le secret de ses relations.

On prend congé du général. Une fois dans la rue, Martin s'adresse à Deloncle et Groussard :

— Messieurs, j'ai été très intéressé par votre conversation. Vous vous mettez d'accord pour faire quelque chose. Sachez que, du moment que vous restez sur ces principes bien précis : *rien d'électoral et rien d'attaché à un parti politique*, je suis d'accord et je ne demanderai pas mieux que de vous apporter une certaine collaboration. Ma collaboration se situera sur deux plans : le renseignement – je le fais depuis longtemps – et, d'autre part, mes contacts avec une équipe de hauts fonctionnaires aussi bien qu'avec des médecins de tout niveau. Si vous êtes d'accord, si vous persistez à vouloir travailler, je suis à votre disposition pour que nous en parlions*.

Cette entrevue, le docteur Martin la situe « fin février-début mars 1936 » :

— Quinze jours après, Deloncle et Groussard se sont pointés chez moi rue de Bucarest et ils m'ont dit : « Eh bien, nous nous sommes mis d'accord, voilà ce que nous faisons. Si vous n'avez pas changé d'avis, nous comptons sur vous. » Et voilà comment ça a commencé, la Cagoule. Avec trois personnes.

Dans une lettre au périodique *Charivari* (janvier-mars 1970), le colonel Groussard a affirmé n'avoir jamais fait partie de la Cagoule. En revanche, il a confirmé ses « contacts » avec l'organisation secrète : « En la circonstance, j'ai rempli la mission qui m'avait été confiée par le maréchal Franchet d'Esperey, mission qui était la suivante : "Vous procurer et m'apporter des renseignements complets et exacts sur l'organisation Deloncle, ses moyens et ses buts." Dès le premier rendez-vous seul à seul que je pus avoir avec Deloncle, ayant confiance dans l'homme, je lui exposai loyalement la mission dont j'étais chargé et lui demandai s'il consentait à m'aider en lui précisant que, quelle que fût cette aide, mon rapport serait entièrement objectif. Deloncle fut beau joueur : *il ne me cacha rien.* »

Au cours d'une émission de télévision, j'ai cité les propos inédits du docteur Martin : « Et voilà comment ça a commencé, la Cagoule. Avec trois personnes. » Cette citation

* Entretien inédit du docteur Martin.

a suscité l'ire de Mme veuve Groussard qui a usé de son droit de réponse pour affirmer que son mari n'avait jamais été cagoulard. Je lui en donne acte, tout en la renvoyant à la lettre du colonel au *Charivari*. Il me semble que l'on joue ici quelque peu sur les mots. Quand de tels « contacts » sont établis, si étroits, si délibérés, on peut se passer d'une adhésion en bonne et due forme.

Le rôle de l'historien est de consulter des sources et, si possible, des sources inédites. Grâce à la bienveillance de M. et Mme Pierre de Villemarest – qui n'ont eu pour but que de servir la vérité –, j'ai eu accès au propre récit que leur a fait leur père et beau-père : récit d'autant plus crédible qu'il n'était pas destiné à être publié.

Il reste que, pour le docteur Martin, c'est l'entrevue entre Deloncle, Groussard et lui-même qui marque la naissance de la Cagoule. Ce qui reste non seulement plausible, mais vérifié par les faits.

La Cagoule ! Le nom paraît si bien adapté à l'organisation secrète qui est en train de naître que l'on peut à bon droit se demander qui l'a inventé. En fait aucun des fondateurs n'aurait choisi un tel sobriquet, jugé inadéquat et inutilement dérisoire. C'est plus tard, quand on a commencé à parler des agissements de l'organisation secrète – laquelle déplaisait autant à Maurras qu'à la République –, que Maurice Pujo, pour la moquer, l'a baptisée dans *l'Action française :* « la Cagoule ». Le terme devait faire fortune et finir par être adopté par les conjurés eux-mêmes.

Ce que la Cagoule va fédérer, ce sont deux organisations distinctes : l'UCAD (Union des comités d'autodéfense), une association légale fondée par le général Duseigneur, et l'OSARN (Organisation secrète d'action révolutionnaire nationale), elle parfaitement illégale.

Sept personnes seulement au premier « Conseil supérieur » de l'organisation : Eugène Deloncle ; Jacques Filliol, acheteur de papier pour une grande maison d'édition, « visage grave, petit, musclé, souple comme un félin* », toujours armé ; le général Henri Duseigneur, héros de la Grande Guerre ; le docteur Martin ; le professeur Vaudremer – élève de Pasteur et ancien « patron » de Martin – et Raphaël Alibert, maître des requêtes au Conseil d'Etat, futur garde des Sceaux du gouvernement du maréchal Pétain à Vichy. Vaudremer comme Alibert ont été amenés par le docteur Martin. A ce conseil des origines, le docteur Martin s'est souvenu qu'appartenait le colonel Groussard. S'il faut en croire Mme veuve Groussard, les souvenirs du médecin l'auraient égaré… En tout cas, à tout ce monde, viendront se joindre un peu plus tard le colonel Heurteaux et un personnage mystérieux dont on sait seulement qu'il fut secrétaire du Syndicat des armateurs.

Délibérément, Deloncle a voulu que les subdivisions de l'organisation s'inspirent de celles de l'armée. Le Conseil supérieur chapeaute l'ensemble des organisations parmi lesquelles on recrute les adhérents. L'OSARN dispose d'un « Comité secret d'action révolutionnaire » (le CSAR) composé de cinq hommes : Eugène Deloncle, son frère Henri, Filliol, Corrèze, Gabriel Jeantet. L'état-major est distribué en bureaux. Le 1er Bureau est chargé de la discipline, du recrutement et de l'organisation ; sous l'impulsion d'Eugène Deloncle, dit « Marie », et de Corrèze ; au 2e Bureau (renseignements), on trouve Corre et trois adjoints ; au 3e Bureau (instructions et opérations), Georges Cachier, dit « Fontaine », colonel de réserve ; au 4e Bureau (transports et munitions), Henri Benoit, rapidement remplacé par

* Philippe Bourdrel : *La Cagoule, trente ans de complots* (1970).

Moreau de La Meuse. Les services de santé sont placés sous la direction du docteur Blondin-Walter, cependant que Henri Deloncle s'occupe des archives et que l'on trouve, dans une section « action », Méténier, Jeantet, Corre, Duclos, Henri Deloncle.

Tous ces chefs s'abritent sous des noms de guerre. Nous connaissons déjà « Marie », c'est-à-dire Deloncle. Le général Duseigneur devient « l'Archevêque », Henri Deloncle est « Grosset », Corrèze, « la Bûche » ; Corre, quant à lui, se fait appeler « Dagore ».

Deloncle, qui hait tant la franc-maçonnerie, ne s'en est pas moins inspiré, pour construire la Cagoule, des traditions et du rituel des sociétés secrètes : l'adhérent – on dit « l'abonné » – ne connaît jamais le nom des chefs suprêmes. Il ne reçoit d'ordre que de son chef le plus direct. Chaque cellule ignore les autres.

Une cellule se compose, sous l'autorité d'un chef, tantôt de huit à douze hommes, tantôt de dix à seize. Trois cellules constituent une unité, trois unités forment un bataillon (soixante hommes au minimum). Il faut trois bataillons pour faire un régiment, deux régiments pour faire une brigade, trois brigades pour faire une division. La Cagoule disposera bientôt, selon Eugène Deloncle lui-même, de 12 000 hommes à Paris. Chiffre confirmé par Marx Dormoy, ministre de l'Intérieur. Pour la France entière, on atteindra 40 000 « abonnés »*.

* Les deux parties, en vue d'intérêts contradictoires mais compréhensibles, n'auraient-elles pas malgré tout grossi ces chiffres ? M. Pierre Gallet a bien voulu m'écrire : « Adjoint de Darnand au commandement de son corps franc pendant la guerre, je me suis retrouvé à ses côtés comme vice-président de la Légion française des combattants dans les Alpes-Maritimes… Les anciens membres de l'OSARN dans les Alpes-Maritimes figurèrent tous parmi les quatre-vingt mille cotisants

Ces hommes, lorsqu'on les recrute au sein de l'organisation de Deloncle, doivent prêter serment. La cérémonie a lieu le soir, précise le docteur Martin dans ses notes inédites, car dans la journée les « abonnés » travaillent. On conduit le postulant en voiture, les yeux bandés, jusqu'à l'appartement où siège le chef qui doit le recevoir. On a dit que c'était à Deloncle qu'on prêtait serment. Erreur. C'est sur le drapeau français que jure le postulant. Il lève le bras droit et répète la formule qui lui est soufflée :

— Je jure sur l'honneur fidélité, obéissance, discipline à l'organisation. Je jure de garder le secret et de ne jamais chercher à connaître l'identité des chefs.

En des termes toujours différents mais aussi précis, on informe le nouvel « abonné » qu'en cas de trahison il sera jugé et que le Tribunal suprême ne rend que deux verdicts, l'acquittement… ou la mort.

Un inculpé déposera plus tard :

— Je me suis rendu dans un immeuble de la rue de Villiers et là, devant une table sur laquelle était posé un brassard tricolore sans insigne, j'ai prêté serment de fidélité, discipline et secret au Comité secret d'organisation révolutionnaire. On m'a laissé entendre qu'un traître au groupement avait disparu.

Un autre :

— La pièce où je prêtai serment n'était éclairée que par une lampe de bureau projetant sa lumière sur un drapeau tricolore, étendu sur une table et laissant les assistants dans l'ombre.

---

que la Légion comptait dans ce département au début de 1941. Je les connaissais tous et je me souviens de chacun d'eux. Leur nombre ne dépassait pas deux douzaines. Or, selon Darnand, Deloncle considérait la région niçoise comme un point fort de son mouvement. Qu'étaient les points faibles ? » (Lettre du 24 avril 1986.)

Un autre encore :

— L... m'a demandé quelques renseignements sur ma situation militaire et personnelle puis, après m'avoir demandé si j'étais décidé à prêter le serment exigé par l'organisation dans laquelle j'entrais, m'a tenu ces propos : *Si un communiste entre dans notre organisation, on le tue ; si un franc-maçon entre dans notre organisation, on le tue ; si un adhérent trahit notre organisation, on le tue.* Je n'ai pu m'empêcher de répliquer : *Merde alors ! Vous tuez les gens comme des lapins !* L... n'a rien répondu.

Pour les recrues de simple extraction, on emploie des formules plus directes :

— Si tu parles, je te préviens, on te brûle !

Ou encore :

— On n'hésitera pas à te crever la paillasse !

Plus tard, Eugène Deloncle, entré dans la Collaboration, donnera, le 25 septembre 1941, une interview à l'hebdomadaire *La Gerbe* qui éclaire remarquablement ses intentions profondes et les orientations de la Cagoule. Selon lui, l'illégalité et la clandestinité étaient devenues nécessaires pour abattre « la gueuse ». Il avait donc fallu susciter une « action souterraine et comme une franc-maçonnerie retournée au bénéfice de la nation. Il fallait accumuler une force explosive, et qui pourrait exploser, et bien exploser, le jour du péril... La méthode de recrutement était analogue à celle des anciens Illuminés : soin extrême dans le choix des recrues, désignation de parrains notables qui viennent donner confiance au nouveau militant. Avec ces militants, un quasi-contrat est signé : en échange de leur fidélité et de leur zèle, ils reçoivent une garantie de protection. Les traîtres seront impitoyablement punis ».

Il ne s'agit pas là d'une vaine menace. Nous savons que plusieurs « traîtres » ont été châtiés, cagoulards eux-mêmes ou complices infidèles de l'organisation. On ira plus loin : certaines morts ne seront décidées que pour démontrer à des interlocuteurs déterminés l'efficacité de la Cagoule. Vous doutez ? Voici des preuves.

Pour que les « abonnés » de la Cagoule deviennent une force qui, au jour fixé, pourra balayer les institutions de la République et porter Deloncle au pouvoir, il faut non seulement les entraîner mais les équiper et les armer. La Cagoule va donc acheter à l'étranger d'énormes quantités d'armes qui seront stockées à travers la France. Ces armes, il faudra beaucoup d'argent pour les payer. Deloncle a donc décidé de démarcher les propriétaires des grosses affaires, en arguant de la nécessité de faire face à la menace communiste. Encore faut-il qu'on le reçoive ou qu'on accueille ses représentants. Il est un sésame qui pourrait ouvrir toutes les portes : une recommandation du maréchal Franchet d'Esperey, ancien chef de l'armée d'Orient, membre octogénaire du Conseil supérieur de la guerre. Certes, le maréchal a beaucoup vieilli – le commandant Loustaunau-Lacau parle de « son regard intense de lion blessé » – mais il entre en fureur dès qu'on lui parle des communistes. Quand il est sollicité par Deloncle et ses amis, il répond :

— Je connais l'esprit de votre organisation et votre patriotisme à tous. Mais je ne m'engagerai à vous cautionner sur ce point et d'autres que lorsque vous m'aurez fourni la preuve que vous êtes sérieux, organisés et prêts à aller jusqu'au bout de votre mission.

Il semblerait que le maréchal fasse allusion à « plusieurs personnalités d'origine étrangère, fort introduites dans les milieux de la haute politique française et dont la police comme les services spéciaux savent bien qu'elles travaillent ou pour l'Allemagne ou pour l'URSS ».

Or une information capitale est livrée par Pierre de Villemarest, mieux renseigné que quiconque sur les agissements de la Cagoule : « *Le Conseil supérieur donne alors sa première "preuve" : un important personnage est exécuté.* »

Voilà le maréchal convaincu. Il reçoit Deloncle. Celui-ci disposera désormais de véritables « lettres de créance » signées de la main de Franchet d'Esperey et portant cette mention :

« Vous devez porter foi au porteur de cette lettre. »

Comment les « grands patrons » n'accueilleraient-ils pas à bras ouverts les porteurs d'un message aussi respectable ? Louis Renault versera des sommes considérables. A la date du vendredi 16 juillet 1937, Aristide Corre écrit dans son Journal intime : « Je ne me coucherai pas avant que d'avoir noté que le grand industriel de l'automobile nous a fait tenir 2 millions comptant hier soir. Eugène avait justement besoin de plus de quinze cent mille pour mardi. » Dans son entretien inédit avec son gendre et sa fille, le docteur Martin révèle de son côté :

— Ecoutez, moi je me souviens avoir été un jour chez Michelin… uniquement pour chercher une serviette. On m'a remis une serviette, il y avait 3,5 millions dedans.

De l'argent, le maréchal Franchet d'Esperey en verse aussi au groupe d'autodéfense de l'armée : c'est ainsi qu'il remet 1 500 000 francs au commandant Loustaunau-Lacau, officier détaché à l'état-major du maréchal Pétain où il a succédé à Charles de Gaulle. Le but de Loustaunau-Lacau, « Béarnais court et trapu », véritable « force de la nature » qui jure de descendre d'un bâtard de Henri IV, est de liquider les cellules communistes de l'armée. Il va en mettre à mal plus de deux cents ! Il a rallié à son organisation le capitaine Bonhomme, officier d'ordonnance du maréchal Pétain. C'est Bonhomme qui informera Pétain de l'existence des « réseaux Corvignolles » mis sur pied par

Loustaunau-Lacau. Corvignolles ? Ecrivant une vie de Vauban, Loustaunau a découvert que son héros comptait dans sa famille un Corvignolles. Le nom lui a plu. Il a inventé un officier de carrière décédé dont les chefs de corps recrutés au sein de l'organisation – ils sont nombreux – recevront en signe de ralliement la carte de visite : *Hervé Gratien. de Corvignolles.*

Mis au courant, le maréchal Pétain n'a formulé aucun commentaire : ni approbation... ni désapprobation. C'est naturellement à son insu que Loustaunau va dissimuler des caisses de grenades et des détonateurs dans le garage de l'état-major du 8, boulevard des Invalides. Ce qu'apprenant, horrifié, un officier s'écriera : « Ce cochon va faire sauter le Maréchal. »

Plus tard, au procès Pétain, le commandant Loustaunau-Lacau révélera que le maréchal Pétain, en 1936, l'avait chargé « d'aller voir un peu ce qui se passe » du côté de la Cagoule.

— En rentrant de cette mission, j'ai dit au Maréchal : « *Monsieur le Maréchal, il y a des armes.* » Et le Maréchal a répondu : « *C'est grand dommage, car lorsqu'on a des armes on éprouve le besoin de s'en servir.* »

D'autres militaires ne manifestent pas les mêmes craintes ni les mêmes scrupules. Le lecteur pourra méditer ici cette page inédite du docteur Martin :

« En 1936, une réunion des cadres de la région Est eut lieu à Nancy dans une grande propriété des environs immédiats de la ville.

« Le lendemain, Giraud alors gouverneur de Metz reçut Deloncle, Duseigneur et...*. Groussard ne s'était pas joint

* Il est évident qu'il s'agit du docteur Martin lui-même. Le « nous » qui suit doit tout aussitôt nous en convaincre. Il faut aussi se souve-

à nous. Il voyait pendant ce temps ses “correspondants” locaux et régionaux. Deloncle fit un exposé de la situation, de ses réalisations et de ce qu’il attendait du général Giraud : assurer l’ordre et le calme dans cette région frontière face aux Allemands.

« Après ce long exposé, Giraud tourna autour de son bureau et vint donner l’accolade à Deloncle. Félicitations... Accord... encouragements.

« Deux colonels assistaient à cette entrevue – dont le colonel commandant les chars : De Gaulle. »

A quelque temps de là, Loustaunau-Lacau va être convoqué à son tour par le maréchal Franchet d’Esperey auprès duquel il va trouver un homme qu’il ne connaît pas. Le vieux soldat lui tient ce langage :

— Loustaunau-Lacau, je reçois vos bulletins secrets, je sais ce que vous faites. Il y a ici un homme, M. Deloncle, qui agit dans un autre sens que vous ; il veut renverser l’Etat ; c’est la seule façon qui nous reste de sauver encore les débris de la victoire de 1918. Je voudrais que vous mettiez votre main dans la sienne et que désormais vous travailliez ensemble.

Loustaunau se cabre :

— Jamais, monsieur le Maréchal ! Notre but est bien défini : nous nettoyons l’armée de tous les miasmes qu’elle recèle et nous faisons le maximum d’efforts pour la relever moralement et matériellement. Ce que nous pouvons savoir des préparatifs d’Hitler pour la guerre prochaine nous enlève toute envie de participer à un mouvement de putsch quelconque, qu’il soit de droite

---

nir que cette page fut rédigée après le retour, en 1958, du général de Gaulle au pouvoir, alors que le docteur Martin haïssait celui-ci cordialement.

ou qu'il soit de gauche ; ne comptez jamais sur nous pour cela*.

Deloncle intervient, se récrie, défend ses positions :

— Nous voulons renverser l'Etat parce qu'il n'y a plus moyen de faire autrement. Nous voulons le faire par tous les moyens, y compris la force. On ne peut pas vivre avec la République.

Le chef de la Cagoule dira encore devant Franchet d'Esperey :

— Il faut rétablir le roi !

Ce qui donne une fois de plus raison au docteur Martin quand il note : « Dans son portrait de Deloncle, Tournoux oublie une chose essentielle : D. est avant tout un *nationaliste maurrassien.* »

Loustaunau-Lacau, lui, commentera : « Je savais que déjà un certain nombre d'officiers, et non des moindres, étaient inscrits dans ses rangs. Je cédai sur un seul point : j'acceptai de recevoir les renseignements de Deloncle qui concernaient strictement l'action communiste dans les casernes et, en échange, je lui demandai de me remettre la liste des officiers inscrits chez lui et de les délier de leur serment. Nous nous sommes vus par la suite deux ou trois fois, toujours dans ce même cadre... Quant au maréchal Franchet d'Esperey, je suis allé le voir le soir même chez lui. J'ai été reçu assez fraîchement. Je lui ai montré, avec le danger allemand qui ne pouvait pas le laisser insensible, les risques qu'il courait personnellement à mélanger son nom, victorieux et respecté, à une aventure. Il l'a compris

* Note inédite du docteur Martin : « Vrai. Peut-être cela correspondait à ses sentiments profonds, mais en pratique il en fut autrement et Loustaunau-Lacau a cherché la collaboration avec Deloncle pour détourner des fonds en sa faveur. »

et je suis persuadé que ses relations avec la Cagoule en sont restées là. »

Donc on prépare le jour J. L'armement sera non seulement abondant mais, pour l'époque, extrêmement sophistiqué. Pour chaque cellule, au moins un fusil-mitrailleur. En cas d'affrontement avec l'armée et la police, les « cagoulards », disposant d'armes légères à tir rapide, auront facilement le dessus. Dans chaque cellule, le servant du fusil-mitrailleur a été choisi avec soin. Il fera des ravages dans les combats de rue. Les autres ont reçu un revolver ou un fusil et aussi des grenades. Les brigades disposent de mitrailleuses et de fusils antichars. Pour la seule ville de Paris, la Cagoule tient en réserve 250 fusils-mitrailleurs et mitraillettes, une vingtaine de mitrailleuses, au moins 5 000 grenades, des milliers de revolvers, des centaines de fusils. Le tout assorti de dizaines de milliers de cartouches*. Dans des caches où l'on pense que la police n'entrera jamais, on a stocké des centaines de kilos d'explosifs. Des techniciens ont imaginé des bombes à retardement qui peuvent produire des ravages effrayants.

Sans relâche, on entraîne les « troupes ». Des instructeurs militaires enseignent le maniement des armes. Les « abonnés » se retrouvent à Montrouge, à Saint-Denis, à Arpajon.

Un ancien cagoulard a confié à Philippe Bourdrel :

— Ces manœuvres étaient effectuées à portes ouvertes… C'est à peine si nous nous dissimulions… Nous étions encadrés de militaires, car nous travaillions la main dans la main avec l'armée.

Un autre « abonné » a confirmé :

---

* Philippe Bourdrel : *op. cit.*

— Les exercices d'alerte, les répétitions de mobilisation étaient réalisés en collaboration avec des officiers d'état-major d'active.

Comment, le jour venu, agira-t-on ? Une masse considérable de renseignements a été accumulée, provenant soit du docteur Martin, soit du 2e Bureau d'Aristide Corre. La Cagoule a établi une topographie des centrales électriques, des canalisations d'eau, des usines à gaz. Tout est prévu pour immobiliser celles-ci, ainsi que le métro et le trafic des gares. On sait comment occuper les centraux téléphoniques ou télégraphiques, et les détruire si nécessaire. On a étudié le fonctionnement des postes émetteurs de TSF. La réquisition des autobus pour transporter les troupes est d'ores et déjà prévue. On se servira des bennes de ramassage d'ordures comme de chars d'assaut. On a mis au point la méthode par laquelle on se rendra maîtres des ministères, des forts et des casernes. Partout, on a pris langue avec des sympathisants. Quand l'heure aura sonné, les hommes de la Cagoule gagneront leur poste de combat par les égouts et aussi par l'étonnant réseau souterrain qui existe sous Paris et dont on s'est procuré les plans. A l'heure dite, on pourra surgir sans coup férir en plein palais de l'Elysée et aux différents points stratégiques de la capitale.

Eugène Deloncle explique :

— Quand des troupes illégales ont à attaquer un gouvernement, un gouvernement qui dispose d'éléments armés importants, celui-ci est *a priori* plus fort. La seule arme de ces troupes illégales est la surprise et la rapidité. On ne peut bénéficier de l'effet de surprise qu'en amenant les troupes insurrectionnelles sur leur lieu d'emploi en un temps relativement court, avant que les forces gouvernementales disciplinées puissent se trouver en nombre sur leurs positions préparées.

La Cagoule prendra donc l'offensive en lançant à la fois trois attaques concentriques : la première partira du bois de Boulogne pour se diriger vers l'est et le sud : la seconde s'élancera du bois de Vincennes vers l'ouest ; la troisième quittera la banlieue sud pour le nord.

Deloncle ne veut pas mettre en doute la réussite de l'opération. Quand on aura jugulé les hommes en place et leurs séides, on prendra le pouvoir. Bien sûr, il s'agira d'un régime autoritaire. Ce que l'on promulguera, c'est une « révolution nationale ». « Finis les miasmes de la démocratie, la pourriture marxiste, les partis gangrenés, les loges maçonniques et les syndicats ! »

Pour faire place nette, la Cagoule prévoit de liquider physiquement un certain nombre d'hommes politiques et d'en prendre d'autres comme otages. Une liste, découverte par la suite, et datée du 30 juin 1936, porte les noms de Léon Blum, Camille Chautemps, Paul Faure, Maurice Viollette, Marx Dormoy, François de Tessan, Roger Salengro, Yvon Delbos, Vincent Auriol – c'est-à-dire les trois ministres d'Etat, les deux sous-secrétaires à la présidence du Conseil, le ministre de l'Intérieur, le ministre des Affaires étrangères et le ministre des Finances. Egalement en bonne place, les secrétaires et sous-secrétaires d'Etat : Pierre Cot, Jean Zay, Mme Brunschwig, Charles Spinasse, Ramadier, Marius Moutet, Gasnier-Duparc, Paul Viennot, Paul Bastid, Léo Lagrange.

Où conduira-t-on ces otages ? Tout simplement dans des demeures de la région parisienne louées pour la circonstance et où la Cagoule a fait préparer des prisons. Dans le sous-sol de la villa « la Futaie », sur le plateau de la Jonchère, des rangs de bouteilles bien innocentes dissimulent une porte blindée de trente centimètres d'épaisseur. Quand on la franchit, on trouve un petit escalier au bas duquel s'ouvre une autre porte : celle d'une cellule. Quel eût été le destin de ceux que l'on y aurait conduits ? On frémit en découvrant au milieu de ce cachot un poteau où sont fixées des chaînes.

L'histoire a voulu qu'il n'y ait pas commencement d'exécution. Et pourtant, sans attendre le jour J, le sang a coulé.

L'homme dont l'assassinat a servi de « preuve » de l'efficacité de la Cagoule aux yeux du maréchal Franchet d'Esperey n'est autre que l'économiste Dimitri Navachine. Je tiens de son ami Maxime Malinski, professeur honoraire au Conservatoire national des arts et métiers, des précisions qui infirment sur bien des points ce que l'on a écrit jusqu'ici. M. Malinski devait dîner avec Navachine le jour même de son assassinat, à son domicile de la rue Michel-Ange. Il sait de quoi il parle.

Dimitri Navachine, d'origine russe et social-démocrate d'opinion, avait collaboré en 1917 avec le gouvernement Kerenski en tant que haut-commissaire aux Transports de Petrograd. Après la chute de Kerenski, il avait émigré en France.

Economiste de grande valeur, il était devenu conseiller financier de la firme d'automobiles Matford et avait collaboré avec Anatole de Monzie comme avec Charles Spinasse. Il se voulait fidèle aux idées qu'il professait déjà en Russie. Ses sympathies allaient en France au parti socialiste. Il devait d'ailleurs jouer, sous le Front populaire, un rôle de premier plan dans la création de l'Office du blé.

Quant à ceux qui gouvernaient maintenant la Russie, « il ne les portait pas dans son cœur », m'a dit son ami Malinski.

Mais, au milieu de cette vie qui nous apparaît jusqu'ici fort logique, voilà de l'inattendu. En 1921, des Russes blancs exilés avaient fondé à Paris un établissement financier qu'ils avaient appelé Banque commerciale pour l'Europe du Nord. En 1925, le gouvernement soviétique avait négocié – et obtenu – le rachat de cette banque. Et nous découvrons avec quelque stupeur que Navachine va en prendre la direction en 1927 et qu'il assumait encore celle-ci en 1928 et 1929*. Oui, Navachine l'émigré, Navachine le contempteur des bolcheviks !

A-t-il voulu, comme les héros de la pièce de Jacques Deval, *Tovarich*, venir en aide à ses compatriotes, à une Russie ravagée par la famine ? C'est la question que j'ai posée à M. Malinski, lequel s'est déclaré incapable de me répondre, ceci pour une raison non moins surprenante :

— Navachine, m'a-t-il dit, ne m'a jamais parlé de la Banque commerciale pour l'Europe du Nord !

La Cagoule, en tout cas, n'oubliait pas.

Le 24 janvier 1937, Navachine promène son chien sur l'avenue du Parc-des-Princes. Un inconnu se précipite vers lui, le saisit au collet. Navachine roule à terre, son chien, un petit fox-terrier, cherche à le défendre, il tente de mordre l'agresseur, il aboie. Furieux, l'homme sort un revolver et tire sur l'animal. Dimitri Navachine tente de se relever.

L'inconnu se retourne et, brandissant un poignard, l'enfonce à plusieurs reprises dans le corps du malheureux. Navachine est mort. Tout cela n'a pas duré deux minutes. On ne retrouvera jamais l'assassin.

La vérité ? On l'a cherchée longtemps. Nous la découvrons aujourd'hui dans le témoignage de Pierre de Villemarest. Et aussi dans cet aveu que l'un des dirigeants du CSAR a livré à Philippe Bourdrel :

---

* Je remercie pour ces précieuses informations Mme Janine Jarniaud, sous-directrice à la Banque commerciale pour l'Europe du Nord.

— Sa mort fut notre fait. Elle avait pour nous une valeur exemplaire. En frappant un agent d'affaires des Soviets, ou considéré comme tel, nous savions que nous créerions un choc, que nous découragerions d'autres initiatives. Dimitri Navachine avait été choisi par nous sur une liste de victimes, mais d'autres que lui auraient pu, tout aussi bien, être désignés… Sa mort fit l'effet d'une bombe dans la haute banque. Cette fois, on comprenait qu'il ne fallait pas plaisanter. Nous avions besoin de montrer que nous étions redoutables, que les procédés les plus radicaux ne nous faisaient pas reculer. Nous recevions des fonds importants ; nos bailleurs étaient tentés de nous dire : « Alors, que faites-vous de tant d'argent ? Vous nous dites que vous êtes capables de beaucoup, prouvez-le… » De toute manière, pour que la bourgeoisie se décide à aider un organisme paramilitaire comme le nôtre, il fallait qu'une grande peur s'instaurât ; la mort de Dimitri Navachine ne pouvait que contribuer au climat général d'insécurité qui régnait alors…

A qui douterait encore de l'appartenance des assassins de Navachine à la Cagoule, je proposerai une lecture édifiante. Il s'agit d'un extrait du Journal intime d'Aristide Corre, à la date du mercredi 9 juin : « Nous avons eu du nouveau sur l'affaire Navachine. Un très volumineux rapport en a été fait au ministère de la Justice. Le docteur Martin me le communiquera et je le lirai. En gros ce rapport nous ignore de tout en tout. Il attribue à une société secrète judéo-maçonnique la disparition de notre homme. Il n'est guère possible de "nager" plus complètement. »

Je dirai, moi, qu'il n'est guère possible d'être plus cynique.

Telle est la première victime de la Cagoule. D'autres suivront, exécutées pour avoir manqué à leur serment. C'est ainsi que deux « abonnés », Maurice Juif et Léon

Jean-Baptiste, ont été chargés d'approvisionner l'organisation en armes. Ils ont encaissé des fonds importants. Une enquête interne démontre qu'ils en ont détourné une partie à leur profit. L'un et l'autre passent soudainement de vie à trépas. Mais Juif, qui se savait condamné, a préparé sa vengeance : il a réuni dans une malle des documents accablants pour l'organisation secrète et a expédié celle-ci de Milan à l'adresse de la consigne de la gare de Lille. S'il vit, il reprendra son bagage. S'il meurt, la police le retrouvera.

Il a vu juste. C'est bien la découverte de cette malle qui, un jour, sonnera le glas de la Cagoule.

Dès les premières victoires des nationalistes espagnols, la Cagoule a pris contact avec les hommes du général Franco. De fructueux échanges d'armes en ont découlé. Mais d'autres liaisons se sont nouées avec les fascistes italiens. Selon des rapports d'origine italienne, connus après la Seconde Guerre mondiale, des contacts ont eu lieu entre Méténier et les agents fascistes à Nice, Monte-Carlo, San Remo et Rome. D'après Emanuele Santo qui en témoignera en septembre 1944, Méténier a déclaré au cours de l'un de ces entretiens :

— Votre Duce est et sera notre modèle, et nous sommes tout à fait d'accord avec lui pour considérer le fascisme comme une norme de vie politique à l'échelle européenne ; la France doit, selon nous, s'inspirer du régime fasciste italien.

Méténier a également affirmé que son organisation « descendrait sur la place » au mois d'octobre 1937. Que souhaitait en échange la Cagoule ? Un soutien du gouvernement fasciste.

Un autre rapport italien, daté de 1937, précise : « Les chefs du mouvement clandestin mettent leur orgueil à gagner la sympathie du chef du fascisme... » En preuve de sa bonne volonté, la Cagoule – désignée par le commandant Navale, chef du Centre de contre-espionnage de Turin sous les initiales Dd – se propose « d'accomplir des actes dirigés contre des personnes gênantes... » Dd ne souhaite qu'« obtenir des facilités en vue d'acquérir des armes... » Conclusion du commandant Navale : « La collaboration de Dd s'est manifestée et se manifeste. » Rien de plus vrai. Navale déclare que, le 22 mars 1937, à Monte-Carlo, au cours d'un entretien avec « l'un des dirigeants parisiens de Dd », on est convenu, en reconnaissance de la « liquidation physique » de Carlo Rosselli, de fournir à la Cagoule cent fusils Beretta semi-automatiques.

L'opération Rosselli est commencée.

L'universitaire Carlo Rosselli, socialiste, dès l'arrivée au pouvoir de Mussolini, lui a manifesté son opposition. Interné pendant cinq ans aux îles Lipari, il s'en est évadé en 1929 et s'est réfugié en France. Il publie à Paris un journal qui attaque férocement le régime fasciste. A Rome, la décision a été prise et bien prise : il faut supprimer ce gêneur. Encore doit-on se garder de compromettre les services italiens. C'est alors que, miraculeusement, la Cagoule est venue offrir ses services.

En juin 1937, le frère de Carlo, Nello, l'a rejoint en France, pour de courtes vacances. Carlo revient d'Espagne où il est allé se battre du côté des républicains. Blessé, on lui a prescrit une cure à Bagnoles-de-l'Orne. C'est là que l'attendront les tueurs du CSAR. L'affaire a été organisée par Jean Filliol lui-même qui a choisi les tueurs : Louis Huguet et Jean Bouvyer, Robert Puireux et Ferdinand Ladislas Jalubiez.

La voiture des frères Rosselli roule sur cette petite route de Normandie. Une voiture les dépasse, se met en travers. Il faut bien que Carlo Rosselli stoppe. Derrière lui une autre voiture avance lentement. Les deux frères ne comprennent pas. Nello descend de la vieille Ford noire et s'avance vers la voiture qui barre la route et dont le capot est relevé. Tout à coup un homme qui, plongé dans le moteur, semblait rechercher quelque panne, braque un revolver et tire. Nello s'effondre. Sans perdre un instant, le tueur court alors vers Carlo, tire et tire encore. Mission accomplie, contrat rempli : la Cagoule a mené à bien la tâche que l'on attendait d'elle : Carlo Rosselli est mort.

Le mardi 8 juin, dans son Journal, Aristide Corre notait sa préoccupation quant « à la recherche et à la conquête du *Rossignol*, cette quête n'ayant pas réussi hier ». Sous la plume poétique du chef du 2e Bureau de la Cagoule, l'opération Rossignol n'était autre que l'assassinat des frères Rosselli.

Corre s'est vite trouvé rassuré. A la date du 9 juin, il va pouvoir noter : « Notre affaire du Rossignol est enfin réglée, voilà une chose à laquelle nous ne penserons plus. »

Mais quand donc l'heure H allait-elle sonner ?

Méténier a déclaré aux Italiens :

— Nous descendrons sur la place en octobre 1937.

Octobre est venu. Il ne s'est rien passé. Ou tout au moins rien d'apparent.

Car nous disposons maintenant d'un récit inédit du docteur Martin qui relate l'épisode que voici :

« Il est exact que des contacts constants existaient avec l'état-major de l'armée et les inquiétudes de celui-ci n'avaient pas besoin d'être forgées.

« Il me souvient qu'un soir d'octobre le frère de Deloncle, Henri, est venu me chercher vers 10 heures et me conduisit aux Invalides où je retrouvai Deloncle, Duseigneur (peut-être Heurteaux ?) venus également sur convocation. Il y avait là plusieurs officiers dont trois généraux, dont Prételat.

« Le 2e Bureau de l'Armée avait apporté des renseignements inquiétants et ces officiers craignaient *pour la nuit même* un "coup" communiste. Ils voulaient recouper leurs informations et surtout voulaient savoir si l'OSARN serait capable de tenir le périmètre administratif pendant sept heures au moins, temps nécessaire pour que l'armée soit en mesure de la relever.

« Nous n'avions aucun élément de confirmation des informations du 2e B. – une pré-alerte des chefs d'unités fut déclenchée… et la nuit se passa sans incident.

« Cette anecdote montre combien tendue était l'atmosphère dans les hautes sphères de l'armée, quelques semaines avant la mi-novembre.

« Quand, début novembre, un faisceau de renseignements sur le plan d'action communiste prévu nous est parvenu, un exposé complet en a été fait au cours d'une réunion de l'état-major de l'organisation. Y assistaient trois officiers (dont le successeur de Groussard). Deloncle était d'avis de laisser aller les choses et d'attendre le déclenchement de l'adversaire. Les militaires par contre – dans la crainte qu'à la faveur de troubles en France Hitler n'en profite pour réaliser l'Anschluss – s'opposèrent à cette tactique et demandèrent que les renseignements soient "brûlés" pour rendre la manœuvre communiste impossible.

« Une discussion très vive opposa les deux thèses et les deux groupes – civils et militaires.

« Comme le rôle de l'armée était déterminant, ces derniers imposèrent leur conception.

« Duseigneur fut chargé de transmettre les informations au Cl [?] Guillaume qui dirigeait un hebdo. »

C'est tout ? Non. La nuit du 15 au 16 novembre, tout repart. Et de plus belle. Depuis trois jours Eugène Deloncle a repris contact avec les chefs de l'armée : le général Gamelin, généralissime, le général Duffieux, inspecteur général de l'infanterie, le général, sous-chef d'état-major général, le général George Prételat. Deloncle se déclare sûr, archisûr que les troupes vont attaquer dans la nuit du 15 au 16 novembre. Il faut les prévenir, faire intervenir l'armée régulière « avant que le Pays soit perdu ».

Le général Duffieux déclarera le 4 janvier 1938 : « C'est le 12 novembre que j'ai été mis au courant par un tiers de l'imminence d'un coup de force communiste. J'ai demandé à mon informateur une note dactylographiée que je fis aussitôt parvenir au général Gamelin. »

Un général qui, alors colonel, occupait de hautes fonctions dans un état-major de Paris a relaté à J.-R. Tournoux les péripéties de cette nuit du 15 au 16 novembre où s'est décidé le destin de la République.

Extraordinaire récit :

« Deloncle et son entourage m'alertent. Je suis appelé dans un appartement, rue de Bourgogne. L'heure est tragique, m'exposent Deloncle et le général Duseigneur. La révolution va éclater. A 1 h 30, cette nuit, après l'arrêt des transports publics, les troupes communistes se mettront en route par les couloirs du métropolitain. Ils progresseront ainsi vers les centres vitaux en même temps que les unités de surface.

« Nous tenons à votre disposition un bataillon de nos hommes armés pour protéger l'Ecole militaire.

« Nous allons mettre en batterie des mitrailleuses autour de l'Elysée. Le gros de nos troupes attend aux portes de Paris.

« Voilà, colonel. Il est moins une. Votre devoir est d'aller à deux pas d'ici, au ministère de la Guerre, avertir Daladier que la révolution a éclaté. D'ailleurs, le ministre ne sera pas surpris : nous lui avons fait tenir cet après-midi une première note de renseignements par un homme politique. Si Daladier refuse de mettre en application le plan de défense, le devoir sera de l'arrêter immédiatement.

« De grâce, ne tardez pas. Dans un instant il sera trop tard. »

« Devant moi, raconte encore le général, les chefs cagoulards échangent de mystérieuses communications téléphoniques. Ils m'assurent : "On entend des coups de feu dans Paris."

« Bien que très impressionné, je refuse la moindre démarche officielle avant d'avoir des preuves catégoriques d'une marche communiste.

« Néanmoins, je prends contact avec l'officier de permanence, rue Saint-Dominique, afin de m'assurer que M. Daladier peut être joint sans délai, le cas échéant.

« Toute la nuit s'écoule ainsi. A chaque instant, les cagoulards me relancent : "Nous vous supplions. Intervenez : informez Daladier. Déclenchez le dispositif d'alerte !"

« Je reste inflexible. Je réponds : "J'attends les premiers événements. Je réagirai à ce moment."

« L'aube se lève. Paris est parfaitement tranquille. Je quitte ces messieurs sur ces mots : "J'ai bien compris. Toute votre histoire de putsch était une épouvantable comédie." »

Dans ses notes, le docteur Martin parle, à propos de ce récit, d'une « reconstitution parfaitement arbitraire et fantaisiste ». Voire. On a lu plus haut la déclaration du général Duffieux. Il faut y ajouter celle du colonel de Bellefon, attaché à la Maison militaire du président de la République : « Eugène Deloncle lui-même m'a parlé de l'imminence d'un putsch communiste... » et celle d'un cagoulard, J.-C. Wiart : « J'avais été chargé de donner l'alerte aux troupes du CSAR à Versailles. Je me rendis donc chez le responsable X et lui dis : "Descendez sur Paris, les communistes se rassemblent." Mais il refusa d'obéir. Il avait dû se renseigner… »

La mobilisation, cette nuit-là, de l'ensemble des troupes dépendant de la Cagoule est une certitude. Le docteur Martin le reconnaît d'ailleurs : « Le 15 novembre – par précaution – une alerte générale fut ordonnée, mais pas dans l'atmosphère dramatique que Tournoux décrit. Vers 1 ou 2 heures du matin, je suis rentré chez moi après avoir passé quelques heures avec Alibert et quelques autres dans un appartement de l'avenue Victor-Emmanuel… »

Un chef des groupes de combat de l'OSARN se souvient :

— J'avais mon PC rue Saint-Florentin. Nous avons attendu une bonne partie de la nuit l'ordre de marcher qui n'est pas venu. Deloncle s'était réservé l'Elysée. Je devais prendre la caserne de la Cité, l'Intérieur, la Guerre.

« Mes hommes étaient répartis un peu partout, par petits groupes armés, dans des appartements privés, sur les quais de la Seine, au Champ-de-Mars, etc.

« Nous devions enlever notamment le garde des Sceaux, dont nous avions étudié les itinéraires et les habitudes, pour servir d'otage. »

Comment nier l'évidence ? Cette nuit-là, Deloncle a joué son va-tout. L'un des dirigeants de l'OSARN a confié à Philippe Bourdrel :

— Selon moi, Deloncle envisageait les possibilités suivantes : soit, en provoquant le parti communiste, l'obliger à se démasquer et entrer en action ; soit persuader l'armée de l'imminence d'un putsch communiste. Dans les deux cas, il s'agissait de forcer la main aux militaires, de les inciter à demander au président de la République les pleins pouvoirs pour réprimer le soulèvement de l'extrême gauche.

Mais l'armée n'a pas suivi. Et Deloncle a renvoyé ses hommes chez eux. Ce faisant, il a signé l'arrêt de mort de la Cagoule.

Pourquoi Deloncle a-t-il « baissé les bras » ? La réponse n'est pas aisée à formuler.

Avant tout, il semble que, pour Deloncle et ses amis, l'opération n'ait été considérée que comme une dernière chance. Les chefs de la Cagoule, pour dire le vrai, n'avaient pas le moral : ce qui se révèle toujours mauvais quand on engage une partie aussi rude.

En fait, le plan d'attaque était au point depuis plusieurs mois. L'erreur est d'avoir trop tardé à déclencher l'offensive.

L'historien constate, en matière de conspiration, que cela se produit souvent. Les conjurés consacrent tous leurs efforts à mettre en place un dispositif. Quand celui-ci parvient au point de perfection rêvé – ce fut le cas pour la Cagoule – on hésite à donner le signal de l'action, parce que l'on redoute paradoxalement que ce dispositif si remarquable puisse en souffrir. Réaction certes plus inconsciente que lucide. Elle n'en existe pas moins. J'appellerai cela : le syndrome du pont de la rivière Kwaï.

A moins que, tout simplement, mis au pied du mur, Deloncle n'ait pas eu le courage d'aller jusqu'au bout de son bluff. Un commentaire brutal de Joseph Darnand, recueilli au début de 1941 par M. Pierre Gallet – resté jusqu'ici inédit – ne laisse pas de nous troubler. A Deloncle venu « rappeler à Darnand son serment et lui enjoindre de se soumettre à l'avenir aux instructions qu'il lui donnerait, Darnand répondit qu'il se considérait comme délié de tout engagement depuis novembre 1937 et l'éconduisit sans prendre de gants ». C'est alors qu'il fit à M. Pierre Gallet la déclaration que voici :

« Pour obtenir des armes et de l'argent, Deloncle prétendait disposer de gros bataillons. Les nécessités du secret le dispensaient d'en fournir la preuve. En novembre 1937, il a cru que les militaires marcheraient pour lui sans l'obliger à découvrir tout de suite ses cartes. Mis au défi d'agir le premier, il n'a pas osé aller jusqu'au bout de son banco. C'est qu'il disposait au maximum de mille hommes. Il n'en aurait pourtant pas fallu plus pour réussir à lancer le mécanisme. Il s'est dégonflé*. »

Mille hommes alors qu'il proclamait pouvoir en mobiliser quarante mille ! Décidément, dans la surévaluation de ses moyens comme dans l'action, Eugène Deloncle ne reculait devant aucune audace.

La vérité aussi est que, en novembre 1937, pour la Cagoule, le vent avait déjà dangereusement tourné.

Au mois de février de la même année, les employés de la gare de Lille avaient découvert, à la consigne, une malle abandonnée. Le délai légal de dépôt étant dépassé, ils l'avaient, conformément au règlement, ouverte. Ce n'était autre que la fameuse malle expédiée de Milan par Juif : triomphe pour le cagoulard exécuté.

On imagine la stupeur de la police quand fut achevé l'inventaire des documents que contenait la malle. Un grand policier, doté malheureusement d'un patronyme qui devait se révéler la providence des chansonniers, le commissaire Jobard, allait s'acharner à remonter une filière qui devait enfin lui permettre de comprendre que le trafic

* Lettre du 24 avril 1986.

d'armes auquel se livraient Juif et Jean-Baptiste s'effectuait pour le compte d'une organisation secrète.

Quelle organisation ? De jalon en jalon, Jobard se persuade qu'il s'agit d'une affaire très grave. Le directeur de la Sûreté nationale, M. Moitessier, partage cet avis. Il recommande une grande prudence : l'enquête ne doit pas éveiller les soupçons des intéressés. L'ex-inspecteur Bonny, l'homme de l'affaire Prince, révoqué pour malversations, propose ses services. On les accepte. Il apporte des informations précieuses. Un autre indicateur, Thomas Bourhier, s'infiltre dans l'Organisation. L'un des chefs de la Cagoule livre d'importants secrets à une maîtresse dont il est fou : celle-ci travaille pour la police ! Quel romancier inventerait de tels épisodes ?

L'interception, à la frontière suisse, d'un convoi d'armes permet de remonter à la source. On perquisitionne chez Corre, chef du 2e Bureau. Incroyable : Corre possède des listes d'adhérents en clair ! Précipitamment, il s'enfuit en Espagne, où le rejoint Filliol. La police procède aux premières arrestations.

C'est dans ce climat, se demandant lui-même s'il ne va pas être arrêté d'un jour à l'autre, que Deloncle a déclenché l'opération du 15 novembre. Son va-tout. De toutes ses forces, il espère que l'armée va basculer. Elle ne bouge pas. Il renonce.

Décidément, c'est la fin. Le 16 novembre, la police investit la villa « la Futaie », avenue Sainte-Claire, à Rueil : elle découvre la prison où l'on devait conduire Léon Blum, Salengro, Vincent Auriol, etc. « En otages », prétendront les cagoulards arrêtés. Mais, dans son exil espagnol, Aristide Corre va noter – il note tout ! : « La police s'est aussi rendue, une troisième fois, à Rueil-Malmaison. Elle a recommencé ses fouilles et, cette fois, elle a fini par découvrir la fameuse chambre secrète aménagée pour servir de prison et même mieux encore. » Ce *même mieux encore* fait frémir.

L'un après l'autre, les stocks d'armes sont découverts, rue Ribera, rue Ampère à Paris, ailleurs. Nouvelle catastrophe : chez Henri Deloncle, on met la main sur les archives de l'OSARN. On arrête Moreau de La Meuse et son fils. Enfin, on se saisit d'Eugène Deloncle et du général Duseigneur. Le docteur Martin, lui, a disparu. On ne le retrouvera pas.

C'est fini.

Du fond de sa cellule de la Santé, Deloncle écume, nie en bloc, hurle à la provocation policière. Il fait tant et tant qu'il ébranle beaucoup de bons esprits. Les journaux de droite prennent sa défense. Plusieurs mouvements « nationaux » manifestent contre le « traitement indigne » réservé à ce héros de la Grande Guerre qu'est le général Duseigneur.

Las ! Le 14 juillet 1938, au cours d'une conférence de presse, le ministre de l'Intérieur, Marx Dormoy, annonce que ceux que l'on désigne comme des patriotes ne sont que des assassins : on a arrêté les coupables. C'est bien la Cagoule qui a fait assassiner les frères Rosselli, le Russe Navachine, les trafiquants Jean-Baptiste et Maurice Juif. Et les bombes du siège de la Confédération du patronat sont des bombes cagoulardes : provocation délibérée destinée à compromettre le parti communiste.

Du coup, la presse de droite abandonne Deloncle ainsi que les siens, et la presse de gauche se déchaîne contre ceux qui ont voulu étrangler la République.

Septembre 1939. La guerre éclate. Que va-t-on faire des cagoulards emprisonnés ? Magnanime, le gouvernement décide de les laisser rejoindre leurs régiments. On les libère. Deloncle sort de la Santé pour être affecté à l'état-major de la Marine. Joseph Darnand s'engage dans les corps francs et se couvre de gloire devant la ligne Maginot.

L'heure du choix sonnera, pour tous les cagoulards, après l'armistice de juin 1940. Quoi de plus étonnant que les choix opérés par les uns et les autres ! Littéralement, la Cagoule éclate. Jeantet, Méténier, le docteur Martin, le colonel Groussard choisiront la Résistance. Maurice Duclos se battra en héros auprès du général de Gaulle. Heurteaux sera déporté. Raphaël Alibert, de son propre aveu – « j'ai fait Pétain » – nouera les fils de la manœuvre qui conduira le Maréchal au pouvoir. Filliol, revenu d'Espagne, deviendra inspecteur général de la Milice dont le chef, Darnand, engagé dans la Waffen SS, prêtera serment à Hitler.

De tous les héros de cette aventure, Eugène Deloncle suivra l'itinéraire le plus étrange. Il croit à la victoire allemande. Avec quelques fidèles, il fonde à Paris le Mouvement social révolutionnaire (MSR) d'inspiration fasciste. Lorsque les Allemands, en juin 1941, entrent en Russie, Deloncle est à l'origine de la création de la Légion des volontaires français contre le bolchevisme – LVF – et en devient même le premier président.

Soudain, il modifie radicalement son jeu. Il ne croit plus à la victoire allemande. C'est, aux yeux des animateurs de son mouvement, un revirement inexcusable. M. Raymond Abellio m'a écrit : « Deloncle n'a pas démissionné du MSR, il en a été exclu, en mai 42, pour des raisons à la fois morales et politiques, par une révolution de palais dont je fus l'un des promoteurs*. »

Peu importe à Deloncle : il noue des relations secrètes avec l'amiral Canaris qui complote contre Hitler. En

---

* Lettre du 17 avril 1986.

novembre 1943, il se rend même en Espagne où il cherche des contacts avec les Alliés.

Les SS l'arrêtent à son retour en France – puis le libèrent. Ce n'est qu'un répit.

Le 7 janvier 1944, à l'aube, un commando de la Gestapo envahit son appartement. Son fils Louis s'interpose. Les Allemands tirent sur lui. Atteint d'une balle dans la tête, il s'effondre*.

Eugène Deloncle, revolver brandi, accourt, fait face. A son tour il ouvre le feu sur les agresseurs. Une rafale de mitraillette a raison de lui.

A l'hôpital Marmottan où on l'a transporté, grièvement blessé, un jeune interne en chirurgie qui deviendra le docteur Georges Morer sera appelé auprès de lui, « dans une petite pièce à droite du bureau des entrées ». Il m'écrit : « Il était tout seul, et paraissait en mauvais état, pâle et couvert de sueurs froides. Il était blessé à l'abdomen, où l'on voyait les orifices d'entrée de six projectiles. Avant même que j'aie pu le questionner, il me dit : “Ce sont les Allemands, et j'ai toujours servi la France. Je n'ai jamais trahi la France.” Il parlait avec peine, d'une voix cassée, et je lui dis de ne pas gaspiller ses forces. Je fis appeler le chirurgien de garde… et Deloncle reprit la parole

---

* Je tiens de Mme Lillian Deloncle les précisions que voici sur Louis Deloncle : « Je sais que beaucoup de documents de l'époque le donnent pour mort, mais heureusement, il n'en est rien… Je le vois de temps en temps, car je passe mes hivers en Espagne, et j'ai dîné avec lui et sa femme l'année dernière à Madrid où il réside. Il dirige comme son beau-père, Jacques Corrèze (que j'ai également connu), une grosse affaire en Espagne, comme Jacques Corrèze qui est le P-DG de L'Oréal pour les deux Amériques. Mais si le pauvre Louis n'est pas aveugle, il a reçu une balle dans le crâne qu'on ne pouvait extraire sans mettre sa vie en danger, et ce triste souvenir lui est rappelé par d'intolérables migraines par moments. » (Lettre du 26 avril 1986.)

pour me dire ce qui venait de se passer. Il était dans sa chambre lorsque l'on sonna à sa porte. Son fils alla ouvrir, et Deloncle entendit une voix demander "M. Deloncle ?" "C'est moi", répondit son fils. Une détonation (peut-être deux) se fit entendre. Deloncle sauta sur ses armes et fit irruption dans le couloir. Un échange de coups de feu eut alors lieu. Les deux Allemands furent tués et Deloncle blessé au ventre. Il me dit : "Ils avaient tué mon fils*." »

Il a donc cru son fils mort. Il a tiré non pour se défendre, mais pour le venger.

Le 26 juillet 1941, l'ancien ministre de l'Intérieur de Léon Blum, Marx Dormoy, placé par le gouvernement de Vichy en résidence surveillée à Montélimar, avait été assassiné par un commando d'inconnus.

L'enquête montrera qu'il s'agissait d'anciens cagoulards. Ils n'avaient pas pardonné à Dormoy d'avoir démantelé l'organisation qui, malgré ses échecs, leur demeurait chère.

La Cagoule avait encore frappé. Une dernière fois.

* Lettre du 17 avril 1986.

IX

L'homme qui voulait empêcher la guerre

Le bureau d'Adolf Hitler à la Chancellerie du Reich, à Berlin, dans la nuit du 27 au 28 août 1939. Deux hommes sont assis devant la cheminée au-dessus de laquelle veille l'immense portrait de Bismarck par Lenbach. L'un d'eux, énorme, *kolossal*, éclatant de toutes parts dans son uniforme d'aviateur, n'a pas besoin d'être désigné plus clairement : c'est le maréchal Hermann Goering. L'autre, trapu, est un civil proche de la cinquantaine. Sur son visage se lisent à la fois l'énergie, la détermination – et la stupeur. Celle-ci s'explique : un troisième homme, face aux deux premiers, va et vient à longs pas saccadés, s'arrête soudain, regarde vers le plafond comme s'il cherchait l'inspiration, jette les bras en avant et se met à hurler :

— S'il y a la guerre, je construirai des sous-marins, des sous-marins, des sous-marins !

En cet homme, qui ne reconnaîtrait Adolf Hitler ? Brusquement, comme s'il s'adressait à un immense auditoire, il psalmodie :

— Je construirai des avions, des avions ! J'anéantirai mes ennemis ! Que l'on sache qu'une guerre ne me fait pas peur. Nul ne parviendra à encercler l'Allemagne ! Mon peuple m'admire et me suivra fidèlement. Si des temps difficiles viennent pour les Allemands, je serai le premier à avoir faim. Si l'on manque de beurre, je ne mangerai plus de beurre ! Si l'ennemi veut me faire la guerre pendant des années, je me battrai pendant des années et une année de plus !

Il continue à soliloquer, torrent verbal dont l'homme assis à côté de Goering finit par perdre le fil. Il confiera plus tard qu'il lui semblait avoir affaire plutôt à un fantôme qu'à un homme réel. Il se disait que cet homme-là était maître de l'avenir. Celui de son pays, celui de l'Europe et probablement du monde entier. Cet homme-là aux yeux exorbités, aux pupilles dilatées, au visage convulsé allait décider si le monde, oui ou non, devait entrer en guerre.

Le voisin de Goering n'était pas allemand, mais suédois. Il s'appelait Birger Dahlerus. Totalement étranger aux milieux de la politique et de la diplomatie, cet important industriel était aussi, comme l'a écrit un journaliste britannique, un *phénomène**. On pourrait ajouter : le personnage le plus extraordinaire assurément de son époque. De sa propre initiative, sans avoir reçu de mission de quiconque, le Suédois Dahlerus s'était fixé pour but d'empêcher le conflit mondial qu'il sentait venir.

Dans l'invraisemblable imbroglio qui a abouti à la guerre, au milieu d'hommes d'Etat allemands, anglais, français, polonais presque tous inférieurs à leur tâche, si un homme a failli réussir à sauver la paix, c'est bien cet inconnu-là.

Mais qui était donc Birger Dahlerus ?

Ce fils d'un haut fonctionnaire suédois avait, dès l'enfance, séjourné chaque année de longs mois à l'étranger. Il s'était imprégné de la culture d'autres pays que le sien et

---

* Léonard Mosley : *Le Grand Sursis* (1970).

parlait couramment plusieurs langues, notamment l'anglais et l'allemand. Décevant son père qui souhaitait le voir se consacrer au service de l'Etat, il avait tout jeune choisi de s'orienter vers l'industrie. A quatorze ans, il effectuait un premier stage. En 1909, à l'âge de seize ans, il s'engageait comme apprenti dans une usine d'automobiles, à Magdebourg, en Allemagne. Ce qui le passionnait, c'était le contact quotidien avec les travailleurs. Deux ans plus tard, il se jetait dans une expérience identique mais à Sheffield, en Angleterre. Il avait loué une chambre dans une famille très pauvre et, vivant parmi les ouvriers anglais, avait appris à les estimer profondément. Il avait regagné la Suède pour se consacrer à trois années d'études à l'Ecole polytechnique. Le 1er août 1914, il en sortait avec le grade de lieutenant. Ce qui ne l'empêchait pas, citoyen d'un pays neutre, d'aller travailler dans une usine allemande, près de Hambourg. Nouvelle expérience enrichissante : à mesure que le conflit s'éternisait, Dahlerus devenait le témoin horrifié des souffrances accrues de la population. Dès lors, il allait concevoir pour la guerre une véritable haine.

Au printemps de 1919, il devient président-directeur général de la société anglaise Skefko Ball Bearing. Il va passer dix années en Grande-Bretagne, approfondissant sa connaissance du peuple britannique, aussi bien celle de la haute société que du prolétariat. Ce qu'il apprécie, chez les Anglais, c'est leur sens profond de la justice et leur respect pour les autres. Il considère leur fameux fair-play comme une réalité. Il dira que son admiration pour les traits nationaux des Britanniques s'est trouvée en partie à l'origine de son désir de se battre pour la paix en 1939.

Rentré en Suède, il met en place une nouvelle industrie fondée sur les découvertes de Jonas Hesselman en matière de moteur. Pour l'expansion de cette industrie, il voyagera beaucoup en France, en Angleterre, en Allemagne. En 1932, il achète avec un ami une affaire importante, la J. & C.G. Bolinders Mekaniska Verkstad.

En Allemagne, il a fait connaissance d'une veuve, Mme Elisabeth Nissen. Des liens profonds se sont tissés entre elle et lui. En 1934, il décide de l'épouser. Mais Elisabeth a un fils de neuf ans. La loi allemande l'oblige, si elle veut se remarier, à solliciter un acte judiciaire concernant ses biens. Or elle s'est attiré l'inimitié du magistrat concerné qui, obstinément, fait obstacle au mariage. Profondément irrité, Birger Dahlerus a l'idée de solliciter une audience du nouveau ministre de l'Intérieur de la Prusse, Hermann Goering. Depuis un an, Hitler est au pouvoir et Goering, son compagnon de combat de la première heure, est devenu lui-même un homme puissant. A cette époque, Dahlerus a plus de quarante ans et il présente une « surface » économique indiscutable. Goering le reçoit sans tarder et le Suédois le prend de haut :

— Le IIIe Reich a-t-il résolu de se conduire de façon injuste avec les étrangers ?

D'abord, Goering se fâche. Il n'a pas l'habitude de s'entendre interpeller sur ce ton. Il finit par se calmer et affirme avec force que, si la situation dépeinte par son interlocuteur est véritable, justice lui sera rendue. Ce qui advient en effet. Birger pourra épouser son Elisabeth. Il ira remercier Goering, lui déclarant que, s'il pouvait lui être utile à Stockholm, il en serait ravi. Quelque temps plus tard, un appel téléphonique prouve que Goering n'a pas oublié la promesse. Son beau-fils, Tomas Kantsow, habite Stockholm. Dahlerus accepterait-il de l'aider à mieux connaître le monde des affaires ? Dahlerus se met aussitôt à la disposition du plus corpulent des aviateurs ; le jeune Tomas lui devra beaucoup.

Dès lors, chaque fois que Dahlerus se rendra en Allemagne, il rencontrera Goering et une réelle amitié s'instaurera entre les deux hommes. Après chacune de ses visites, Dahlerus ressent davantage l'impression que le gouvernement national-socialiste se meut dans un isolement international à peu près total. Il manque des informations les plus élémentaires et nombre de ministres vivent sur des idées toutes faites quant à l'étranger. Dahlerus estime – il a raison – que de telles œillères peuvent se révéler extrêmement dangereuses en cas de crise internationale. L'homme d'affaires connaît tout le prix des contacts. Il s'est trouvé en Allemagne pendant la crise de Munich et son impression à cet égard n'a fait que se renforcer.

Au printemps de 1939, la peur monte de nouveau dans le monde. La guerre, que l'on avait pu croire évitée à Munich, semble se rapprocher. Une guerre ? L'être équilibré par excellence qu'est Birger Dahlerus ne veut pas admettre l'aspect irrationnel d'un tel conflit. D'autres raisonneront en termes de sensibilité, évoqueront les horreurs des futures batailles. Birger Dahlerus, homme d'affaires, déteste tout ce qui est inutile. Ce qui lui saute aux yeux, c'est justement l'inutilité de la guerre qui menace. Dans l'industrie, il a pu observer que, si deux groupes s'affrontent, point n'est besoin – jamais – à l'un d'écraser l'autre. Toute lutte les affaiblit, le premier comme le second. Au contraire, il a pu constater bien des fois l'aspect bénéfique d'une négociation.

Au cours de l'année 1938, Dahlerus a rencontré par deux fois Goering, qui n'a cessé de lui répéter que Hitler ne ressentait aucune confiance dans les Anglais. Aucune confiance ! Dahlerus s'est alors trouvé confirmé dans son opinion : Hitler comme les autres membres du gouvernement ne sont pas informés des réalités internationales. Seul,

Goering lui semble réellement ouvert à cette nécessaire information. L'énorme maréchal s'est épanoui au pouvoir. Il est criant qu'il en raffole. Il montre d'ailleurs un orgueil démesuré de cette armée de l'air militaire allemande créée par lui et qui, en quelques années, en est venue à surclasser toutes les aviations européennes. Dahlerus ne se dissimule pas les éclatants défauts du personnage. Mais il reste persuadé d'une chose : Goering n'est pas favorable à la guerre. A Munich, Ribbentrop, ministre des Affaires étrangères, y poussait Hitler. Pas Goering.

Au printemps de 1939, une nouvelle menace se rapproche : la Pologne. Tout le démontre, Hitler a décidé d'aller vite. En un temps record, il a absorbé l'Autriche et la Tchécoslovaquie. Maintenant il multiplie les déclarations selon lesquelles Dantzig, arrachée à l'Allemagne par le traité de Versailles et devenue « ville libre », doit rentrer dans le giron allemand. De même, il exige un accès allemand vers la Prusse orientale à travers le corridor polonais, autre création dangereuse et illusoire du traité de Versailles. Ses précédents succès ont convaincu Hitler que le bluff, la bravade et l'impudence étaient payants. Toujours le monde a entériné la situation nouvelle et le chancelier reste persuadé qu'il s'inclinera une troisième fois. C'est là que Dahlerus voit le drame prendre forme. Connaissant les Anglais comme il les connaît, il sait, lui, que, cette fois, ils n'accepteront pas.

Le 24 juin 1939, Birger Dahlerus s'embarque à Göteborg, en compagnie d'un ami, pour Londres. A bord, il rencontre son ancien patron à la SKF, Björn Prytz, devenu depuis ministre de Suède à Londres. Naturellement, on parle de la situation internationale, si préoccupante. Prytz continue à espérer qu'une solution négociée l'emportera.

Si une guerre éclate entre l'Allemagne et la Pologne, Prytz veut croire que les autres nations n'interviendront pas. Dahlerus, très sombre, déclare qu'il n'est pas de cet avis.

Sa visite en Angleterre va le confirmer dans cette opinion au-delà même de ce qu'il supposait. Il rencontre de nombreux amis. Partout, il trouve des gens las de l'agressivité allemande. Un véritable leitmotiv : on ne peut plus tolérer cela. De l'homme de la rue jusqu'aux membres de la Chambre des Lords, tous les Anglais sont d'accord : on ne doit plus accorder une seule concession à l'Allemagne. Comme Hitler, de son côté, est persuadé que, s'il entre en Pologne, la Grande-Bretagne n'interviendra pas, on court tout droit à la catastrophe.

Comment faire admettre à Hitler que la détermination britannique est absolue ? De cette obsession de Dahlerus va naître *l'idée*. Pourquoi quelques personnalités britanniques ne rencontreraient-elles pas des personnalités allemandes de même niveau ? Pourquoi, dans des entretiens confiants parce que nullement officiels, ne se communiqueraient-elles point leurs idées sur les intentions de leur pays respectif et l'état d'esprit de leurs nationaux ? Peut-être suffirait-il que des Anglais viennent dire à des Allemands : nous irons jusqu'au bout, pour que ces Allemands le croient et aillent le rapporter à Hitler. Peut-être celui-ci – enfin – serait-il ébranlé. Rien de certain, bien sûr. Mais l'enjeu énorme – la paix du monde – ne vaut-il pas que l'on tente l'aventure ?

Dahlerus, c'est le pragmatisme et la rapidité dans l'exécution. Il s'ouvre aussitôt de son idée à des amis anglais qu'il appelle au téléphone. Tous ils sont hommes d'affaires de premier plan et sympathisants du parti conservateur. Leur accueil quasi enthousiaste le ravit. Ce qui ne manque pas de l'impressionner, c'est que la plupart d'entre eux proposent spontanément d'interrompre leur week-end pour le rencontrer le dimanche soir, au cours d'un dîner. Un dimanche anglais sacrifié ! Décidément on prend Dahlerus au sérieux. Le dîner va avoir lieu le 2 juillet, au Constitutional Club, à l'initiative de Charles F. Spencer. Vont y participer, outre Spencer et Dahlerus, Bryan S. Mountain, Sir Robert Renwick, l'Hon. Charles Melaren, S.W. Rossen, A. Holden, Sir Holberry Mensforth.

Dahlerus évoquera lui-même l'atmosphère « très sérieuse » de ce dîner. D'évidence, ces hommes sont très préoccupés. Dès le dessert pris, Charles Spencer prononce une allocution dont il a écrit le texte : chose tout à fait inhabituelle. Il en ressort qu'après Munich l'Allemagne aurait pu obtenir la coopération de la Grande-Bretagne mais que, de par l'attitude de Hitler, elle a raté le coche. La Grande-Bretagne a des obligations envers la Pologne et Dantzig. Elle ira jusqu'au bout de celles-ci. Tout excès allemand provoquerait la guerre. Il faut en persuader Hitler et le convaincre de trouver la solution du problème germano-polonais non par la violence, mais par la négociation. Il faut également faire comprendre à Hitler que l'Allemagne serait de toute façon battue dans une guerre qui fatalement deviendrait mondiale. L'intérêt de Hitler est de préserver la paix, tout en sachant que la Grande-Bretagne ne redoute pas la guerre. Il est donc utile que le maréchal Goering soit informé de cet état d'esprit, puisque – Dahlerus l'affirme – il est ouvert, lui, à des conversations que n'admet pas encore Hitler.

On a écouté Spencer avec une attention infinie. On le félicite unanimement. On se tourne vers Dahlerus : il faut qu'il parte pour Berlin et propose à Goering de rencontrer lui-même, le plus tôt possible, une délégation d'hommes d'affaires britanniques. C'est alors que Dahlerus apprend qu'un contact a déjà été pris par ses commensaux avec

Chamberlain, le Premier Ministre britannique et avec Lord Halifax, secrétaire d'Etat aux Affaires étrangères. Les deux hommes d'Etat ont estimé qu'il fallait aller jusqu'au bout de la tentative. Son caractère officieux leur a paru contenir un autre point positif : aucun ministre ni membre du Parlement ne participant à la rencontre, on pourra toujours, en cas d'échec ou de fuite, parler d'« initiative intempestive ».

La balle est dans le camp de Dahlerus.

Le mercredi 5 juillet, le Suédois arrive à Berlin. Il téléphone à Goering qui l'invite sur-le-champ à le rejoindre à Karinhall, sa résidence à soixante kilomètres au nord de Berlin. En 1931, Goering avait perdu sa première femme, Karin, une Suédoise d'une grande beauté qu'il aimait passionnément. Il avait cru ne pas survivre à cette disparition. Pour tenter d'oublier, il s'était mis à la morphine. Il lui faudra plus tard des efforts acharnés pour se désintoxiquer. En 1933, il avait acheté, au milieu de ravissantes collines, de bois de pins et de lacs romantiques, un pavillon de chasse que, précisément, il avait baptisé Karinhall. Ce n'était qu'une modeste maison de style nordique couverte de chaume. Dahlerus y avait été reçu pour la première fois en 1935. En ce temps-là, il n'y avait au rez-de-chaussée qu'une grande pièce meublée très simplement, prolongée par un bureau sévère. Chaque jour, Goering quittait la maison pour aller se recueillir sur la tombe de Karin enterrée non loin de là.

Quand la voiture que lui a envoyée le maréchal s'approche de Karinhall, le Suédois ne peut s'empêcher de songer à l'extraordinaire changement qu'a subi la propriété. Il ne reste plus rien de la petite habitation en bois de naguère. Ce qu'il découvre, c'est une gigantesque construction à deux étages. Seule évocation du passé : l'ensemble est, assez cocassement, toujours couvert de chaume ! Goering a racheté toutes les terres alentour. Le domaine s'étend maintenant sur plusieurs milliers d'hectares et il est peuplé de cerfs, de faisans, de coqs de bruyère, cibles idéales pour les diplomates que le maréchal ne cesse d'inviter chez lui. A l'intérieur, de longues galeries de chambres d'amis donnent sur un vaste hall central. La maison regorge d'œuvres d'art de toutes sortes : chacun sait que Goering est un collectionneur acharné. On admire des Rubens, un Rembrandt, un Greco. Quand il fait visiter, Goering, négligemment, souligne qu'il s'agit là de « cadeaux ». Il est exact que la plupart de ces toiles lui ont été remises par des Juifs fortunés pressés de quitter l'Allemagne après la trop fameuse Nuit de Cristal. Un passeport contre un Greco : c'est ce que Goering appelait un cadeau.

Goering n'a pas manqué de montrer à Dahlerus – il le fait pour tous ses hôtes – sa salle de cinéma de cent places et son chemin de fer électrique propre à faire rêver une génération entière d'enfants. C'est un rite : ambassadeurs, généraux, ministres, industriels se doivent de participer à ce jeu du petit chemin de fer qui ravit tant Son Excellence le feld-maréchal de la Luftwaffe. A travers les salons, les chambres et les couloirs circule une nuée de domestiques uniformément vêtus de culottes de cheval et de vestes de chasse. Quant à Goering, il porte en général une culotte de daim courte, une chemise de soie à manches longues et quelque chose qui ressemble à un pourpoint. Tel quel, il évoque assez bien un personnage d'opéra-comique pour théâtre de province. Mais il n'a aucun sens du ridicule et s'émerveille puérilement à contempler sa propre image dans les glaces de sa maison.

Ce jour-là, il y a réception à Karinhall. A tout instant, des voitures déversent devant le perron de nouveaux invités. Un grand nombre d'officiers de la Luftwaffe en grande tenue : uniforme blanc, bottes vernies, épaulettes et torsades d'or. Beaucoup de vedettes de cinéma, d'actrices surtout, fort élégantes. Demain cela fera verdir de jalousie Joseph Goebbels, dont c'est le milieu de prédilection et qui n'a pas été invité.

A son arrivée, un peu avant 17 heures, Dahlerus est accueilli par des officiers de l'armée de l'Air, cependant que des musiciens se réunissent pour offrir un concert aux invités. Qui, dans cette ambiance de fête, pourrait penser à la guerre ? On introduit le Suédois dans le bureau de Goering. La pièce est d'une taille impressionnante et garnie de meubles très lourds. Chaleureux, le maréchal s'avance vers son hôte. Il a revêtu ce jour-là son grand uniforme de soie blanc et or avec des revers rouges qui se croisent sur son énorme poitrine.

— Soyez le bienvenu à Karinhall, Dahlerus ! dit-il en lui offrant un verre de champagne.

Preuve que la situation l'inquiète profondément, il va droit au but :

— Maintenant, dites-moi, où en sommes-nous avec les Anglais ?

— Ils me disent que si vous touchez à la Pologne ils feront honneur à leurs engagements.

— Balivernes ! s'écrie Goering en colère.

Sur un ton plus bas, il ajoute :

— Ils bluffent.

— Je ne le crois pas, réplique le Suédois de son ton calme. Si vous attaquez la Pologne, ce sera la guerre.

Sur la pelouse, l'orchestre s'est mis à jouer : les premières mesures d'une valse de Franz Lehar.

La porte s'entrouvre. Un officier paraît. Il murmure que les invités sont arrivés et qu'ils réclament le maréchal. Goering le renvoie d'un geste impatient.

Dahlerus insiste. Il parle de la réunion à laquelle il a participé et de l'état d'esprit qui règne partout en Angleterre. Il le fait avec cette clarté et cette brièveté qui sont les caractéristiques de sa personnalité. Il redit que, cette fois, les Anglais ne céderont pas. Goering l'écoute. On sent qu'il est frappé. Il tente alors d'expliquer à son visiteur les raisons des exigences allemandes. Il se déclare irrité par le fait que l'Angleterre veuille se mêler des affaires intérieures de son pays. Dahlerus réaffirme patiemment que le maréchal a tort, que les Anglais iront jusqu'au bout :

— Rencontrez les personnalités anglaises dont je vous ai parlé, vous verrez que j'ai raison*.

Le maréchal s'apaise : et après tout, pourquoi pas ? Au fond, il ne partage pas l'optimisme de commande des dirigeants nazis. Certes, il ne doute pas que l'Allemagne ne fasse qu'une bouchée de la Pologne. A condition de ne pas être attaquée à l'Ouest. Dans ce cas, la partie deviendrait beaucoup plus difficile. Il faudrait envisager alors, à brève échéance, une guerre mondiale. Une telle guerre, Goering sait fort bien que l'Allemagne ne pourrait pas la gagner. Curieusement, il partage en l'occurrence le point de vue des convives du Constitutional Club.

La conversation se poursuit, de plus en plus tendue. Un autre officier entrouvre la porte, rappelle au maréchal que ses invités sont là depuis plus d'une heure :

— J'ai des choses plus importantes à faire ! hurle Goering.

L'officier disparaît.

---

* Birger Dahlerus : *La Dernière Tentative*, édition suédoise. Malheureusement, il n'existe pas d'édition française de ce précieux récit. Une édition anglaise a paru en 1948, sous le titre : *The Last Attempt*.

Profondément, le maréchal réfléchit. Enfin :

— Il faudrait que j'aie des preuves de la sincérité anglaise…

Pour Dahlerus, rien de plus facile. Il répond que trois des participants du dîner du Constitutional Club se trouvent présentement à Copenhague :

— Je puis leur téléphoner de venir à Berlin pour expliquer la position britannique.

Pas de doute : Goering est séduit. Il croit lui aussi aux rencontres. Il sait y déployer un charme réel qui souvent agit sur les interlocuteurs les plus prévenus. Cette bonhomie tranche sur les rodomontades de Hitler et le ton cassant de Ribbentrop. Le moment est venu de jouer serré, de laisser la subtilité prendre le pas sur la force. Goering est convaincu d'être l'homme de la situation. Allons, va pour une rencontre !

Dahlerus prend congé peu après 18 heures. Il repart pour Berlin d'où il appelle, à Copenhague, Charles Spencer. Celui-ci lui promet de le rejoindre à Berlin avec les deux amis qui l'accompagnent. Ils arrivent en effet dans la capitale allemande le vendredi 7 juillet. Ils sont navrés d'apprendre que les Allemands ne croient pas à la résolution anglaise. Ils chargent Dahlerus de redire à Goering qu'il se trompe. Lequel Goering, décidément, suit avec beaucoup d'intérêt toute l'affaire. C'est lui qui appelle Dahlerus :

— Vos Anglais sont arrivés ?

Le maréchal donne l'ordre qu'on leur fasse visiter le ministère de l'Air et que l'on organise pour eux un circuit touristique dans Berlin.

Le samedi 8 juillet au matin, sur l'invitation de Goering, Dahlerus est de retour à Karinhall. Goering dit à son hôte qu'il a parlé à Hitler de l'éventualité d'une rencontre avec des personnalités anglaises. Le Führer est d'accord sur le principe mais il exige qu'un secret absolu entoure une telle conférence. Comme Dahlerus a proposé une rencontre en Suède, Hitler se range à cet avis. Sans hésiter.

Elle n'aura pas lieu, cette rencontre en Suède. Il est apparu que l'arrivée dans ce pays de Goering – si reconnaissable ! – réduirait à néant l'exigence du secret posé par Hitler. Elisabeth, l'épouse de Dahlerus, possède une importante propriété au nord de l'Allemagne près de Bredstedt, dans le Schleswig-Holstein. Voilà l'endroit idéal. Une date a été arrêtée : le 7 août. Entre-temps, le 24 juillet, Dahlerus est reparti pour Londres où il a rencontré Lord Halifax. Il a trouvé un ministre fort méfiant à l'égard du gouvernement allemand. Certes, il faut tenter d'organiser cette rencontre, mais ne pas faiblir un seul instant. Les participants britanniques devront dire et redire à Goering que la Grande-Bretagne remplira ses obligations. Toutes.

Le 5 août, Dahlerus arrive à Hambourg. Au cours des jours précédents, il s'est appliqué à donner à Sönke Nissen Koog, la propriété de sa femme, une apparence aussi suédoise que possible. Il a renvoyé les domestiques allemands et les a remplacés par des Suédois. Il a même fait envoyer de Suède des boissons et des plats typiquement suédois. Un grand drapeau suédois flottera devant la propriété. Le 6 août, par des chemins différents, les sept participants anglais arrivent à Sönke Nissen Koog. Ils sont accueillis par le beau-frère et la belle-sœur de Dahlerus, le capitaine et Mme Rabe. Pour ne pas paraître faire corps avec eux, Dahlerus a retenu une chambre dans un petit hôtel, à onze kilomètres de là, à Bredstedt. Il racontera que, dans la nuit du 6 au 7, il n'a pas pu dormir une seule minute. L'immense problème auquel il avait choisi de se confronter le jetait littéralement hors de lui. Pouvait-on encore éviter la guerre ? Il n'était qu'un citoyen inconnu, il ne pouvait que très peu de chose. Encore lui fallait-il aller jusqu'au bout de ce peu de chose.

Le lundi 7 août, il fait très beau. Quand il rejoint ses amis anglais, il trouve l'atmosphère très tendue. Il les salue et repart aussitôt pour Bredstedt où le train spécial de Goering arrive à 8 heures. Le maréchal est accompagné par Paul Kerner, secrétaire d'Etat, le général Bodenschatz et le directeur ministériel Görnert, ainsi que le docteur Schrötter qui exercera les fonctions d'interprète.

Dahlerus monte dans le train de Goering où le maréchal le retient pendant une heure dans son salon. Le Suédois expose son point de vue sur la situation. Dans son esprit, la conférence qui va s'ouvrir n'est qu'une introduction à une rencontre officielle germano-britannique qui devrait résoudre tous les problèmes en suspens.

Une voiture va conduire Goering et Dahlerus jusqu'à Sönke Nissen Koog où ils arrivent à 10 heures. Dahlerus procède aux présentations. Goering salue chacun avec un sourire épanoui. Ce qui contribue à créer d'emblée une ambiance très cordiale. On s'installe dans le grand salon. Goering déclare qu'il faut que chacun parle franchement. Il souhaite que lui soient posées des questions auxquelles il entend répondre sans réticence. Cette simplicité, ces façons ouvertes enchantent les invités qui en vérité ne s'attendaient à rien de pareil.

Aussitôt, les problèmes les plus brûlants sont mis sur le tapis, et avant tout l'évolution de la situation européenne depuis Munich. Les Anglais rappellent que Hitler avait promis de ne plus s'en prendre à aucun autre territoire : et qu'a-t-il fait de la Tchécoslovaquie ? Ils disent que l'Angleterre souhaite avant tout éviter une guerre. D'où l'importance d'une solution des problèmes par la négociation.

Près de deux heures sont ainsi consacrées à un dialogue très serré entre les Britanniques et Goering. Après quoi le maréchal prend la parole. Il déclare que Hitler a toujours soutenu la nécessité d'une politique d'alliance avec l'Angleterre. Il critique les positions britanniques qui d'après lui se caractérisent surtout par un manque de confiance envers le gouvernement national-socialiste et un refus *a priori* de coopération avec l'Allemagne. En ce qui concerne la Tchécoslovaquie, Goering reprend les arguments officiellement avancés par Hitler. Mais quelque chose dans sa voix laisse aussitôt penser que ces arguments-là ne sont pas tout à fait les siens.

A mesure que le temps passe, le contact se fait de plus en plus intime. D'évidence Goering s'ouvre à la discussion. Il s'adresse aux Anglais comme à des amis, les adjure de comprendre que la situation en Europe est maintenant différente de celle qui existait après la Première Guerre mondiale. Il en est au ton de la confidence quand il déclare à ses interlocuteurs qu'une chose importante s'est produite récemment : le gouvernement allemand ne critique plus en aucune façon l'URSS.

Les Anglais ont-ils perçu toute la portée de ce qui leur était confié à cet instant précis ? Ce n'est pas sûr. Or cet aveu était capital. Alors même que se poursuivaient à Moscou des discussions entre Britanniques, Français et Soviétiques dont l'aboutissement logique serait la signature d'un traité qui lierait pour l'avenir les trois pays, le processus ultra-secret avait commencé d'une négociation entre Hitler et Staline. Ribbentrop avait formulé des propositions très claires et proposé un pacte germano-soviétique. La réponse de Moscou n'avait nullement été défavorable. Si l'on allait jusqu'au bout de cet extraordinaire retournement, Hitler pourrait envahir la Pologne sans redouter la moindre intervention soviétique. Voilà ce qu'a tenté de faire comprendre – preuve de sa bonne foi – Goering aux Anglais.

On va s'interrompre pour déjeuner. Dahlerus prononce quelques mots : il est heureux de recevoir Allemands et Anglais dans une maison suédoise. C'est pour lui un honneur car il a conscience que les hommes qui sont réunis sous ce toit sont venus combattre pour la paix. Goering propose un *skoll* retentissant à la paix mondiale. Chacun lève son verre non sans émotion. L'ambiance est si bonne qu'un témoin surgissant à ce moment-là déclarerait à n'en pas douter qu'il existe désormais une possibilité de parvenir à une solution pacifique de la crise.

Après le déjeuner, les conversations reprennent. Quand on se sépare, à la fin de l'après-midi, l'ensemble des délégués sont convenus de recommander à leurs gouvernements respectifs la réunion d'une conférence officielle, de préférence en Suède. On boit ensemble un dernier verre. Goering serre chaque main avec chaleur. Une voiture le reconduit à son train spécial qui, utilisant la digue, va le conduire à l'île de Sylt où il passera la nuit.

Le lendemain, Dahlerus va lui téléphoner : les Anglais ont, jusqu'à 2 heures du matin, examiné la situation qu'ils estiment positive. Ils déclarent cependant plus profitable d'organiser une conférence à quatre : Grande-Bretagne, Allemagne, France, Italie. Goering répond que Bodenschatz est déjà parti pour Berchtesgaden où il doit rendre compte au Führer de l'entretien de la veille. Goering déclare qu'il va se mettre en rapport avec lui et demande à Dahlerus de le rejoindre.

A la gare de Sylt, Goering le fait aussitôt monter dans sa voiture : il veut parler au calme. D'évidence il est très satisfait. Il pense que l'idée d'une conférence des quatre puissances peut être acceptée par les Allemands. Mais on devra discuter de *tous* les problèmes : il faut éliminer jusqu'à l'idée d'un échec.

La conversation a duré plus de temps que prévu. Dahlerus regarde sa montre : le dernier train vient de partir de la gare de Sylt. Or Spencer l'attend à Niebüll. Il s'inquiète de ce contretemps auprès de Goering qui sourit : Dahlerus n'a pas besoin de s'inquiéter. Lui, Goering, a pensé à tout. Il a donné des instructions pour que le train attende le Suédois tout le temps qu'il faudra.

A cet instant précis – le seul – Dahlerus a dû penser que quelquefois les dictatures avaient du bon.

Les Anglais ont regagné Londres. Quant à Dahlerus, il est à Stockholm, plein d'espoir.

Pendant trois jours, Dahlerus va littéralement passer sa vie au téléphone. Tantôt il appelle Spencer à Londres, tantôt Goering à la *Haus der Flieger* ou à Karinhall. Du côté de Goering, le Suédois recueille des échos de plus en plus favorables. Le maréchal est allé dire à Hitler qu'il est convaincu désormais que, si l'Allemagne entre en Pologne, Français et Britanniques respecteront leurs engagements vis-à-vis de Varsovie. Il est donc capital de les réunir à une table de conférence. En négociant habilement, l'Allemagne obtiendra bien davantage que par un coup de force. Sous-entendu : moi, Goering, je saurai user de toute l'habileté nécessaire. Hitler l'a écouté d'un air maussade. Il faut dire que, depuis quelque temps, son humeur est détestable. « Emile est en pleine crise », confiera l'amiral Canaris à Erich Kordt à la mi-août. Il faut savoir que *Emile* était le surnom de Hitler dont on usait volontiers dans les services de l'Abwehr*. Hitler a objecté à Goering que Ribbentrop

* Léonard Mosley : *op. cit.*

était convaincu que, quoi qu'il arrive, ni les Français ni les Anglais ne soutiendraient la Pologne. Il a confiance en Ribbentrop, lui, Hitler. Il a vu à Munich les Français et les Anglais, l'année précédente : la France est descendue à une totale dégénérescence et l'Angleterre est au comble de la décadence. Ni l'une ni l'autre ne bougeront ! Goering insiste. Il a parlé avec des Anglais dont la sincérité était évidente. Il faut les croire. Pourquoi repousser l'idée d'une conférence dont, de toute façon, aucun mal ne peut résulter ? Que le Führer songe que les Anglais eux-mêmes souhaitent la présence de Mussolini. Hitler semble frappé par l'argument.

Il accepte.

Aussitôt Goering appelle Dahlerus à Stockholm.

Le 13 août, dans un état d'exaltation bien compréhensible, le Suédois peut annoncer à ses amis anglais que Berlin accepte le principe d'une conférence des quatre puissances. De préférence à Stockholm. Il paraît si heureux, il fonce avec tant d'allégresse que Spencer et ses amis prendront dès lors l'habitude de l'appeler le *Walrus* : le « Morse ». A Stockholm, le *Walrus* s'est précipité chez le Premier ministre Hansson et lui a demandé son accord sur le lieu de la conférence. Maintenant, il n'est plus que d'attendre.

Au vrai, attendre, c'est ce que tout le monde fait. Hitler d'abord, dont Canaris déclare : « On dirait qu'il n'arrive pas à se décider. » Le 8 août, il reçoit le comte Csaki, ministre hongrois des Affaires étrangères. Il se répand en imprécations contre les Polonais :

— Ce n'est pas seulement l'armée polonaise que nous allons anéantir, c'est la Pologne tout entière !

Il décrit complaisamment les atrocités dont auraient été victimes les Allemands résidant en Pologne. Selon lui, plusieurs d'entre eux auraient été châtrés. Il agite son poing sous le nez du Hongrois qui ne sait quelle contenance garder :

— Vous faites-vous une idée quelconque de l'état de l'armée allemande, actuellement ? Les Polonais la bafouent dans leurs journaux. Beck la dénigre*. J'en suis ravi. Il en résulte que l'armée allemande est impatiente de leur rentrer dedans. Elle serait terriblement désappointée s'ils se décidaient à se montrer raisonnables.

Le 11 août, Hitler s'entretient avec le Dr Carl Burckhardt, un Suisse, haut-commissaire pour la Société des Nations à Dantzig. Des incidents ont eu lieu dans la ville libre et Greiser, président du Sénat, a dû présenter des excuses aux Polonais. Ce qui a mis Hitler hors de lui. Buckhardt trouve Hitler « nerveux, impressionnable et, à certains moments, presque abattu ». A propos des Polonais, le Führer crie :

— Ils vont voir ! Ils vont voir !

Il ajoute qu'il n'aura pour eux aucune pitié. Il les écrasera en trois semaines. Pas question d'ailleurs de montrer dans la conduite de la guerre les scrupules dont s'est réclamé le Kaiser Guillaume II pendant le conflit précédent. Il ira, lui, Hitler, jusqu'au bout.

Burckhardt n'a pas perdu son calme. Il a exhorté Hitler à retrouver le sien et à préférer une négociation à la guerre.

Soudain, Hitler change de ton. Ceux qui le connaissent bien le savent familier de telles virevoltes. Il confie au Suisse que, si les Occidentaux ne le laissent pas faire, il sera bien forcé de s'allier avec la Russie.

S'allier avec la Russie ? La menace se révèle si lourde de conséquences que Burckhardt se fera conduire aussitôt à Bâle où il convoquera les ministres de France et de

* Le colonel Beck était ministre polonais des Affaires étrangères.

Grande-Bretagne pour leur répéter les propos de Hitler. Une alliance avec la Russie ? Les diplomates français et britannique trouveront la perspective si saugrenue que ni l'un ni l'autre n'en feront état dans la dépêche qu'ils adresseront à leur gouvernement !

Birger Dahlerus ne comprend pas. Il lui avait semblé être arrivé au but et voilà que plus rien ne bouge. Ce qu'il constate, c'est un arrêt net dans les pourparlers. Quand il appelle Spencer à Londres, c'est pour apprendre que son ami séjourne à Aix-les-Bains et que de toute façon les Anglais ne pourraient donner de réponse avant quelques jours car les personnalités responsables sont parties en vacances. Dans son récit, le Suédois note simplement : *Voilà, c'était comme ça.*

Son angoisse s'accroît d'autant plus que la situation en Europe se détériore à toute allure.

Le samedi 19 août – enfin – tard dans la soirée, Spencer l'appelle au téléphone. Il souhaite le rencontrer à Paris. Agacé, Dahlerus répond qu'il n'ira pas à Paris mais qu'il se rendra à Londres si ce voyage peut comporter un effet favorable et positif.

On en reste là. L'inconcevable est à venir.

Le lundi 21 août, dans l'après-midi, la bombe éclate : l'Allemagne et l'URSS viennent de signer un traité commercial. Le monde n'est pas encore remis de sa stupeur quand, le lendemain, on apprend qu'un pacte germano-soviétique de non-agression est sur le point d'être conclu entre l'URSS et l'Allemagne !

La veille au soir, à 22 h 50, Hitler a reçu de Staline un message qui s'achevait par cette phrase : « Le gouvernement soviétique m'a chargé de vous informer qu'il donne son accord à l'arrivée de Herr von Ribbentrop à Moscou, le 23 août. »

Quand on lui a remis le document, Hitler a levé les bras au ciel et hurlé : « Ho ! Ho ! » Après quoi :

— Voilà qui est fait ! Nous avons gagné ! Maintenant, nous pouvons nous permettre de cracher à la figure de n'importe qui !

Quand, le 22 août au matin, Dahlerus a ouvert son journal et découvert l'énorme manchette, il n'en a pas cru ses yeux. La veille, Goering l'avait appelé à Stockholm et ne lui avait parlé de rien. Le maréchal lui avait simplement demandé s'il avait des nouvelles de ses amis anglais. Dahlerus avait été bien forcé de lui répondre négativement.

Le même 22 août, l'ambassade d'Angleterre à Berlin a reçu un bien curieux appel du général Bodenschatz, répercuté à Londres, deux heures après, par un télégramme chiffré de l'ambassadeur britannique Sir Neville Henderson à son ministre, Lord Halifax : le maréchal Goering a exprimé le souhait d'avoir au plus tôt une conversation privée avec le Premier Ministre britannique. Il estime que la tension est devenue telle que seul un entretien de ce genre pourrait la réduire. Le maréchal se déclare prêt à se rendre secrètement à Londres par la voie des airs. Il propose une date : le 23 août. Le jour même où Ribbentrop doit se rendre à Moscou !

Halifax avertit aussitôt Sir Neville Chamberlain qui se montre enchanté. Très rapidement, on met au point les détails : l'avion du maréchal Goering atterrira sur un petit terrain du Herefordshire. Dans le plus grand secret, on conduira le chef de la Luftwaffe jusqu'aux Chequers, résidence traditionnelle du Premier Ministre.

On attendra en vain le maréchal. Au dernier moment, Hitler va interdire le voyage.

Le 23 août, à 10 h 20, Goering appelle Birger Dahlerus et lui demande de le rejoindre le lendemain à Karinhall. Le

Walrus atterrit à la fin de la matinée du 24 à Berlin d'où une voiture le conduit chez Goering. Le maréchal est très grave. Il affirme que la situation, malgré les apparences, est devenue bien meilleure depuis l'accord avec l'URSS qui a considérablement renforcé la position du gouvernement allemand. Il n'en désire pas moins – lui, Goering – un accord avec l'Angleterre. Ainsi évitera-t-on une guerre généralisée, ce qui serait la pire des choses. Le maréchal regarde bien en face le Suédois et, martelant ses mots, déclare que l'avenir tout entier dépend de l'Angleterre. Il ajoute :

— Partez demain dire à Londres que Berlin souhaite cet accord. Moi, Goering, je ferai tout pour y parvenir.

Il explique au Suédois que, s'il lui demande de partir, c'est parce qu'il ne pense pas que le ministre allemand des Affaires étrangères, Ribbentrop, désire un véritable contact avec le Foreign Office. D'ailleurs, lui, Goering, va rencontrer personnellement l'ambassadeur de Pologne, Lipsky, son ami.

Le maréchal reconduira lui-même Dahlerus à Berlin dans son cabriolet découvert. Dans les rues, on le reconnaît, on le salue, on lui sourit. Visiblement, le gros homme est heureux de sa popularité. Les Berlinois voient en lui l'homme de la dernière chance. Il ne veut pas les décevoir.

Le 25 août, ayant quitté Berlin à 8 heures du matin, le *Walrus* atterrit à 13 h 30 à Croydon. A 18 h 30, il est reçu par Lord Halifax. Le ministre lui apprend que Hitler a convoqué l'ambassadeur Henderson. Ainsi, le Führer a pris lui-même l'initiative des négociations. On peut de nouveau espérer. Halifax remercie sincèrement Dahlerus. Mais il ne sera plus besoin d'en appeler à ses services, puisqu'on en est à des conversations ouvertes.

Dans la soirée, Dahlerus cherche à appeler Goering. Stupéfait, il apprend alors que toutes les communications téléphoniques avec l'Allemagne sont coupées. C'est donc que la situation s'est aggravée, et nullement améliorée comme le pensait Halifax, ce que d'ailleurs vont lui confirmer les amis avec qui il va dîner.

Affolé, Dahlerus appelle le Foreign Office, supplie qu'on tente malgré tout d'obtenir la communication. Avec d'infinies difficultés on y parvient. Enfin le maréchal est à l'appareil. Dahlerus le sent très nerveux, très inquiet. Il dit que la guerre peut éclater maintenant à n'importe quel instant. Il nourrissait beaucoup d'espoir, il n'en garde plus guère. Hitler a pris comme un défi le pacte que les Anglais viennent de signer avec la Pologne. Un défi.

Dahlerus, songeur, raccroche. Un peu plus tard, on lui apprendra qu'il est exact que l'Angleterre vient de signer un pacte avec la Pologne, mais il s'agissait de la conclusion de négociations entamées depuis des mois. Ce qui est préoccupant, c'est que la signature est intervenue au moment même où Hitler recevait l'ambassadeur Henderson.

Birger Dahlerus décide de rester à Londres.

Le lendemain matin, 26 août, un vent de panique souffle sur la capitale britannique. Les trains sont pris d'assaut. Tous ceux qui le peuvent se réfugient à la campagne. On a décrété une mobilisation partielle.

A 11 heures, Halifax reçoit Dahlerus qui lui rapporte ce que Goering lui a confié la veille au soir. Pour le *Walrus*, la seule personne en Allemagne capable – et désireuse – d'agir encore en faveur de la paix, c'est Goering. N'a-t-on pas le devoir de jouer cette dernière carte ? Dahlerus suggère au ministre d'écrire une lettre privée à Goering :

— J'irai la lui porter.

Halifax ne peut prendre une telle décision sans l'assentiment du Premier Ministre. Chamberlain donne son accord.

Halifax écrit la lettre sur-le-champ. « Cette lettre, notera Dahlerus, n'est jamais mentionnée dans les rapports officiels. Elle confirmait un désir sincère et amical de trouver une solution pacifique avec l'Allemagne. »

Comme le temps passe vite ! Le trafic aérien est interrompu. Pour obtenir le passage d'un avion il faut négocier avec le gouvernement hollandais. Finalement, Dahlerus s'envole de Croydon à 14 heures et atterrit à 19 heures à Berlin-Tempelhof. L'un des officiers de Goering l'attend et, à toute allure, conduit le Suédois chez le maréchal qui s'est installé définitivement dans son train spécial, non loin du Grand Quartier Général de l'Armée.

Dès que Goering le voit entrer, il assaille son visiteur de questions sur l'état d'esprit qui règne à Londres. En quelques paroles brèves, Dahlerus répond de son mieux. Goering parle des violences polonaises contre les minorités allemandes. Dahlerus rétorque que Londres n'y croit pas. Sincèrement, ajoute-t-il, l'Allemagne ne doit pas se permettre d'agir de cette façon. L'accord avec la Pologne sera respecté.

L'entretien dure une heure. Le *Walrus* n'a pas encore remis sa lettre à Goering. Il ne veut la lui communiquer qu'en dernier ressort, comme une preuve de la vérité de ses affirmations. Enfin il la tire de sa poche et la tend à Goering. Rarement a-t-on vu un homme ouvrir une lettre avec autant de hâte. Le maréchal déchire brutalement l'enveloppe. Il ne parle pas l'anglais mais le lit un peu. Il cherche à comprendre, s'impatiente, rend la lettre à Dahlerus :

— Traduisez. Faites attention à chaque syllabe !

Le train s'est mis en marche. Chaque parole du Suédois est scandée par le bruit des roues sur les rails. Goering ne tente même pas de cacher qu'il est fortement impressionné. Dès que Dahlerus a fini de traduire la lettre,

Goering ordonne qu'on arrête son train à la gare suivante et qu'on lui procure une voiture*.

Le train vient de stopper dans la nuit. Quelques instants plus tard, la voiture demandée emporte Goering et Dahlerus vers Berlin. Il est minuit lorsqu'on parvient devant la Chancellerie. Le palais apparaît totalement plongé dans la nuit. Sans doute Hitler dort-il déjà. Goering invite Dahlerus à regagner son hôtel, l'Esplanade, où s'il le faut il l'appellera.

Le Suédois s'est à peine installé depuis un quart d'heure dans le hall de l'hôtel que deux colonels se présentent, claquent des talons et déclarent :

— Le Führer voudrait vous voir.

Quand le Suédois se retrouve devant la Chancellerie, il lui semble qu'un coup de baguette magique a tout changé en moins d'une demi-heure. Cette fois, presque toutes les fenêtres sont éclairées. Les lourdes portes de bronze sont maintenant grandes ouvertes. La voiture les franchit à toute allure et stoppe seulement dans la cour. Deux huissiers guident Dahlerus à travers un vestibule, la salle des Mosaïques, la salle ronde et l'introduisent dans une autre pièce. Un SS le conduit alors dans le bureau de Hitler. Le Suédois, pour la première fois, se trouve face à face avec le Führer du Grand Reich allemand. Tous ceux qui ont vécu un tel moment en ont été impressionnés. Dahlerus ne réagit pas autrement. Il voit Hitler assis à sa table, mains croisées sur celle-ci. A côté de lui, Hermann Goering, debout. Dahlerus s'avance et salue :

— Bonsoir, Excellence.

C'est alors que, d'une voix coupante, Hitler l'invite, ainsi que Goering, à s'asseoir sous le portrait de Bismarck. Et,

---

* H.-S. Hegner : *Ascension et chute du IIIe Reich.* Traduit de l'allemand par R. Jouan (1960).

sur-le-champ, il se met à monologuer. Tout y passe de ce que l'on pouvait attendre en une telle occasion : défense et illustration de la politique allemande, violente critique de celle de l'Angleterre. Il faut que Dahlerus attende le moment où le maître de l'Allemagne reprend son souffle pour oser observer :

— Excellence, je ne peux malheureusement pas partager votre sentiment sur l'Angleterre et le peuple anglais. Manifestement, Votre Excellence a été mal informée. J'ai travaillé longtemps comme ouvrier dans ce pays et connais très bien les diverses couches du peuple…

Soudain, voilà Hitler transformé. Il pointe l'index vers Dahlerus. C'est le mot *ouvrier* qui l'a frappé :

— Quoi ! vous avez travaillé comme ouvrier ordinaire en Angleterre ? Mais c'est passionnant ! Racontez-moi ça !

Dahlerus répond, fait l'éloge des travailleurs anglais. Il conclut :

— L'Anglais est dur et opiniâtre quand il s'agit d'atteindre son but. Ce qui lui permet d'être citoyen d'une grande puissance. Si le peuple britannique domine la moitié du monde, ce n'est pas par hasard.

— Mais les ploutocrates anglais sont devenus incapables et paresseux !

— Ce n'est pas là un phénomène spécifiquement britannique. On peut l'observer dans tous les pays, même en Allemagne. Si Votre Excellence avait eu l'occasion de vivre longtemps parmi le peuple anglais, comme moi, elle verrait les choses tout autrement. Peut-être de nombreux conflits deviendraient-ils plus faciles à résoudre…

Mais déjà, Hitler est passé à autre chose. Il parle de l'offre qu'il a faite à l'ambassadeur de Grande-Bretagne : l'Allemagne est prête à garantir l'existence de l'Empire britannique.

— C'est ma dernière et grandiose proposition à l'Angleterre !

Alors, il glisse vers un état second. C'est le moment où il va se mettre à hurler que, s'il y a la guerre, il construira des sous-marins, des sous-marins, des sous-marins ! Et des avions, des avions, des avions !

Brusquement, il change encore d'attitude. Il se campe devant Dahlerus, l'air profondément désolé :

— M. Dahlerus, vous qui connaissez si bien l'Angleterre, pouvez-vous m'expliquer pourquoi je ne peux parvenir à m'entendre avec elle ?

Dahlerus sent ici que la franchise, seule, sera payante :

— Excellence, en m'appuyant sur ma connaissance du peuple anglais, de sa mentalité et de ses dispositions envers l'Allemagne, je pense que ces difficultés proviennent d'un manque de confiance en votre personne et en votre gouvernement.

Hermann Goering sursaute. Il semble terrifié. Nul jusqu'ici n'a osé parler ainsi au Führer. Sûrement un tel langage va déclencher chez Hitler l'une de ses célèbres colères. Pas du tout. Hitler ne se fâche pas. Il lève le bras droit et s'écrie :

— Les idiots ! Est-ce qu'une seule fois dans ma vie j'ai dit un mensonge ? M. Dahlerus vous avez entendu ce que je pense. Vous allez retourner immédiatement à Londres pour faire connaître ma pensée au gouvernement anglais. Je ne crois pas que Henderson m'ait bien compris, et je désire sincèrement aboutir à une entente !

— Excellence, observe Dahlerus, en politique comme dans les affaires, si la confiance n'existe pas, il faut la créer.

Hitler répète que Dahlerus doit partir immédiatement pour Londres et qu'il lui faut à tout prix obtenir un accord. Dahlerus s'empresse de mettre les choses au point : il est neutre. Il ne peut donc pas accepter de mission :

— Mais je suis prêt à informer les Anglais. Il vous faut pour cela définir clairement les points importants qui pourraient fournir les bases d'un accord. Il est inutile que je reparte pour évoquer seulement un climat. Il me faut une énumération point par point. Je veux des détails, tous les détails. Par exemple, on parle toujours de ce couloir vers Dantzig. Comment l'envisagez-vous ? De quelle façon ?

A l'adresse de Goering, Hitler a un petit sourire :

— Tiens, Henderson ne m'a pas demandé ça…

Goering va chercher un atlas, déchire la page où se lit une carte de la Pologne. Il marque au crayon rouge le tracé du couloir. Sur un ton solennel, Hitler formule alors ses nouvelles propositions que Dahlerus s'acharne à graver dans sa mémoire :

1°) L'Allemagne désire conclure un pacte ou une alliance avec l'Angleterre. Tout litige politique ou économique doit être éliminé.

2°) L'Angleterre interviendra pour faire rendre Dantzig et le corridor à l'Allemagne. Les Polonais conserveront un port libre à Dantzig, plus la ville de Gdynia.

3°) L'Allemagne s'engage à garantir les frontières de la Pologne.

4°) L'Allemagne devra recouvrer ses anciennes colonies, ou d'autres parmi celles qui appartiennent à l'Empire britannique. De toute façon, des compensations seront dues à l'Allemagne qui a besoin de matières premières et de produits alimentaires.

5°) Des garanties seront données au sujet des traitements des minorités allemandes en Pologne.

6°) L'Allemagne prend l'engagement de faire protéger l'Empire britannique par ses forces armées partout où il pourrait être attaqué.

Le point numéro 6 donne lieu à un important développement de Hitler. Il souligne qu'il faut comprendre que l'Allemagne soutiendrait l'Angleterre contre l'Italie s'il le fallait.

Voilà, c'est fini. Hitler est maintenant de fort bonne humeur. Il répète qu'il faut que Dahlerus parte sur-le-champ porter ses propositions à M. Chamberlain. Sur-le-champ !

— Je ne peux pas voyager en tant que délégué du gouvernement allemand, objecte Dahlerus. Il faut qu'un avion anglais vienne me prendre et que je sois invité par le gouvernement britannique à me rendre à Londres.

Goering se lève et sort du bureau. Il revient quelques minutes après et déclare :

— Demain matin, à 8 heures, un avion allemand sera prêt à vous conduire à Amsterdam où vous pourrez prendre un appareil anglais.

De retour à l'hôtel Esplanade, le *Walrus* parvient à joindre téléphoniquement Spencer qui prend contact aussitôt avec Sir Kingsley Wood et le rappelle ensuite :

— Vous serez le bienvenu à Londres. Le temps manque pour vous envoyer un avion anglais. Faites savoir qu'un avion allemand pourra atterrir sans difficulté à Croydon. Il y est attendu.

Il est 4 h 30 du matin. Dahlerus ne ressent aucune envie de se coucher. A 7 h 40, le dimanche 27 août, il quitte l'hôtel Esplanade. Un peu plus tard, l'avion décolle. La matinée est belle. L'appareil vole à basse altitude. On survole des villages où règne l'ambiance des dimanches, si calmes, si pacifiques. Des gens en habit de fête s'acheminent vers les églises. Le cœur de Birger Dahlerus se serre. Il ne s'est pas écoulé vingt heures depuis son dernier séjour à Londres. Depuis, que d'événements dramatiques ! Le Suédois se demande si, en fait, il n'est pas un pion dans les mains des grandes puissances. Il continue à croire Goering sincère. Mais Hitler ? Il n'a nullement senti cette fascination dont tant de gens lui ont parlé. Son comportement étrange, quasi anormal, l'a frappé. Et aussi sa façon d'agir avec Goering, peut-être son ami le plus proche. Pourquoi l'avoir contraint à une attitude aussi humble, aussi soumise ? Le *Walrus* trouve cela profondément antipathique.

La vérité est que, depuis des années, le succès a accompagné sans cesse les entreprises de Hitler. Il a su écraser toutes les oppositions intérieures. Son erreur – erreur tragique – a été de croire que l'on pouvait transférer sur le plan international les mêmes arguments, les mêmes comportements*.

Quand l'appareil allemand, à 12 h 20, atterrit à Croydon, l'aéroport est vide. Tout le trafic est arrêté. Dans ce contexte, on conçoit la stupeur que peut susciter l'arrivée d'un avion dont les ailes sont frappées de la croix gammée ! En une minute la foule s'agglutine autour du Suédois. On l'assaille de questions. Les participants anglais de la conférence de Sönke Nissen Koog sont là qui, avec d'autres personnes, lui font un rempart de leurs corps. Ainsi nul ne pourra le photographier, ni même l'identifier.

Dans un bureau de l'aéroport, Dahlerus dicte un rapport qui est aussitôt porté à Lord Halifax. Pour tromper la meute des journalistes, ses amis sortent ostensiblement par l'accès principal tandis que le directeur de l'aéroport

* Birger Dahlerus : *op. cit.*

dirige le Suédois vers une porte de derrière. Une petite voiture le conduit d'abord à Westminster et de là un taxi le transporte au Foreign Office.

L'infatigable voyageur est accueilli par Chamberlain, Halifax et Sir Alexander Cadogan, secrétaire d'Etat permanent au Foreign Office, qu'il trouve « graves mais calmes ». Devant eux, Dahlerus expose de nouveau les six points proposés par Hitler. Neville Chamberlain compare le texte avec le rapport que lui a remis Henderson. Il découvre des divergences, s'inquiète :

— M. Dahlerus, puis-je me permettre de vous demander si vous avez bien compris ce que M. Hitler a dit ?

— Je parle allemand si bien qu'il est impossible qu'il y ait eu un malentendu. Chaque question a été débattue de façon approfondie. Le texte que voici concorde parfaitement avec ce qu'a dit Hitler. Mais je ne peux naturellement pas garantir que Hitler dise vrai.

Un silence. Ce qui domine, chez les Anglais, c'est toujours une immense méfiance, surtout de la part de Chamberlain, si souvent douché depuis Munich ! Mais le *Walrus* discerne aussi une volonté non éteinte d'éviter la catastrophe.

— Quelle impression vous a produite M. Hitler ? questionne Chamberlain.

A une question aussi directe il faut une réponse précise. Dahlerus réfléchit un instant. Puis :

— Je n'aurais pas aimé l'avoir comme partenaire dans une affaire.

Dahlerus notera que ce fut la seule occasion où Neville Chamberlain ait souri.

Que faire ? Le Suédois s'offre à porter lui-même la réponse que le gouvernement anglais voudra opposer aux six points d'Adolf Hitler. Mais Chamberlain a déjà décidé de renvoyer Henderson avec cette réponse-là. Dahlerus propose de garder Henderson à Londres jusqu'au lendemain, tandis que lui partira pour Berlin vingt-quatre heures plus tôt. Proposition digne d'un profond diplomate : le gouvernement anglais apprendra par lui, personne privée qui ne porte pas à conséquence, comment Hitler aura réagi devant les propositions anglaises. Il sera alors toujours temps de modifier le texte remis à Henderson.

D'un bureau du Foreign Office, Dahlerus appelle Goering qui lui-même le rappelle une demi-heure après :

— Hitler accepte votre proposition sous condition que votre compte rendu soit parfaitement fidèle.

Le sort en est jeté. Henderson restera à Londres et Dahlerus partira le jour même. Quelle est donc la réponse anglaise ? La Grande-Bretagne se déclare prête à un accord pour une évolution pacifique dans les domaines politique et économique. Les détails seront élaborés par des négociations particulières. Sur les questions du couloir polonais et de Dantzig, le gouvernement anglais est également favorable à un accord et souhaite ouvrir des négociations immédiates pour éliminer cette question. Quant aux garanties sur les frontières polonaises, le gouvernement anglais, tenant compte de ce qui s'est passé jusque-là, ne peut pas accepter la proposition allemande mais exige au contraire que les frontières polonaises soient garanties par l'Allemagne, l'URSS, l'Italie, la France et la Grande-Bretagne. Sur les garanties aux minorités allemandes en Pologne, le gouvernement anglais accepte les exigences allemandes et propose des négociations directes avec la Pologne. La restitution des anciennes colonies allemandes est refusée par le gouvernement anglais : il n'est pas possible de discuter d'une telle question alors que l'armée allemande est mobilisée. En revanche, dès que la mobilisation en Allemagne aura pris fin, des négociations pourront être envisagées.

Le sixième point – la « protection » offerte par Hitler à l'Empire britannique – est refusé avec une particulière fermeté.

Avec raison, Cadogan estime que le retour de Dahlerus en Allemagne doit s'effectuer dans le plus grand secret. On a invité Dahlerus à ne pas prendre de notes, ce qui serait trop risqué s'il venait à avoir un accident. Donc il a dû apprendre par cœur les propositions anglaises. L'avion allemand ne décollera pas de Croydon, mais de Heston Airport. Il est convenu que, dès qu'il aura connaissance des réactions de Hitler, Dahlerus devra prendre contact avec le conseiller de l'ambassade, Sir George Ogilvie-Forbes, ou avec son collaborateur, M. Holman. Ceux-ci transmettront immédiatement à Londres son rapport.

Le soir même, à 19 heures, Dahlerus s'envole pour Berlin où il arrive vers 23 heures. C'est le dernier dimanche de paix qui s'achève. Une voiture l'emmène aussitôt chez Goering dans la Leipzigerstrasse. Il trouve le maréchal de bonne humeur, lui fait part des réactions anglaises sur les six points. Il se souviendra que Goering « frottait son grand nez » en l'écoutant. Le maréchal finit par dire qu'il admet la position anglaise mais qu'il n'est pas du tout sûr que Hitler montrera la même compréhension. Il invite Dahlerus à regagner son hôtel. Lui-même va se rendre chez Hitler.

A 2 heures du matin, le téléphone sonne dans la chambre de Dahlerus. C'est la voix de Goering : tout s'est bien passé. Hitler a demandé seulement si les Anglais voulaient un traité ou une alliance. La meilleure solution serait une alliance. Hitler accepte toutes les conditions anglaises, y compris celles sur les colonies. Il n'a pas fait de commentaire sur le rejet de sa proposition de garantir l'Empire britannique. Goering conclut :

— A condition que la note remise par Henderson demain reflète bien vos dires, il n'existe aucune raison de ne pas arriver à une solution pacifique. Hitler souhaite seulement que la note de Henderson ne soit pas publiée avant de lui être remise.

Faut-il donc revenir à l'espoir ? Comme convenu, Dahlerus appelle à l'ambassade Sir George Ogilvie-Forbes. On lui répond qu'il est rentré chez lui. Il l'appelle à son domicile et trouve un homme furieux d'être réveillé – il est 2 heures du matin – et qui ne croit pas un mot de ce que lui dit le Suédois. Dahlerus comprend peu à peu que le Foreign Office a oublié d'informer Forbes ! Il insiste tant que l'Anglais finit par accepter de se rendre à l'ambassade où le retrouve Dahlerus. Incroyable situation ! C'est un dialogue de sourds qui s'instaure. Quand le *Walrus* raconte que, dans la journée du dimanche, il est allé à Londres, a rencontré Chamberlain et est revenu à Berlin pour voir Goering, Forbes ricane. Dahlerus sent venir le moment où, sans autre forme de procès, Forbes va sonner pour le faire mettre à la porte. A 3 heures, un fonctionnaire survient en courant : un télégramme en code vient de parvenir à l'ambassade. On n'a pas eu le temps de le déchiffrer, mais, en clair, on peut lire le nom de Dahlerus. Dans l'instant, le comportement de Sir George change. Le Suédois peut alors lui faire part de la réaction de Hitler. Forbes va immédiatement la transmettre à Londres.

Il est 5 heures et demie du matin quand Dahlerus rentre à son hôtel. Il a juste le temps de prendre un bain, lorsqu'on lui annonce qu'une voiture l'attend pour le conduire chez Goering, dont le train spécial a gagné une forêt près de Potsdam. Dans son wagon-salon, le maréchal reçoit son visiteur habillé d'une robe de chambre vert pomme, avec une ceinture incrustée de pierres précieuses. Mains dans les poches, Goering le regarde en riant :

— Avez-vous mangé ?

— Non.

— Mais quand mangez-vous, quand dormez-vous ?

Il faut se rappeler que Dahlerus n'avait pas dormi pendant la nuit de samedi à dimanche et pas davantage pendant la nuit suivante. Un véritable record d'endurance ! Le Suédois rend compte de ce qui s'est passé au cours de la nuit. Ce qui paraît enchanter Goering. Ou bien le chef de la Luftwaffe joue admirablement la comédie, ou bien il croit encore que la guerre pourra être évitée.

A midi, Dahlerus se trouve de nouveau chez Forbes, à l'ambassade de Grande-Bretagne, quand celui-ci achève de décoder un télégramme en provenance de Londres. Il ne peut naturellement pas en livrer le contenu, mais :

— Je suis un conseiller d'ambassade heureux, dit-il.

Il n'est plus que d'attendre le retour de Henderson de son entrevue avec Hitler. C'est à 22 h 30 que l'ambassadeur britannique doit rencontrer le Führer.

Dans sa chambre d'hôtel, Dahlerus attend en un état d'excitation tel qu'il dira : « Je ne peux pas le décrire. » A 1 h 15 du matin, seulement, le téléphone sonne. Le colonel Conrad l'appelle de chez Hitler. L'entretien du Führer et de Ribbentrop avec Henderson a été long. Les réponses de l'ambassadeur sont à peu près semblables aux propositions qu'avait transmises Dahlerus. Donc il existe les meilleures possibilités pour une solution pacifique. Le Suédois devra se trouver le lendemain matin, à 10 h 50, chez Goering.

Lui qui devrait tomber de sommeil – sa troisième nuit blanche ! – donne en pleine nuit des coups de téléphone, notamment à sa femme, pour clamer sa joie. Quand il retrouvera Goering, le lendemain matin, le maréchal oubliera toute cérémonie. Avec élan, il s'empare de la main de son ami :

— La paix ! La paix est assurée !

Il raconte qu'il a vu Hitler aussitôt après la visite de Henderson. A la Chancellerie, la satisfaction régnait. Hitler s'est même tourné vers Ribbentrop d'un air sarcastique :

— Eh bien, vous croyez toujours que Dahlerus est un espion anglais ?

L'après-midi, Dahlerus rend visite à Henderson qui lui annonce qu'il doit rencontrer Hitler le soir. Il dit attendre cette entrevue avec beaucoup de méfiance.

De la méfiance ? Pourquoi ?

En cette journée du mardi 29 août qui s'achève, Dahlerus va prendre son premier vrai dîner avec des amis suédois. Un appel, à 22 heures, l'arrache à un repas bien gagné. Forbes annonce son arrivée immédiate.

Quand l'Anglais arrive à l'hôtel Esplanade, il ne cache pas sa contrariété, son énervement. Henderson vient de rentrer de son entretien avec Hitler. Cela s'est très mal passé.

Le début avait pourtant été prometteur. Hitler avait lu la note allemande qui acceptait sans discussion tous les points de vue anglais. Cependant, à la fin, le gouvernement allemand exigeait que le gouvernement britannique fasse son affaire de la venue à Berlin d'un négociateur polonais muni de pleins pouvoirs. Le gouvernement allemand comptait que ce négociateur arriverait le mercredi 30 août 1939 et présenterait aussitôt des propositions.

En écoutant cela, Henderson s'est énervé. Le délai était si court que cela sonnait comme un ultimatum. Sur le mot ultimatum, Hitler a bondi :

— Le temps est court ! Deux armées mobilisées sont face à face. En Pologne, on torture, on martyrise, on tue, on humilie des Allemands ! Le nombre des Allemands massacrés en Pologne vous importe peu, à vous, M. l'Ambassadeur, naturellement !

Henderson proteste. Il répète que le délai est trop court. Son ton devient cassant.

— Oui ou non, me demandent mes soldats ! s'écrie Hitler. Mon armée et mon aviation sont prêtes depuis le 25 août. Mes généraux s'élèvent contre tout nouveau retard, parce que va commencer la période des pluies qui rendront les opérations militaires plus difficiles. D'ailleurs, pour venir de Varsovie à Berlin en avion, il ne faut pas plus d'une heure et demie !

Les deux partenaires se sont séparés dans une atmosphère de méfiance. Sir George Ogilvie-Forbes estime que l'on doit maintenant s'attendre au pire. On en est là quand, une fois encore, le téléphone sonne. C'est Goering ! Il est très agité :

— Venez immédiatement !

Cependant que Forbes se retire, Dahlerus gagne le domicile de Goering à Berlin. Ensemble, ils lisent la note dont le maréchal est parvenu à se procurer une copie. Goering souligne certaines phrases au crayon rouge. Pour lui, l'attitude de Henderson démontre avec éclat que le gouvernement britannique n'a pas la volonté de parvenir à un accord. Il est très déçu. Et, tout à coup, sa colère monte :

— Le Führer est allé jusqu'à la limite de la conciliation. Nous connaissons les Polonais. J'ai assez chassé avec eux et je sais combien ils sont sournois. C'est une nation qui ne vaut pas cher. Et leur attitude envers les Allemands est éhontée. Soixante de nos divisions se trouvent sur leurs frontières, c'est pourquoi il faut qu'un négociateur arrive vite. Chaque jour, une foule d'attaques organisées se produisent. Cela ne peut pas continuer ainsi !

— Mais de quoi s'agit-il, au juste ? demande Dahlerus. De telles attaques ne constituent pas une raison suffisante pour déclencher une guerre où des centaines de milliers, voire des millions d'êtres humains peuvent perdre la vie. Quel territoire réclame l'Allemagne ?

Comme il l'avait fait devant Hitler à la Chancellerie, Goering va chercher un gros atlas et en arrache une carte : une manie ! Il use cette fois d'un crayon vert pour encadrer les provinces polonaises qui, selon lui, devront revenir à l'Allemagne. Il marque de ce crayon celles qu'il reconnaît être « purement polonaises ». Son exaltation est tombée. Un véritable enthousiasme la remplace :

— Retournez à Londres, mon cher Dahlerus ! Tout de suite ! Cette nuit même !

Il s'écrie qu'il va mettre un avion à la disposition du Suédois, car il n'y a plus un instant à perdre :

— Dites confidentiellement à ces messieurs du gouvernement britannique que le Führer remettra demain au négociateur polonais des conditions si douces qu'elles pourront être acceptées.

Repartir ? Repartir à l'instant ? Il y a beaucoup de lassitude dans la voix de Dahlerus – mais tout de même encore un peu d'espoir – quand il déclare :

— Je vais essayer encore une fois.

Au moment de prendre congé, Goering tient à l'assurer de sa gratitude pour tout ce qu'il a fait.

— Au cas, voyez-vous, où nous ne devrions plus nous revoir.

— Pourquoi ne nous reverrions-nous pas ? s'étonne Dahlerus.

— Vous devez comprendre qu'il ne manque pas de gens qui vont chercher à vous empêcher d'arriver là-bas vivant.

Cette nuit-là encore – celle du 29 au 30 août – le *Walrus* n'a pas dormi. Rentré à son hôtel à 2 heures, il l'a quitté à 4 heures pour gagner une voiture qui l'a conduit à l'aéroport militaire d'où son avion a décollé à 5 heures. A 9 h 20, il a atterri à Heston Airport. A 10 h 30, il est introduit auprès de Chamberlain, Halifax et Sir Horace Wilson, le bras droit de Chamberlain. Dahlerus évoque les derniers entretiens avec Forbes et Goering. Il supplie que l'on fasse tout pour éviter que les Polonais prennent les devants. Halifax affirme qu'il va donner des instructions à l'ambassadeur britannique à Varsovie ; il le fera en effet.

Mais ce qui règne, là, c'est un immense scepticisme. Quand Dahlerus parle de cette « offre généreuse » que Hitler doit faire au négociateur polonais, personne n'y croit. Le Suédois va jusqu'à appeler Goering, lui fait confirmer l'expression : *une offre généreuse*. Même cela n'efface pas l'incrédulité des gouvernants britanniques. Le Suédois montre la carte griffonnée par Goering. On se penche sur elle. Sans illusion. Chamberlain invite Dahlerus à regagner Berlin pour dire à Goering que, de toute façon, le gouvernement britannique n'envisage pas de négociations qui se poursuivraient à Berlin. Avant de partir, le *Walrus* appelle Goering pour lui faire connaître cette dernière évolution de la situation. Nouvelle colère du gros maréchal :

— Balivernes ! Il faut négocier à Berlin puisque c'est à Berlin que se trouve Hitler !

Nouvelle nuit blanche pour le pèlerin de la paix. A 19 heures, l'avion a décollé d'Angleterre pour se poser à 23 heures à Tempelhof. Une voiture l'attend qui va rouler longtemps dans la nuit avant de rejoindre le train spécial de Goering.

La journée du 30 août est commencée. Il est 0 h 30 quand le maréchal accueille le Suédois. Dahlerus lui annonce que les Anglais feront tout pour empêcher des troubles à la frontière polonaise, qu'un message a déjà été envoyé dans ce sens à Varsovie, mais que le gouvernement anglais ne croit plus à la bonne foi du gouvernement allemand. Il faut que celui-ci change son comportement du tout au tout.

Goering affirme que les propositions allemandes à la Pologne peuvent être acceptées. Il faut aller vite. Le moindre trouble supplémentaire à la frontière peut déclencher la guerre.

Dahlerus appelle Forbes qui lui déclare que le dernier entretien Ribbentrop-Henderson s'est déroulé d'une façon insultante pour l'ambassadeur britannique. Le ministre allemand a lu une note à une telle allure que l'Anglais n'a compris que trois mots. Henderson a demandé que la note lui soit remise. Ribbentrop le lui a refusé, déclarant que c'était trop tard, que les Polonais avaient laissé passer leur chance.

Pour Forbes, il est devenu inutile de négocier. Goering insiste pour que Dahlerus lui lise la note refusée par Ribbentrop, dont il s'est procuré une copie. Cependant que Dahlerus la dicte à Forbes, Goering paraît effrayé par l'initiative qu'il vient de prendre. Il a hâte que le Suédois en ait fini :

— Plus vite ! répète-t-il.

Mais, à l'autre bout du fil, Forbes répète de son côté :

— Plus lentement !

Il est 2 heures 30 du matin. Dahlerus annonce qu'il va repartir pour Berlin. Pris de pitié, Goering lui offre une cabine dans son train :

— Il faut tout de même que vous dormiez !

Pour la première fois depuis bien longtemps, Dahlerus va en effet dormir. Enfin.

Le lendemain, 31 août, Dahlerus ira jusqu'au bout de son désespoir. Il rencontre Henderson, puis l'ambassadeur de Pologne, Lipsky. A 12 h 30, quand il se présente chez Goering, il trouve le maréchal occupé à donner des ordres pour que l'on mette ses œuvres d'art à l'abri. Visiblement, le gros homme a renoncé à l'espoir.

Il invitera ce jour-là Dahlerus à déjeuner, mais choisira le restaurant de l'hôtel où est descendu le Suédois. Ce qui obligera d'ailleurs celui-ci à payer la note. Goering commande un homard suivi de plusieurs plats délicieux. Après d'excellents vins, il boit plusieurs verres d'un cognac d'une très ancienne année. Il donne aussitôt l'ordre à son aide de camp de réclamer à l'hôtel deux bouteilles de ce même cognac et de les faire porter dans sa voiture. Tout cela semble l'avoir remis d'aplomb. Dahlerus formule une dernière idée : et si le maréchal rencontrait Henderson ? Les derniers malentendus sont venus de l'impossibilité évidente de communiquer qui existe entre l'ambassadeur et Ribbentrop. Goering réfléchit un instant : on peut essayer, mais cette entrevue ne peut avoir lieu qu'avec l'accord de Hitler.

Chose extraordinaire, cet accord, Hitler va le donner. L'entrevue a lieu à 16 h 50 à la résidence de Goering. Y assistent Sir George Ogilvie-Forbes et Birger Dahlerus. On s'assied dans un grand salon autour d'une table ronde basse sur laquelle sont offerts du thé, des cigares, des cigarettes. Goering se montre charmant, chaleureux. Il propose une négociation entre les représentants de l'Angleterre et de l'Allemagne, l'Angleterre se constituant le porte-parole de la Pologne. On se sépare à 19 heures. L'entrevue de la dernière chance vient de s'achever. Elle n'aura aucune suite.

Le 1er septembre, Dahlerus quitte son hôtel à 7 heures et parvient au train spécial de Goering une heure plus tard. Le maréchal paraît gêné. Le Suédois sent qu'il a quelque chose à confier et qu'il ne parvient pas à l'exprimer. Il raconte que des Polonais ont franchi la frontière allemande et occupé le poste de radio de Gleiwitz. Il y a eu des morts. Il s'agit, déclare le maréchal, d'une provocation délibérée. Ce qu'il ne dit pas, c'est que l'incident a été soigneusement préparé par les services de Himmler. Ce sont des SS vêtus d'uniformes polonais qui ont envahi le poste de radio. Il y a eu un mort en effet : un détenu d'un camp de concentration désigné tout exprès pour jouer le rôle de cadavre.

Tout cela paraît grave, très grave à Dahlerus mais n'explique pas la profonde tristesse de Goering. Enfin, le maréchal avoue la vérité : au cours de la nuit, Hitler a donné l'ordre à l'armée allemande de traverser la frontière de la Pologne. L'aviation a reçu la mission d'anéantir l'armée de l'Air polonaise. Ainsi c'en est fait, l'Allemagne a rompu la paix mondiale.

A 9 heures, Goering part pour Berlin. Il doit se rendre au Reichstag qui a été convoqué pour 10 heures et dont il est le président.

Dahlerus se trouvera à l'ambassade britannique quand, d'une fenêtre, il verra Hitler et son escorte traverser Berlin pour gagner le Reichstag. Dans la rue, nul enthousiasme. Le silence. Pas un geste, pas un cri.

Hitler a revêtu un uniforme feldgrau sans indication de grade. A la tribune, il va proclamer :

— Cette nuit, pour la première fois, des soldats polonais réguliers ont ouvert le feu sur notre territoire ! Depuis 5 h 45 nous ripostons ! A partir de maintenant, les bombes répondront aux bombes !

A 10 h 30, le roi George VI d'Angleterre va décréter la mobilisation. A midi, un appel de Goering invite Dahlerus à le rejoindre à la Chancellerie. Quand le Suédois se trouve en face de lui, le maréchal s'exclame :

— Avez-vous entendu que le Führer m'a désigné pour lui succéder ? Cela me donne la possibilité d'œuvrer pour une solution pacifique du conflit. Bien entendu, en tant que successeur, je dois suivre loyalement la politique fixée par lui, mais cela ne m'empêchera pas de rechercher un accord entre l'Allemagne et l'Angleterre… Croyez-vous, M. Dahlerus, qu'il soit encore possible d'y parvenir ?

Le Suédois, visiblement, n'y croit guère.

— Je ne sais pas, Excellence. Je ne sais pas. S'il existe encore une toute petite lueur, elle pourrait naître d'un contact que vous prendriez personnellement avec des représentants du gouvernement britannique pour rechercher une possibilité de règlement.

Goering bondit :

— Je vais parler au Führer !

Il revient quelques minutes plus tard :

— Le Führer vous attend.

Sur le chemin du bureau de Hitler, Goering insiste :

— Dites bien tout au Führer, il vous écoutera.

Ils entrent dans le petit salon où se trouve Hitler. Derechef, Dahlerus lui trouve l'air « anormal ». Comme le Führer s'approche de lui, Dahlerus reçoit en plein visage une haleine dont l'odeur est épouvantable. Délicatement, il esquisse un mouvement pour s'éloigner, mais Hitler le suit. Impossible de se dérober à cette pestilence. Très vite, Dahlerus comprend qu'une seule chose intéresse Hitler : s'expliquer.

La vérité, pour lui, est que l'Angleterre ne considère que ses intérêts. Il n'y a donc plus d'accord possible. Il a décidé d'anéantir les Polonais. Plus il parle, plus il s'excite, plus il hurle et plus les effluves que doit subir Dahlerus deviennent insupportables :

— Si l'Angleterre veut se battre un an, je me battrai un an. Si elle veut se battre trois ans, je me battrai trois ans ! Si elle veut se battre dix ans, je me battrai dix ans !

Il semble que son corps mime chacune de ses imprécations. Un spectacle affreusement pénible. Goering lui-même se montre gêné. Pour le *Walrus*, sa conviction est faite : il n'y a plus rien à espérer.

Comme la veille, Goering l'emmènera déjeuner à l'hôtel Esplanade. Dahlerus a pu joindre Cadogan à Londres, lui a demandé s'il restait un espoir.

— Oui, si l'Allemagne retire ses troupes de Pologne.

Dahlerus le répète à Goering. Qui ne répond pas.

Qu'est-ce qui fait désormais courir encore Birger Dahlerus ? L'élan acquis sans doute. Et aussi ce sentiment que connaissent bien les hommes d'action qui, s'étant jetés corps et âme dans une entreprise, détestent que la réalité leur donne tort.

Le samedi 2 septembre, à 8 heures du matin, le Suédois grimpe une fois de plus dans le train de Goering. Il trouve le maréchal détendu : Mussolini a proposé sa médiation pour circonscrire le terrain de la guerre. La France ne serait pas défavorable à une telle rencontre. Mais l'optimisme affiché par Goering n'est-il pas de commande ? Forbes, chez qui se rend ensuite Dahlerus, ne croit guère à cette ultime tentative. L'important, c'est que l'Allemagne n'a toujours pas répondu à la note remise le 1er septembre par Henderson.

Goering se fera encore inviter à déjeuner ce jour-là par Dahlerus à l'Esplanade. Il se déclare convaincu que

Mussolini réussira dans sa tentative de médiation. Mais le maréchal est plus roide. Nul doute que les succès allemands en Pologne ne confortent son orgueil. Il lance :

— Si les Alliés soutiennent la Pologne, l'Allemagne les attaquera.

Le soir, Chamberlain prononce un grand discours : l'Allemagne, avant toute négociation, doit retirer ses troupes de Pologne. Dahlerus sait bien qu'elle ne les retirera pas.

A 7 h 30, le lendemain matin 3 septembre, Sir George Ogilvie-Forbes appelle Dahlerus : quelque chose de très important va se produire, il ne peut lui en dire plus. Il le rappelle à 8 heures : une heure plus tard, Henderson va remettre à Ribbentrop une note qui est en fait un ultimatum, puisqu'on demande réponse avant 11 heures. La Grande-Bretagne exige que l'Allemagne mette fin à son agression et que les troupes allemandes se retirent de Pologne. « J'ai donc l'honneur de vous informer que si aujourd'hui, 3 septembre, à 11 heures, temps d'été britannique, le gouvernement de Sa Majesté n'a pas reçu des assurances satisfaisantes… l'état de guerre existera à partir de ce moment entre la Grande-Bretagne et l'Allemagne. »

En fait, Ribbentrop ne daignera pas recevoir Henderson. Henderson devra remettre la note à un simple interprète.

Pour la paix, il ne reste que deux heures.

Hitler répondra-t-il ? Tout autre que le Suédois demeurerait chez lui, l'œil rivé aux aiguilles de sa montre. Mais Dahlerus a un dernier sursaut. C'est impossible. Il ne peut pas, ne veut pas se résigner à la guerre. Il court chez Goering, le supplie d'obtenir qu'au moins il y ait une réponse à la note anglaise, que celle-ci soit rédigée en termes courtois et manifeste un esprit de conciliation. Goering hésite, puis appelle Ribbentrop. Un peu plus tard, Dahlerus revient lui dire que le seul – et si fragile – espoir qui demeure, c'est que lui, Goering, parte à l'instant pour Londres avant 11 heures. Goering téléphone à Hitler qui donne son accord ! A 10 h 30, le Foreign Office fait savoir que l'on recevra Goering *après* avoir pris connaissance de la note.

Il n'existe plus qu'une demi-heure pour la paix. Birger Dahlerus a montré Goering abattu, marchant sur le quai le long de son train, puis s'asseyant. Il avait « l'air perdu comme un enfant ». Et le *Walrus* se demandait pourquoi il ne criait pas, pourquoi il ne hurlait pas, pourquoi il ne courait pas à l'instant à la Chancellerie.

Goering avait-il joué double jeu ? Sa prétendue bataille pour la paix n'avait-elle été livrée que pour accroître les hésitations anglaises et, pendant ce temps, mettre les Occidentaux face au fait accompli ? A ce moment précis, Dahlerus s'est posé la question. Et puis, il l'a chassée de son esprit. Il croyait à la bonne foi de Goering. Mais nous ?

Impossible d'oublier que Hermann Goering, en tant que ministre de l'Intérieur de Prusse, est à l'origine des premiers camps de concentration. Impossible d'oublier son immense responsabilité dans les crimes du nazisme et la totale solidarité qu'il a toujours proclamée avec toutes les décisions de Hitler. Impossible d'oublier son avidité, ses richesses acquises par le vol et la rapine.

Mais c'est précisément cet appétit de jouissance qui doit nous incliner à penser qu'en se battant pour éviter la guerre il était de bonne foi. Qu'est-ce donc que la guerre pouvait lui apporter de plus ? Goering en 1939 me fait songer à ces maréchaux de Napoléon comblés de richesses par leur maître parce qu'ils s'étaient bien battus et qui, soudainement, n'avaient plus aucune envie de faire la guerre.

A 11 h 15, des officiers apportent un message dont Goering donne connaissance au Suédois. Aucune réponse n'a été donnée à la note anglaise. A la radio, Chamberlain vient d'annoncer que la Grande-Bretagne se trouvait désormais en guerre avec l'Allemagne. La France va suivre.

Le lendemain 4 septembre, Dahlerus repart pour la Suède. De ce jour, il sort de l'Histoire. Il y était entré deux mois plus tôt, en quelque sorte par effraction. Il avait voulu empêcher la guerre. Il n'y était pas parvenu. Mais il avait fait ce qu'il avait pu pour cela.

Birger Dahlerus ? Tout simplement un homme de bonne volonté. Ce n'est pas si souvent que l'Histoire en rencontre.

Table

Suite du premier tirage : avril 2016

Achevé d'imprimer en avril 2016
par Normandie Roto Impression s.a.s.
61250 Lonrai
N° d'impression : 1601690
Dépôt légal : juillet 2015

Imprimé en France